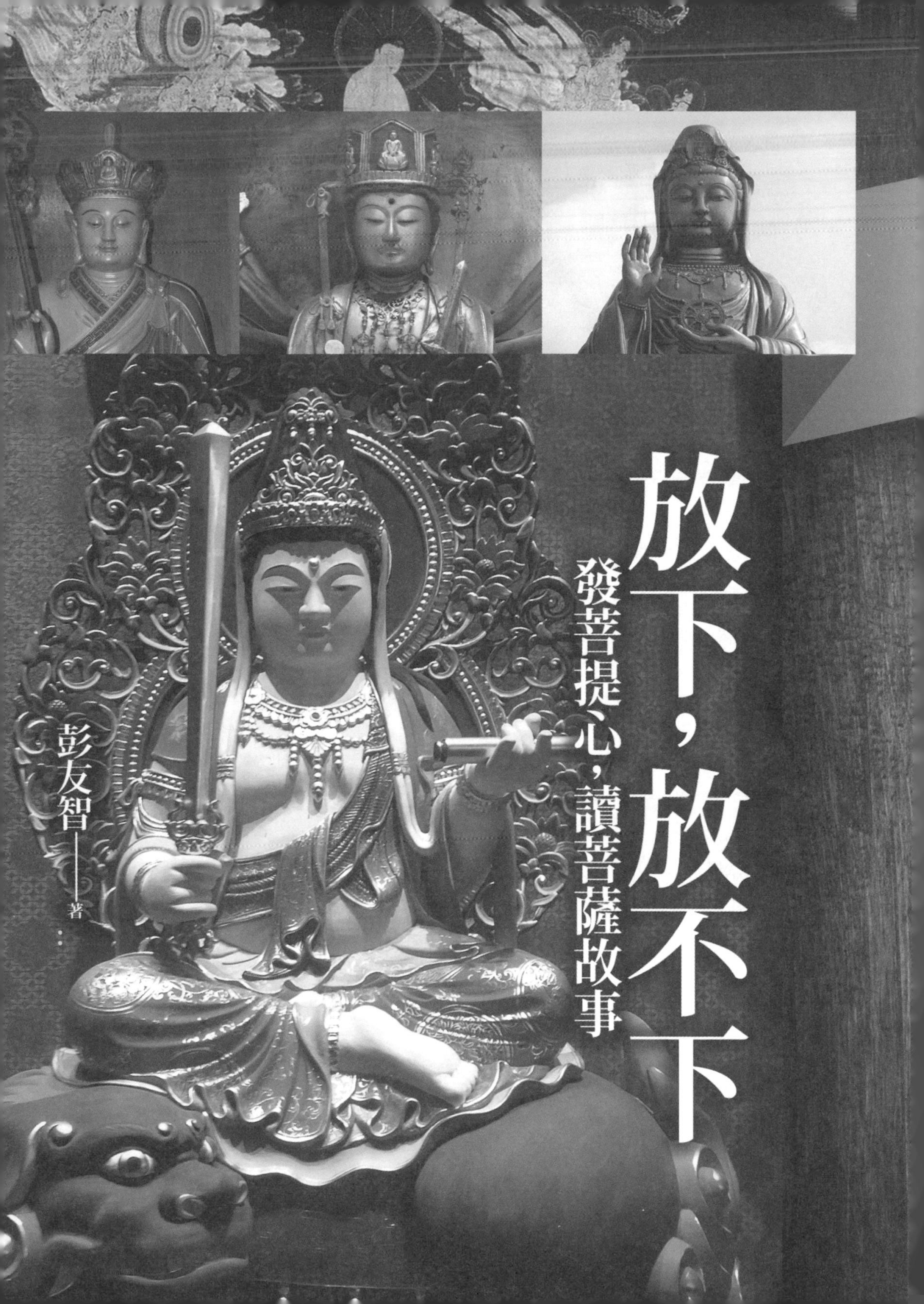

放下，放不下

發菩提心，讀菩薩故事

彭友智——著

前言

從四種功德讀懂佛教

菩薩是「菩提薩埵」(Bodhisattva) 的簡稱。

菩提譯為「覺」，這一詞來自於菩提樹，因佛陀在菩提樹下大徹大悟；薩埵譯為「有情」。

菩薩，便是覺有情，有情是指有情愛與情性的生物。

將自己和一切眾生從愚癡中解脫出來，而得到徹底的覺悟（自覺覺他），這種人便叫做菩薩。

菩薩是眾生成佛的必經身份，眾生要成佛，必須先發大願心，最主要的有四條，稱為四宏誓願：「眾生無邊誓願度，煩惱無盡誓願斷，法門無量誓願學，佛道無上誓願成。」可見，要成為一位名副其實的菩薩，並不容易。

中國佛教裡有「四大菩薩」，即文殊菩薩、觀音菩薩、普賢菩薩和地藏菩薩。

在佛教的發源地印度，地藏菩薩的名氣要比其他三位菩薩小得多，但在華人地區，地藏菩薩卻受到了虔誠的膜拜，因為祂是釋迦牟尼佛涅槃後至彌勒佛降世前，娑婆世界的主持者。

這四位菩薩分別代表了四種功德：智慧、慈悲、修行、願力，用來幫助世人修行自身。所以，四大菩薩也代表了四種修行方式：開悟、發心、修行、願力。

開悟，便是要提升自己的智慧，光有善心而無智慧，其實是非常危險的，因為不容易明辨是非，一不小心就沾染了三毒，豈不是又造業了嗎？所以需向文殊菩薩請教智慧，讓祂來當我們的導師，方能改過自新，斷除因無明而造成的煩惱。

發心，我們要讓自己的心靈變得純潔，要如觀音菩薩一樣充滿了慈悲心，為他人著想，不自私，有貢獻精神。

修行，便是要去做，光發心而不做，等於沒有修行。因為我們的世界被稱為五濁世，裡面充滿了穢惡，很容易對人產生影響，只想不做，什麼也改變不了，只有像普賢菩薩一樣，能夠自律其身的，才是真正想到做到。

願力，便是誓願的力量，這不同於發心，因為前者重點在「想」，後者要被「想」所影響，去實現願望。所以地藏菩薩的出現，便是告訴大家：一切的準備，最後都要落實到具體的行動中，否則想那麼多，有什麼意義呢？

四大菩薩在人間功德無量，擁有無數信徒，也擁有各自的道場，四大菩薩道場均在中國，每年都會吸引世界各地的佛教徒前來參拜，真正說明了佛法無邊。

此外，菩薩的身世、法器、坐騎和侍從在本書中也都會一一揭祕，讀完這些，大家就會明白，菩薩不是一日造就的，祂們在前世也度過了無數苦難，而唯有對自身堅定的修行，才能渡過苦海，到達淨土。

自序

人世間最美好的東西

還未研究佛法那時，曾有個剛修佛的朋友勸我學佛。

其實，佛法講求一個「緣」字，未與之接觸，就如同不游泳不知水有多深一樣，是不懂其中精妙的。

當時，我婉言拒絕。

他為了打動我，便舉例問：「那你每回去寺院，都拜佛嗎？」

我說拜啊！

他頓時很高興，說：「你既然不相信佛法，為何還要去拜那些佛和菩薩呢？」

我想都沒想，就告訴他：「因為那是人世間的真、善、美。」

他聽了，不以為然的樣子，見無法說動我，只好作罷。

我卻覺得我說得沒錯，每當我去寺廟，總會看到無數善男信女閉著眼睛，虔誠地對著佛像許願，有的甚至流下淚來。

此時，無論人們的模樣如何，都只有一個表情，那就是虔誠，而莊嚴的佛像，便是凝聚著眾生美好願力的所在。

不知大家有沒有發現，其實自己跪拜祈願的，正是自己的心啊！是自己最純潔的思想，哪怕是祈求發大財，那也是純粹對財富的一種渴求，而財富，為什麼就不能是美好的呢？

所以在寺院中，人們由於擁有信仰，而顯示出了美好的一面，這不正是佛和菩薩存在的意義嗎？你看寺廟裡的功德箱，承載著人們的願望，有哪個人敢犯貪念把錢搶走？在寺中，又有哪個人敢大聲咒罵發脾氣？

我的家鄉有一座小廟，供奉著一棵生長了千年的銀杏樹，每當金秋時節，那樹結滿了銀杏果，沉甸甸的果實壓彎了枝條，盪在人們觸手可及的半空，另有很多成熟的果實掉在了地上。

可是，沒有一個人會伸手摘一顆果實，哪怕是掉在地上的，也不去碰，因為既然說樹有靈性，那便該對其恭敬，不應冒犯。

末法時代，雖然佛法離我們越來越遠，但可喜的是，人們依舊固守著心頭的那方淨土，對著佛和菩薩頗為敬仰，不正說明，人世間的真、善、美，其實一直都未消失嗎？

《金剛經》中說：「凡所有相，皆是虛妄。」佛與菩薩，是真理、是美好，本沒有形狀，卻為了普渡眾生，而化作具體的實相出現在人間，這是佛法的慈悲啊！

佛在涅槃時，預言自己離世後一千年，佛法的影響開始消退，再過一千年，人們的貪慾膨脹，業障變深，幸好菩薩為了幫助眾生，仍舊在人間不遺餘力地施展著功德，而文殊、觀音、普賢、地藏四大菩薩，代表智慧、慈悲、修行、願望，規範著人間的秩序，才能讓眾生不為心魔所迷惑。

大乘佛法說，一切眾生皆可成佛，菩薩能幫助我們修正自己的心，可以護持我們，但真正能幫助我們的，唯有我們自己，那便是多行善積德，才能產生福報。

修行全靠自身，菩薩只是引路人。

目錄

中國佛教通常把文殊菩薩視爲智慧的象徵，尊其爲四大菩薩之首。

文殊乃「文殊師利」，也譯爲「曼殊尸利」、「曼殊室利」、「滿祖室哩」等。綜合來說，「文殊」或「曼殊」是「妙的意思；「師利」、「尸利」或「室利」是「頭」、「德」、「吉祥」的意思，意即文殊的德性、智能已與諸佛相同。

故此，大多數佛經尊文殊菩薩爲「法王子」。

觀音菩薩又譯為觀自在菩薩、光世音菩薩，漢語音譯「阿婆盧吉低舍婆羅」、「阿縛盧枳低濕伐邏」，名號意思為「觀察世間音聲覺悟有情」。

祂是阿彌陀佛座下的上首菩薩，和大勢至菩薩一起，為阿彌陀佛的左、右脅侍菩薩，並稱「西方三聖」。以觀世音菩薩為主導的大慈悲精神，被視為大乘佛教的根本。

普賢菩薩，曾譯遍吉菩薩，音譯爲三曼多跋陀羅，漢傳佛教四大菩薩之一。是象徵理德、行德的菩薩，與文殊菩薩的智德、正德相對應，是娑婆世界釋迦牟尼佛的右、左脅侍，被稱爲「華嚴三聖」。文殊菩薩是眾佛之母，普賢菩薩就是萬佛之子，佛經有云：諸佛有長子，其號爲普賢。普賢菩薩是幫助世尊弘揚佛道的，而且主要教導信徒該如何修行，所以被稱爲「大行普賢菩薩」。

第四章 地獄未空誓不為佛—大孝大願的地藏菩薩 258

地藏菩薩或稱地藏王菩薩，曾音譯為「乞叉底蘗婆」，因其「安忍不動如大地，靜慮深密如祕藏」，故名地藏。為佛教四大菩薩之一，與觀音、文殊、普賢一起，深受世人敬仰。以其「久遠劫來屢發弘願」，即在於「地獄不空、誓不成佛」，故被尊稱為大願地藏王菩薩。

第一章

助眾生成佛如父如母

智慧超群的文殊菩薩

中國佛教通常把文殊菩薩視為智慧的象徵，尊其為四大菩薩之首。

文殊乃「文殊師利」，也譯為「曼殊尸利」、「曼殊室利」、「滿祖室哩」等。綜合來說，「文殊」或「曼殊」是「妙」的意思；「師利」、「尸利」或「室利」是「頭」、「德」、「吉祥」的意思，意即文殊的德性、智能已與諸佛相同。故此，大多數佛經尊文殊菩薩為「法王子」。

文殊菩薩

第一節　文殊菩薩的修行之路

1 他曾是阿彌陀佛的三王子—文殊師從寶藏佛

在過去無量劫前，阿彌陀佛投胎到刪提嵐世界中，成為無諍念王。

後來，寶藏佛來度化無諍念王和他的一千位王子，就在皇宮中被供養了七年，一直留心觀察這些皇室成員。

寶藏佛發現，儘管這一千個皇子都發了願，可是每個人的願望都大不相同，比如太子，也就是日後的觀音菩薩，他的願望是要眾生脫離苦難；而二王子，即日後的大勢至菩薩，他的願望是令眾生得到智慧，最終達成所願。

阿彌陀佛接引圖

不過，另外有些皇子的願望就很淺薄了，有人希望自己一輩子豐衣足食、平平安安就好了，甚至有人發願讓自己能睡個安穩覺，這讓佛陀實在是哭笑不得。

佛陀又看了一下三王子的願望，不禁喜上眉梢，原來，這三王子叫王眾，他的願望是往後的生生世世都行菩薩道，直到世界被教化成一個沒有濁惡苦痛的地方。

有一天，王眾再次來到寶藏佛的身邊聆聽教誨，佛陀忽然對他說：「你的願望我都知道了，你可知自己許下這個願望後，就不能成佛了嗎？」

王眾有些驚訝，但他隨即堅定地說：「我從未後悔過！」

寶藏佛非常喜悅，就對他說：「你知道嗎？其實你在過去已經成佛，名叫龍種上佛，今世你成佛後，將會成為寶積佛。」

三王子聽完佛陀的話，搖了搖頭，說：「弟子不願成佛，只願教化眾生。」

寶藏佛點頭道：「你有這個心是好事，但天意不可違，且先順從天命吧！」

後來，無諍念王在菩提樹下成佛，號轉輪王，眾位王子也紛紛被寶藏佛授記，立地成佛，其中三王子王眾被授記為歡喜藏摩尼寶積佛。

當他涅槃後，便來到北方佛國，成為那個世界的教主。

在《華嚴經》中，文殊菩薩以智、普賢菩薩以行輔佐釋迦牟尼佛的法身毗盧遮那佛（密宗言大日如來），故「釋迦三尊」又被稱為「華嚴三聖」。

寶積佛擁有無上的智慧，他教導了很多人，而且親力親為，這令他看起來不像個佛陀，倒更像個「基層幹部」。

也不知過了多少劫後，刪提嵐世界已變成了娑婆世界，有一天，寶積佛正在打坐，忽然聽到空中響起一聲偈語：「釋迦牟尼佛要出世了！」

他不禁一陣歡喜，決心轉世，以便成為釋迦牟尼佛的肋侍。

就這樣，他對放棄佛位沒有絲毫的可惜，一如以前一樣，堅定地去實現心中所想，而這一世，他將要成為娑婆世界的佛法導師、釋迦牟尼佛的左脅侍——文殊菩薩。

以上這個故事是《悲華經》中關於文殊菩薩出身的記載。

但是在《文殊般涅槃經》中，文殊菩薩與佛陀是同時代的人，於西元前六世紀出生在舍衛國，婆羅門種姓，父親名梵德，他從母親的右肋而生，通身紫金色，一出生就俱足三十二相，八十種好。當時，他家裡出現十大祥瑞：天降甘露，地湧七珍，倉變金粟，庭生蓮花，光明滿室，雞生鳳子，馬產祥麟，牛生白犢，豬誕龍豚，六牙象現。院子裡蓮花盛開，光亮照耀屋內外。

在佛教「悲、智、願、行」四德之中，文殊菩薩彰顯般若大智，觀音、地藏、普賢分別代表「悲、願、行」。

文殊菩薩與普賢菩薩同為釋迦牟尼佛的左右侍從，而兩位菩薩其實都已成佛，但為眾生甘願成為菩薩，其心實在善良。

《寶積經》中說：文殊菩薩當來成佛，名普見如來。也就是說，當文殊菩薩涅槃後，他將繼承釋迦牟尼佛的位置，成為南方世界的主宰，佛號名普見如來。

別看文殊菩薩如今成為釋迦牟尼佛的肋侍，其實世尊在《放鉢經》中說了：今我得以成佛，都是文殊菩薩的恩德！過去無數諸佛，也都是文殊師利弟子，未來當成佛者，也都是文殊菩薩威神力所致。也就是說，文殊菩薩是眾佛之母。

那麼，他又是如何在前世教導世尊的呢？

【拈花解意】

什麼是「一生補處菩薩」？

這是修行到最高位的菩薩，涅槃後，到下一世即可成佛，就如同佛陀的繼承人一樣。所以，若要以三尊的形式來表現佛陀時，佛陀的身邊必有兩位一生補處菩薩。

2 他也是釋迦牟尼佛的師祖—文殊教導燃燈佛

文殊菩薩在前世並未直接教導過釋迦牟尼，但後者仍舊尊他為老師，因為世尊說，就算文殊菩薩沒有當面教自己，他的神力也同樣能感化自己。

其實，文殊菩薩倒是教過釋迦牟尼佛的老師燃燈佛，換句話說，文殊菩薩還是世尊的師祖。

在無量劫前，有預言說世界上將會出現兩萬位日月燈明佛，隨著時間一天天地流逝，燈明佛們不斷出現，眼看就已經到一萬九千九百九十九位了。

這最後一位日月燈明佛在數百年後終於出世，並當上了提和衛國的國王，名燈盞，他生了八個王子，日子過得逍遙自在。

後來，八位王子漸漸長大，燈盞覺得國土這麼大，孩子們又需要歷練，不如讓八個孩子分管國家。

於是，他將國土分為八塊，讓王子們每人統領一塊地域，自己也就卸下了治國的重任。

說來奇怪，一旦權力被分走，慾望和野心反而消失了，燈盞逐漸清心寡慾，對政事不聞不問。

他回想往事，覺得一切爭鬥都是不必要的，還不如修身養性來得重要，在經歷了無數個冥想的夜晚後，他終於捨棄王位，出家修行。

此消息一出，八位王子無不感到震驚，他們已經離開父親一段時間了，並不清楚父親的想法，還以為是有人使出陰謀詭計逼父親去出家的呢！

為了把國王重新請回王宮，王子們開始遍訪全國，發誓要找到父親的下落。

此時，燈盞已經來到了一座荒無人煙的古剎，剎中只有一位老和尚，燈盞對著和尚拜了拜，請求道：「我想出家，請法師收留我！」

這個老和尚也沒有向燈盞詢問任何問題，就幫國王剃度了，之後的每一天，燈盞開始粗茶淡飯、砍柴挑水，卻甘之如飴。

有一天，老和尚手拿一部經書，對燈盞說：「該經叫《妙法蓮華經》，內容奧妙無窮，我可不可以說與你聽？」

燈盞求之不得，就請老和尚給自己講經。

於是，老和尚日日為燈盞講《妙法蓮華經》，講了七七四十九日時，燈盞的八個兒子終於找上門來。他們見到自己的父親穿著僧袍，正在盤腿聽老和尚唸經時，都驚訝萬分。

這時，燈盞也看到了八位王子，他笑道：「我即將入滅，讓太子燈光繼位吧！」

王子們不敢相信這個事實，都哭著跪倒在地，抓住父親的手進行祈禱。

然而，燈盞還是在孩子們的牽掛中閉上了眼睛。

這時，講經的老和尚忽然周身放出光明，化為菩薩的模樣，原來他是妙光菩薩，也就是文殊菩薩的法身，需要為八十人講經，方能修成正果。

菩薩說道：「爾等切莫傷心，你們的父親已經成佛，如今脫離生、老、病、死的輪迴之道，你們該為他感到高興才是。」

王子們抽泣了很久，才終於冷靜下來。

太子燈光心想：人生變化無常，還不如脫離輪迴，隨父親而去。

就這樣，他也萌生出家的想法，將王位讓給弟弟，拜妙光菩薩為師，後來終於成佛，為燃燈佛。

燃燈佛是過去佛中最著名的一位，因為他是釋迦牟尼佛的老師。

《因果經》中有記載，釋迦牟尼曾經有過無數轉世，有一世他是一個孩童，心性善良，曾經買來五莖蓮花，獻給燃燈佛，於是燃燈佛為其授記，稱其將來會成為釋迦牟尼佛。

還有一次，燃燈佛來為眾人講經，釋迦牟尼見地面潮溼，就脫下自己穿的鹿皮大衣鋪在地上，又解開自己的髮髻，讓長髮加鋪在大衣上，讓燃燈佛走過去。燃燈佛感其心誠，加授釋迦牟尼為娑婆世界的佛，於是釋迦牟尼就拜燃燈佛為師，從此修菩薩行。

《華嚴經》說，文殊菩薩是十方諸佛母，一切菩薩師，過去無數諸佛如燃燈古佛等，皆是文殊弟子。燃燈佛正是釋迦牟尼佛的本師，文殊菩薩以祖師身份，示現為弟子，可見佛法平等，不生執著，但為利生，不拘世俗知見。而文殊菩薩本門的深遠，智慧的超越，由此可知。

燃燈佛授記釋迦圖

文殊菩薩所宣講的《妙法蓮華經》簡稱《法華經》，「妙法」指的是一乘法、不二法；「蓮華」比喻「妙」在什麼地方，第一是花果同時，第二是出汙泥而不染，第三是內斂不露。此經是佛陀釋迦牟尼晚年所說的教法，宣講內容至高無上，明示不分貧富貴賤、人人皆可成佛。

【拈花解意】

什麼是「過去佛」？

從字面上就可理解，指的是以往的佛，相對應的就有現在佛和未來佛。現在佛是釋迦牟尼佛，未來佛則是彌勒佛，後者是前者的弟子和繼承者，能忍辱負重，面容喜氣。彌勒佛也是一生補處菩薩，據說如今正在天道的兜率天修行。

3 迎世尊劈山造國—尼泊爾的誕生

早在釋迦牟尼出世前，文殊菩薩就已經得知娑婆世界將要迎來一位功德無量的佛陀。當時文殊菩薩還是寶積佛，他掐指一算，料到釋迦牟尼佛將在南瞻部洲之南，印度的東北部出生。當時的印度很大，囊括了如今的尼泊爾地區，所以佛教始終認為釋迦牟尼生在印度。

寶積佛心中喜悅，就趕緊前往世尊即將誕生的地方去視察。

他準備在該地降下祥瑞之氣，讓漫山遍野長滿芳香宜人的綠樹鮮花，讓乾涸清冷的岩石流出清洌甘甜的瀑布溪流，讓天空布滿祥雲和珍禽，讓大地遍布珍寶和神獸。

他想得很美好，可是跑過去一看，不由得有些吃驚。發生了什麼事呢？

原來，釋迦牟尼誕生的地方居然是一個大湖，那裡生長著一朵神奇的蓮花，會發出耀眼的光芒。

寶積佛站在雲頭向下俯瞰，心想：「此湖好大，可是，釋迦牟尼佛怎麼可能在水裡出生呢？」

寶積佛看著下方一望無際的山嶺，心中思索著解決的辦法。

突然，他的眼睛一亮：「如果將山劈開一條縫，湖水不就能排出去了嗎？不僅如此，還能讓很多人住進來。」

寶積佛仔細觀察了一下地形後，就趕緊前往五臺山召集信眾。

他詢問道：「我如今要開創一個新的國家，該國將會有一位德高望重的世尊誕生，為了迎接世尊，需要開疆闢土，有誰願意跟我一同前往？」

當下，有一些人舉起雙手，表示願意追隨寶積佛前往新的地方。

隨後，寶積佛再次來到大湖上空，用劍把湖的南面一座山峰劈開。瞬間，群山震動，煙氣瀰漫，眾山之間裂開了一條大縫，湖水瀉走，形成了今日的加德滿都谷地。寶積佛還以自己的名義在這裡建立了一座城，名為曼殊帕坦，就是今日的德瓦帕坦。而那個把湖水瀉走的山峽，今日被稱為佐帕爾。

隨寶積佛一同前往的那些人就在谷底上住了下來，他們勤懇地搭建了很多房子，然後又種了很多稻米和瓜果蔬菜，使得人丁興旺，逐漸形成了一個國家，也就是後來的尼泊爾。

就是因為文殊菩薩的美好傳說，如今的尼泊爾佛教徒對五臺山都有著深厚的感情，每當他們來五臺山朝拜時，都會雙手合十不離胸前，向文殊菩薩表達自己的敬意。

據佛經記載，釋迦牟尼誕生於西元前六世紀，是在古印度的迦毗羅衛國首都藍毗尼出生的，該國位於現今尼泊爾國西南部拉普濟河東岸一帶。當時在城市的周圍，還有一些名叫「提婆陀訶」、「車頭」、「舍彌村」、「庫馬突沙」、「石主」、「彌婁離」、「散格拉」的村落。

而釋迦牟尼的父親雖然被稱為「淨飯王」，但其國家只是個彈

這是美國大都會藝術博物館收藏的一幅十五世紀佛誕畫，在色彩和諧柔美的畫面中，描繪了摩耶夫人遊藍毗尼花園到二龍噴水浴佛等，完整的佛陀誕生全過程。

丸之地，所以可知其身份與古印度的一些大國比起來，並非特別尊貴。

由於釋迦牟尼佛的緣故，尼泊爾便成為佛教最早流行的地區之一。就在世尊降世的兩百年後，印度孔雀王朝的阿育王也來到藍毗尼朝拜。五世紀印度梨車毗王朝興起，尼泊爾一度稱為佛教中心。不過到了八世紀末，印度教流傳到尼泊爾，逐漸取代了佛教的地位，成為尼泊爾的國教，不過佛教仍受到了政府的大力支持和保護。

【拈花解意】

印度教是佛教嗎？

這兩種宗教雖然都出自古印度，但不能被畫上等號。佛教興起於兩千五百年前，以因果論為根本，主張脫離輪迴；印度教則興起於一千二百多年前，以梵天、毗濕奴、濕婆為主神，是佛教與婆羅門教的結合，繼承了佛教的理論，但主張禁慾和苦行，與大乘佛教的「立地成佛」論大相徑庭。

4 再輪迴成世尊得力助手—眾佛之母

文殊菩薩與釋迦牟尼佛出生於同一時代，不過文殊降世得較晚一些，因為他是在得悉世尊已經出生後才轉世的。他投胎到了印度舍衛國一戶婆羅門家，奇妙的是，他是從母親的右邊腋下生出來的。

他降世時，渾身紫金色，不哭反笑，而且開口就能講話，讓家人十分驚奇。

於是，大家都把他當成寶貝，細心呵護，還給他取了一個充滿疼愛又有佛緣的名字——戒護。

其實沒有人知道，戒護在娘胎的時候，就已經皈依了三寶，所以當他出生後，就對佛法產生了極大的興趣，小小年紀就嚷著要拜仙人為師。

他的父母很高興，就請了很多仙人到家裡來給戒護講法，沒想到戒護非常聰明，只需學習很短的時間，就能把老師們問得啞口無言，讓那些仙人自愧不如，紛紛告辭離開。

戒護不滿意，讓父母再找上師來教導自己，這可把他的父母愁壞了，因為他們已經把當時全國所有的智者幾乎都請遍了，哪裡還能再找到更有智慧的修行者呢？

有一天，一位面容瘦削但精神矍鑠的僧人來到戒護家，想化一些齋食，戒護的父母便與僧人討教了幾句禪法，發覺對方智慧高深，遠在自己之上，不由得心生敬仰，提出要供養對方。

就這樣，僧人就被邀請進入屋內。恰巧，戒護跑了過來，他看到僧人頓時驚喜萬分。

既然戒護是文殊菩薩，也就具備了其他人所沒有的神通，他看到僧人儀態安詳、腳步平穩，就已經在心頭湧起一股喜悅之情。當他發現僧人每走一步，腳下就生出一朵蓮花後，更是由衷地感到臣服。

他「撲通」一聲跪倒在地，求僧人收自己為弟子。這時，僧人才現出大光明法身，原來他就是釋迦牟尼佛。釋迦牟尼佛教導戒護要供養諸佛，不能怠慢，戒護牢記於心。

後來，釋迦牟尼就離開了，而戒護只因看了世尊的法身一眼，便擁有了恆久的壽命，奇妙的是他不曾長大，始終保持著童子身，這也就是為何文殊菩薩的法身是一個童子的緣故了。在此後的世界裡，有數百萬尊佛出世，他們都被稱為「栴檀海」，戒護供奉每一尊佛，並虔誠地凝望佛陀的法身，不敢有一絲懈怠。

日積月累，他終於修行圓滿，剎那間，諸佛一同現身，為他說無相法，剎那間，他就獲得了首楞嚴三昧大定，成為了文殊菩薩。

在文殊得道後，世尊曾告誡弟子阿難：「文殊菩薩是萬佛之母，過去無量阿僧只劫前，於南方平等世界為龍種上如來，並告知眾生，如果有人禮佛唸佛觀佛，便是與文殊菩薩的功德沒有差別了。」

文殊菩薩的五髻五方如來童子相

「童子」象徵文殊菩薩已證悟諸法無變實相，安住於不來不去、不生不滅的基法界中，故沒有變化，永不衰老。

「世尊」是對佛陀的尊稱，佛的十號之一，一個三千大千世界便有一尊佛住世，佛是最尊貴的，所以用世尊來稱呼佛，又含有自在、熾盛、端嚴、名稱、尊貴、吉祥等六義，又稱有德、有名聲等。阿彌陀佛和釋迦牟尼佛都可稱為「世尊」。我們在佛經上常見的「世尊」是指釋迦牟尼佛。

如果修行者想增長智慧的話，可以去禮拜世尊最得力的助手文殊菩薩，該菩薩因智慧超群，又被稱為大智文殊師利菩薩，若能得文殊的智慧，便不會因世間瑣事而煩惱，自然就能心情愉悅、清淨自在。

文殊菩薩，又名文殊師利，曼殊室利、法王子等等，因其要渡化眾生，也會以不同形象出現，不過他不同於觀世音菩薩的是，他的化身區別不大，通常只是髮髻的數量不同而已，有一髻、五髻、六髻、八髻等，最常見的是五髻文殊，也就是頭上綁有五個髮髻，代表五種智慧：大圓鏡智，妙觀察智，平等性智，成所作智，法界體性智。文殊菩薩形象，一般為天衣天冠，頂結五髻，表佛五智，一手持寶劍，象徵以智慧劍斬煩惱結（或手持如意，象徵智慧成就），另一手持經典，代表智慧的思維，駕乘獅子，表示威嚴猛厲、所向披靡、無堅不摧、戰無不勝。

他的忿怒相是大威德金剛。

文殊菩薩因在農曆四月初四出生，所以這天就被稱為他的誕辰紀念日。此外，農曆十月二十日是他的出家紀念日；而農曆臘月二十二則是他的成道紀念日。

【拈花解意】

什麼叫「首楞嚴三昧」？

三昧指的是佛教中平心靜氣的修行方式，而首楞嚴三昧則是菩薩所得的最高境界，唯有十地菩薩才能得到，其修行方法有一百項之多，一旦獲得，除了能擁有無上智慧外，還能自由出入各佛國，如入無人之境。

第二節　文殊菩薩的法器和道場

5 菩薩一怒斬煩惱——警醒心智的寶劍

文殊菩薩得道後，便終日與普賢菩薩服侍在世尊的左右，被稱為「華嚴三聖」。他因智慧卓著，經常代替世尊舉行各種法會，為廣大菩薩、羅漢說法，如善財童子、龍女等都是經文殊菩薩教化後方修成正果的，所以眾生都很尊敬他。

有一回，著名的居士維摩詰說自己生了重病，在家不便外出，世尊就派了一些弟子前去探望。誰知不久以後，那些弟子都灰頭土臉地回來了。

世尊很驚訝，問：「為何你等回來如此迅速？」

那些弟子低著頭說：「我們見到維摩詰後，他立刻對我們提問題，我們回答不上，他就大罵不止，我們只好告辭而去。」

世尊知道維摩詰有意為難那些弟子，就對文殊菩薩說：「你辛苦走一趟吧！」

文殊菩薩也知道維摩詰的用意，他沒有推辭，很快就來到了維摩詰的住所。

果不其然，維摩詰早就聽說文殊菩薩聰慧，有心給對方一

敦煌壁畫中的維摩詰畫像

個下馬威，於是一開口就問對方深奧的佛法理論。
沒想到文殊菩薩平靜地加以回答，絲毫沒有力不從心的樣子。
維摩詰求勝心切，言語更加犀利，而文殊菩薩則巧妙應對，兩位菩薩口吐蓮花、妙語連珠，聽得隨從的弟子都驚訝極了。
最終，這場辯論沒有分出勝負，倒讓與文殊菩薩一同到來的八千天人發了菩提心、五千菩薩人了不二法門，可謂功德無量。
只可惜這五千菩薩中，有五百菩薩在前世曾經做過一些惡事，所以當他們在文殊菩薩舉行的下一次法會上開了五通後，不由得大驚失色，無不痛苦呻吟。
原來，這五通中有一通是「宿命通」，可知自己前世經過，結果五百菩薩發現自己曾經殺父殺母、毀寺殺僧，頓時淚流滿面，懊悔到無法自持。
文殊菩薩在法會的高壇上，忽然聽到壇下一片哀嚎聲，便嚴肅地告誡道：「你們不要再難過了，那不過是前世業報罷了！」
可惜他的話沒有用，那些菩薩還是在慟哭，眼看法會就要被哭聲湮沒了。
文殊菩薩一見這種情形，心想：「不行，大家好不容易修到這種地步，卻於此生起障礙。一定要設法讓他們繼續修行，不得退墮。」
他見世尊依然閉著眼睛，彷彿睡著了一般，便拿起手中的利劍，從寶座上一躍而起，竟衝著世尊砍過來。
世尊無奈地睜開眼，說：「趕緊住手，不要加害於我！你要刺我，當然有你要刺我的理由，而我也不怕你來刺，但是望你且慢一步，先想好刺我的善巧方法，然後再來行刺不遲，你認為怎樣？」

文殊菩薩經世尊這樣一說，就止步低頭沉思，當他正在這樣沉思時，世尊又對文殊菩薩說：「世間一切諸法，都是如幻如化的，我人的生命體，亦復如幻如化的，既沒有實在的我，亦沒有實在的人，試問你所執劍欲殺何人？將來又會受到怎樣的殃報？我老實對你說：如有一個實在的人，你將他殺死，才會構成你的殺害之罪，才會使你感受罪殃之報，既一切法是如幻如化的，我人之性是了不可得的，當然就無所謂殺害，亦無殺害重罪可得了！」

那五百菩薩在旁聽世尊對文殊菩薩這樣的開示，當下從宿罪的心結中掙脫出來，頓悟罪性皆如幻化之理而立即證得解脫。

而文殊菩薩執利劍以刺世尊，不過是其渡眾生所運用的善巧手法而已，並不是真的要刺世尊。

菩薩們見狀，紛紛讚頌文殊菩薩道：「你的劍能斬斷一切煩憂啊！」

以上故事出自《大寶積經》，經中說：「文殊以自劍揮斫一切如來。」實則，如來是無相的，其法身象徵外在的事物，寓意為煩惱，所以文殊菩薩的利劍是可以斬斷眾生一切煩惱。

文殊菩薩的寶劍名叫「智慧劍」，據說犀利無比，能斬斷種種愚癡，通常由文殊菩薩的右手持握。

北宋著名畫家李公麟所畫的《維摩演教圖》

至於維摩詰，他在和文殊菩薩辯論了一番後，對後者讚賞有加，而文殊菩薩也對維摩詰十分稱頌，兩位菩薩自此成了知音。

據《維摩詰經》中說，維摩詰本是古印度的一個富翁，有萬貫家財和百萬奴婢，但他卻對自己要求很高，不僅虔心修行，而且樂善好施，終於習得正果，被稱為菩薩。

持劍的文殊菩薩給信徒講經

【拈花解意】

什麼叫「五通」？

在佛學中，五通指的是五種神力，一為天眼通，就是能看到常人所看不到的東西；二為天耳通，能聽到常人所聽不到的聲音；三為他心通，能洞察別人心中所想；四為宿命通，能知道過去發生的事情；五為身如意通，能點石成金、變火成水、飛行自在、變現自在。佛教中還有一個漏盡通，即達到煩惱全無的境界，五通加上漏盡通又被稱為六通。

6 蓮花王子割肉救災民—青蓮的由來

蓮花是佛教中的聖潔之花，有佛的地方，就有蓮花的存在。

文殊菩薩左手拿的就是蓮花，但是他的蓮花卻非白蓮，而是青蓮，此花有什麼由來呢？

從前，在印度聖河——恆河的上游，有一個小國，國王名叫波羅奈，他非常喜歡蓮花，就命人在宮中種植了很多蓮花。於是，王宮的水池裡被無數紅蓮與白蓮點綴著，非常好看，國王也就獲得了一個雅號——蓮王。

蓮王非常仁慈，常對人民施以仁術，所以在他的治理下，國家非常興旺，百姓都很富足。可惜天災卻偏偏找上門來。

有一年，國內忽然傳播起一場極大的瘟疫，害得很多百姓都丟了性命，蓮王得知此事後坐立不安，趕緊派御醫去為百姓診治疾病。

御醫用了很多辦法想要去除瘟疫，最終，他們在京城東北部的河中找到了治病的良方。

於是，他們趕緊回宮來稟報蓮王，稱唯有用河中一種渾身通紅的赤魚做藥引，才能讓百姓們痊癒。蓮王大喜，連忙讓御醫去捕魚。然而，那種赤魚少得可憐，而得病的人實在是太多了，雖然有幾個病人因赤魚而恢復了健康，但更多的人仍舊無藥可醫，瘟疫有進一步蔓延之勢。

蓮王為此愁得整日整夜都吃不下飯、睡不好覺，卻又沒有更好的解決辦法。

很快，王子知道了此事，他也非常著急。

王子因父親的緣故而被稱為「蓮花王子」，他也特別喜歡蓮花，還經常去池塘邊賞蓮。

這一次，他在岸邊觀蓮時，不知不覺就睡著了。夢中，一位佛陀告訴他，若想治好百姓們的病，唯有王子自己跳入河中化身為赤魚，疫情才能被徹底控制。

這時，一陣涼風吹來，王子頓時醒了，他回想起夢中的情景，心中頓時有了主意。

第二天，他派出一些侍從在民間散播一種說法：城北的河中有赤魚，只要割下此魚的血肉，就能治病，不過被割肉的赤魚要放回河中，就能存活。

很快大家都聽到了這個消息，就一股腦兒地湧向河邊，去打撈赤魚。

眾人不知道，蓮花王子已經在早些時候跳入河中，變成了一條巨大的赤魚，而王宮中的侍從從此再也找不到王子了。

由於王子變的魚很大，很快就被民眾找到了。大家歡天喜地地拿出刀子，割下赤魚身上的肉，而紅色的血也就一絲絲地滲入到河裡，最後將河水染得一片血紅。

王子痛得不停打滾，可是他知道，唯有這樣做，百姓的病才能好，所以強忍痛楚，一直等到大家把他放回河中時，他才痛得哭起來。

他的眼淚流入河中時，忽然變成一朵綻放的青色蓮花，那青蓮就如同眼睛一樣，慈悲地看著眾人。百姓們從未見過青蓮，都很驚訝，知道是赤魚顯靈，於是紛紛跪拜磕頭，以表示自己的敬意。

在往後的日子裡，蓮花王子日日被割肉，承受著巨大的痛苦，當他被放回河中時，血肉又重新長出。日復一日，直到過了十二年，所有的百姓才全部被治癒，蓮花王子也因此事而累積了無上的福德，轉世後成為釋迦牟尼佛。

而文殊菩薩有感於世尊割肉救民，便常持青蓮在手，以繼承和發揚世尊的佛心。

手持青蓮的文殊菩薩

蓮花有五色，分別是白、青、紅、紫、黃，這五種蓮花被佛教合稱為「五種天華」，分別代表了不同的佛義，其中白蓮與青蓮最為聖潔。

青蓮的與眾不同之處在於，其他蓮花都是白天開放，唯有它是在月光下綻放的，所以被用來比喻純潔無瑕與智慧清妙。

在佛教中，蓮花代表的是至高無上的境界，也就是開悟，青蓮似佛眼，當它開放時，宛若智慧之門頓開，所以佛教中所說的「花開見佛性」，指的就是青蓮花。

不過，如今我們已見不到青蓮花，唯有在佛教作品中能夠窺得端倪，如梁元帝的《玄覽賦》中就有說：紫紺之堂臨水，青蓮之臺帶風。

【拈花解意】

佛教中的蓮花是睡蓮嗎？

其實，佛教中，蓮花不只是睡蓮，也包括荷花及僅長有蓮花形狀的洋荷花等。在東南亞地區供奉一種綠色的貢果，它如同未開的荷花，但單片花瓣卻比普通荷花要厚，學名為洋薊，其實就是佛教中的青蓮花。

7 誰在佛界中力氣最大—金剛杵的祕密

文殊菩薩有一把威力無窮的法器，名字叫金剛杵。

有一年，世尊帶著一幫弟子在靈鷲山說法。

阿闍世王見文殊菩薩手中拿了一把金剛杵，突然產生了好奇心，心想：這金剛杵在菩薩手中看起來很輕的樣子，也不知到底有多重？

這時，文殊菩薩忽然開口道：「阿闍世王，我的金剛杵是沒有固定重量的，一切皆因拿它的人的心來決定。」

阿闍世王吃了一驚，暗嘆文殊菩薩的法力高強，竟能將自己的心思識破，於是也就不再掩飾，直接發問：「菩薩，為何這個金剛杵會有如此奧妙呢？」

文殊菩薩微微一笑，將金剛杵往地面一撞，然後施加法力，整個世界竟然被他轉動了。

「我的杵並非凡物，有些人心性高傲，金剛杵便會施以懲戒，讓他無法拿動分毫；而有些人剛正謙恭，卻能輕易地高舉這把杵。」

說完，菩薩讓阿闍世王嘗試著拿起金剛杵。

阿闍世王是個不服輸的人，他有心要在菩薩面前展示自己的力氣，就趕緊上前去移杵。

誰知那金剛杵彷彿在地上生了根，一動也不動。

釋迦牟尼佛靈鷲山說法圖

阿闍世王急得滿頭大汗，仍是無計可施，只好沮喪地問世尊：「世尊，為何我能率領千軍萬馬殺敵，卻拿不動這把杵啊！」

世尊的回答很殘酷：「因為這把杵太重了。」

阿闍世王垂頭喪氣地站在一邊，不說話了。

文殊菩薩又讓忉利天的天主帝釋天來移動金剛杵。

帝釋天自恃是天人，有神通力，暗想：我一定要讓你們見識一下我的厲害！

沒想到他也失敗了。

帝釋天非常生氣，質問文殊菩薩道：「你可知我神通蓋世，怎麼會拿不動一把小小的杵？莫非你用了神通力在暗中阻止我？」

文殊菩薩嘆了口氣，說：「我並沒有用神通，而是這杵太重，你的力氣不夠啊！你可知這把杵能將你所住的須彌山打得粉碎，你怎麼能拿得動它呢？」

帝釋天一聽，羞愧難當，只得紅著臉站到一邊，不敢再胡言亂語了。

隨後，世尊又派自己的大弟子、神通第一的目犍連尊者來試杵，結果任憑尊者的神力讓地動山搖，也還是不能讓金剛杵挪動半分。

眾生這下心服口服，一起詢問文殊菩薩：「怎樣才能獲得拿動金剛杵的神力呢？」

菩薩便講了十種修行方法，以教化大家：「第一，即使捨棄性命，也不能捨棄正法；第二，不得在未開悟者前誇耀自己的證悟；第三，憐憫弱小；第四，施捨行善；第五，安撫惶恐之人；第六，救助病人；第七，拯救危難者；第八，莊嚴佛像；第九，常用喜悅的言語和人說話；第十，幫助困頓之人。」

眾信徒這才明白，原來文殊菩薩的金剛杵代表的是一種堅韌的修行，於是紛紛叩拜，感謝菩薩的深刻教誨。

金剛杵在藏傳佛教的眾多法器當中，是最常見的一種，其梵名Vajra，藏語稱「多吉」。

金剛杵最初是大天神因陀羅的主要武器，由於質地堅硬能擊破各種物質，故稱金剛杵。

成為佛教法器後，它就象徵著所向披靡、無堅不摧的智慧和佛性，能斷一切煩惱，所以與文殊菩薩的寶劍具有同樣的作用。

在藏傳佛教眾多菩薩中，文殊菩薩與觀世音菩薩最受崇信，甚至藏傳佛教認為乾隆皇帝是文殊菩薩的化身。

而在佛教藝術中，寂靜相神右手持有金色金剛杵，其五股股叉併攏，象徵著神靈的方法或「方便」。憤怒相神右手所持的金剛

乾隆皇帝佛裝像唐卡

十字金剛杵，又稱羯磨杵，是由兩個金剛杵相交叉構成的，在漢文中因其形狀是「十」字形而得名。

杵被認定是由天鐵製成，其股叉像一對對稱的三股叉那樣張開。

這個令人生畏的金剛杵有時也畫成從中央股叉發出的噴焰或者叉形閃電的形狀。

那麼，金剛杵長什麼模樣呢？

它是上下對稱的形狀，中間細，可以握住，兩頭粗，且分別由數根鈷組成，類似於未開放的花苞。鈷的數量不同，代表的佛義就不一樣，三鈷表示「身、口、意」，五鈷表示五智五佛，最多能有九鈷。

從根本上講，藏傳佛教的金剛杵象徵著絕對現實的難以捉摸、不會毀滅、不可撼動、不可改變、無形和堅固的狀態，即佛性的圓滿。

【拈花解意】

阿闍世王有何來歷？

阿闍世王是中印度摩竭陀國頻婆娑羅王的太子，只因占卜師預言他會弒父，頻婆娑羅王就想摔死他，誰知他並未死，且從此與父親結怨，長大後果然殺了自己的父親。

不過阿闍世王也因此心生悔恨，得了重病，眼看就要一命嗚呼，幸好聽世尊講法，悟性頓開，才恢復了健康。

此後，他一心向佛，為佛法的延續殫精竭慮，死而後已。

8 毀滅魔王陰謀的智慧—青蓮上的梵篋

文殊菩薩是智慧的象徵，所以有他在的地方，怎麼能少得了經文呢？

文殊菩薩左手持一株青蓮，蓮上置有一梵篋，也就是佛經典籍，他最常帶在身邊的是兩部經，一部為《般若經》，另一部則是《楞嚴經》。關於這梵篋，還有一個有趣的故事呢！

世尊（釋迦牟尼佛）在世時，曾對信眾講解《楞嚴經》，這部經書描述了他涅槃後的種種世間亂象，是一部極其重要的佛經。

在世尊晚年時，有一回，他來到一個國家為該國的民眾講經。

他講到中途，停了一下，讓信徒們提問題。

正當眾人欲發問時，天空中突然傳來了一陣恐怖的笑聲，剎那間，烏雲滾滾，雷聲隆隆，人們嚇得都趴在了地上。

頃刻間，一個身著黑衣、頭上長角的魔王從烏雲中鑽出，來到世尊面前，得意洋洋地伸出拇指，指著自己向世尊發問：「你知道我是誰嗎？」

世尊點頭，說：「知道，你是魔王。」

魔王更加得意，牠看著腳下瑟瑟發抖的信眾，從鼻腔中發出一聲嗤笑，傲慢地說：「烏合之眾，還配跟我抗衡？未來的世界，將由我和我的子孫來掌控！」

說罷，牠一揮手，天空頓時被黑霧籠罩，一團又一團的黑影飛落下來，伴隨著淒厲的笑聲，嚇得地上的人們更是哆嗦得厲害。

世尊卻沒有害怕，他搖了搖頭，說：「就算你能力再大，也僅能統領三惡道，這些人正在修行佛法，只要他們修成正果，就不會受你控制了。」

魔王一聽，大怒，一腳就把世尊面前的桌子踢得粉身碎骨，狂笑道：「告訴你，在末法時代，我要讓我的徒子徒孫穿上袈裟，主持道場，到處宣揚邪說，到時看還有多少人信奉你的佛法！」

世尊聽到這番話，不由得流下了痛心的眼淚，說道：「譬如師子蟲，還吃師子肉，只要有《楞嚴經》在，人們就能識別你們的真面目，屆時你的願望是達不成的。」

魔王氣得齜牙咧嘴，快要發狂，牠雙手一揮，無數霹靂從天而降，將地面上的眾多器物炸得灰飛煙滅。此時，世尊翻開了《楞嚴經》，在一片狼藉中開始講法，他的聲音鏗鏘有力，充滿了振奮人心的力量，慢慢地，信徒們的頭抬了起來。

魔王大叫：「別再唸了！」

他伸出黑掌，想去打世尊，卻彷彿打在了一面牆上，身子反被彈了出去。

世尊繼續講經，絲毫不受影響，信徒們因世尊而變得堅定，也開始正襟危坐，聆聽法訓。

降魔成道在世尊的一生中，是一個非常重要的事件，是世尊從凡俗轉化為覺悟者的轉捩點。而魔羅是世間一切有礙涅槃的物質和精神的人格化的人物，代表著人間邪惡和異端，也代表著人們頭腦中的貪欲和無明。在巴厘文佛教典經中，將魔羅的十支魔軍稱為貪、厭、餓、渴、慾、懶、懼、疑、怒、驕。魔羅的三位魔女名為渴望、憎恨和愛慾。

文殊菩薩持經圖

魔王的子孫們受不了這經文的莊嚴，慘叫起來，紛紛逃走了，霎時晴空萬里、祥光萬丈，平和安寧的氣氛重新回到了大地。

文殊菩薩深知《楞嚴經》的重要性，就將該經帶在身邊，同時，他又帶上了《般若經》，這是一部講述空宗的佛典，具有無上的智慧，同樣值得眾生悉心研讀。

梵篋，亦稱梵夾、梵經、梵典，是將佛經用梵語記在白樺樹皮、紙、貝葉等物體上的經典，後來，人們就將梵篋視為一切經典。

《楞嚴經》之所以重要，是因為它上面記載了全面的修行大法，可謂佛教的修行大全。此外，它也是一部「破魔」大全，能幫助人們打破心魔、提升智慧，比如其中說道「邪師說法，如恆河沙」，指的就是末法時代，人們的悟性降低，而智力提升，結果各種慾望層出不窮，歪門邪道遍地滋生。

世尊涅槃後的一千年裡，為正法時代，這時期眾生的佛性最高，也最易成佛；再過一千年，為像法時代，此時期修行的人少了，雖然人們還是喜歡建寺廟，卻只是求世尊滿足自己的願望，而不思增長智慧；然後就是末法時代，為一萬年，佛法滅盡，三毒橫行，人們雖聰明，卻不在正途，可悲可嘆。

【拈花解意】

「師子」是「獅子」嗎？

師子並不是錯別字，也不是「獅子」的諧音，而是指神獸狻麑，後人用師子來比喻無所畏懼、法力無邊的佛陀。

9 讓龍王後悔的約定─文殊造福五臺山

五臺山因為是文殊菩薩的道場，如今已成為五大佛山之一，每天都有無數的修行者慕名而來，它的秀麗風光也令所有人都驚嘆不已。然而，在文殊菩薩還未到來之前，五臺山的環境可是非常惡劣的，當時它被稱為五峰山，一年四季都不適宜人們居住。春天時，山上大風肆虐、飛沙走石；夏天時，酷熱難當、蚊蟲橫行；秋天裡，洪水氾濫、山石崩塌；冬天裡，滴水成冰、暴雪漫天。

農民們叫苦不迭，眼看著連年沒有好收成，大家都活不下去了，就尋思著搬遷。

恰巧，文殊菩薩來到此地講經，他見當地百姓都在打點行囊，就很好奇地詢問到底發生了什麼事。當得知五峰山的氣候實在不適宜居住時，他決心要改變這種狀況，便搖身一變，化身為一個和尚。他來到東海邊，縱身一跳，就進了海裡。

文殊菩薩是要到哪裡去呢？

原來，他是要去龍宮借一樣寶貝——歇龍石，可別小看這塊石頭，它能令整座山的酷熱都消退！

文殊菩薩出山圖

文殊菩薩來到龍宮外，赫然發現那歇龍石就立在宮門口。

他趕緊去找龍王說明來意，龍王一聽「和尚」要借石頭，很捨不得，猶豫道：「這石頭是我花了好幾百年時間從海底打撈上來的，太不容易得到了。況且，我的兒子們每天從外面回來，都累得燥熱難耐，只要在石頭上歇一會兒，就有精神了，你要是借去了，牠們肯定不答應。」

文殊菩薩執意要借，說自己是為造福百姓而來，希望龍王支持。

龍王心想：歇龍石重達萬斤，這個瘦弱的「和尚」肯定運不走，不如我就賣個人情，答應他。於是，龍王同意了文殊菩薩的請求。

接下來的一幕令龍王非常後悔，只見「和尚」唸動咒語，歇龍石瞬間就變成了指甲蓋大小，被「和尚」裝入囊中，帶走了！

到了晚上，龍子們回宮，發現歇龍石不翼而飛，都氣得吹鬍子瞪眼，即刻趕往五峰山索討石頭。

由於牠們太生氣了，一到山上，就用龍尾把五座山峰掃成了平臺，還用尖利的龍爪把岩石抓得亂七八糟，以致山上布滿了石塊，人稱「龍翻石」。

文殊菩薩見狀嘆了口氣，再度變為和尚，告訴這些搗亂的龍：「你們要的石頭在那邊的兩座山岩之中。」龍子們大喜過望，蜂擁鑽入岩窟之中，這時，文殊菩薩唸動咒語，兩座山岩忽然合併，將龍子們關住裡面，僅留外面一道狹窄的裂縫來換氣照明。

直到這時，文殊菩薩才恢復真身，告誡眾龍要好好修行，說罷就離開了。

此後，歇龍石就被菩薩放在了一處山谷中，五峰山頓時清涼無比，山谷成了清涼谷，人們在谷中建了一座寺廟，也就是大名鼎鼎的清涼寺。

五峰山因山峰被掃平，從此有了一個全新的稱謂，那便是五臺山。

五臺山位於中國山西省忻州市五台縣，是佛教四大名山之首，雖然它地處黃土高原，位於太行山系的北端，放眼望去是一個土黃色的世界，但是在夏天的時候卻非常清涼，是一個難得的避暑勝地。

五臺山由五座山峰環抱而成，峰頂平坦寬闊，如壘土之臺，故稱五臺。五臺各有其名，東臺曰「望

五臺山殊像寺的大文殊殿

海峰」，西臺曰「排月峰」，南臺曰「錦繡峰」，北臺曰「葉門峰」，中臺曰「翠岩峰」。五臺之中，北臺最高，海拔三千五十八公尺，為「華北屋脊」。

它是中國佛教寺廟的最早建造地之一，始於東漢永平年間，也就是佛教剛傳入中國的時候，五臺山上就已經種下了佛教的火種。這裡有著中國歷朝歷代的佛教建築，各大寺廟遍佈著各種雕塑、字畫、石刻，佛學價值和藝術價值均非同凡響。

《佛說文殊師利寶藏陀羅尼經》中說：「爾時，世尊復告金剛密跡主言，我滅度後，於南贍部洲東北方，有國名大震那。其國中有山，名曰五頂，文殊師利童子遊行居住，為諸眾生於中說法。」

東漢永平十一年，印度兩位高僧——迦葉摩騰和竺法蘭從洛陽來到了五臺山，建造了阿育王的舍利塔，從此五臺山便成為了佛教聖地。在佛教興盛的南北朝和唐朝，五臺山的發展出現了兩個高峰，特別是唐朝，統治者要求全國都供奉文殊菩薩，還將五臺山視為佛教聖地。

從此，五臺山躋身佛教名山，成為了文殊菩薩的道場，聲震海內外，為很多佛教徒心馳神往。

【拈花解意】

中國有哪五大佛山？

這五大佛山分別為：普陀山，供奉觀世音菩薩；五臺山，供奉文殊菩薩；峨眉山，供奉普賢菩薩；九華山，供奉地藏王菩薩；雪竇山，供奉彌勒佛。其中彌勒佛的道場頗有爭議，因為彌勒佛是釋迦牟尼佛的接班人，至今仍在天界修行，還未下凡。

10 燒不爛的佛經—五臺山佛道鬥法

如今，全世界的佛教徒都知道，五臺山是一座佛山，可是又有誰知道，在兩千年前，它卻是中國道教的一座名山呢？

當年，迦葉摩騰和竺法蘭這兩位印度高僧來到中原，先是落腳洛陽的白馬寺，而後又來到了山西五臺山。

兩人抵達五臺山的時候正好是夏季，毒日當頭，曬得他們汗流浹背。然而，當他們一進山中，卻頓時感到周身一陣清涼，那燥熱也減緩了不少，讓他們甚覺心靈得到了平靜祥和。

「這是塊福地呀！」迦葉摩騰驚喜地對竺法蘭說。

竺法蘭點點頭，他們一路往山上走去，越走越覺得景色妙不可言、聖意悠長深厚。

待他們再往前走時，發現在一處空地上矗立著一座高大的白塔，那塔的模樣頗有西域之風，料想該不是漢人所建。

迦葉摩騰遠眺前方，驚喜地對竺法蘭說：「你快看，那山峰像不像世尊講法的靈鷲山？」

白馬馱經圖

竺法蘭也嘖嘖稱奇，讚歎不已：「太像了，真乃佛山啊！」

而後，兩位高僧圍繞著白塔細細地觀摩起來。

良久之後，竺法蘭突然大聲說：「阿彌陀佛，世尊竟有腳印留在此地，真乃緣分使然。」

迦葉摩騰忙跑過去看，發現在白塔的左側，果真有一雙一尺六寸長、六寸寬，現千輻輪相的足跡在泥土裡，而且十根腳趾頭清晰可見。

兩人連忙潛心坐下來唸佛，表達對世尊的敬仰，隨後，迦葉摩騰看著白塔，若有所悟：「這塔應該就是阿育王所建的，想來裡面存放著世尊的舍利，我們該向漢人皇帝請求建寺為宜。」

於是，兩位僧人就去找漢明帝，請求在五臺山建造佛寺。

這樣一來，洛陽的道士們就不高興了，因為五臺山供奉的可一直都是道教的天尊啊！

五嶽道士褚善信等一千兩百人上表朝廷，要跟迦葉摩騰和竺法蘭鬥法。

漢明帝徵求迦葉摩騰和竺法蘭的意見後，便批准道士們的表文，准許他們跟僧人鬥法。

鬥法的第一個內容是辯論。

提到辯論，道士當然辯不過僧人，佛教有四種辯論方法，第一是現量，第二是比量，第三是聖言量，第四是神通量。除了這四種量外，還有一種是所知量。若是跟人家辯論，就要用比量，兩個僧人中，竺法蘭擅長因明學的三支比量，那些道士們因為不懂得辨證方法，怎會辯得過竺法蘭呢？

鬥法的第二個內容是比神通。

說到神通，迦葉摩騰已經是一個阿羅漢，羅漢有六大神通：第一是天眼通、第二是天耳通、第三是他心通、第四是宿命通、第五是神境通、第六是漏盡通。

鬥法剛一開始，就有成千上萬的百姓潮湧而來。漢明帝叫人把佛經放在寺門邊的西壇上，把道經放在東壇上，壇下各燃起一堆大火。

那些道士們繞著法壇哭著禱告道：「當今皇帝信了邪教，因此請出真經，用火考驗，敬請天尊和大仙顯聖保佑。」怎曉得，霎時之間烈焰飛騰，所有道經全部化為灰燼。那邊壇上，所有佛經越燒越是放光，火焰熄滅之後，佛經一無所損，完好如初。

這時，迦葉摩騰升到虛空之中，坐上大蓮花，隨風往來，或升或降。萬千對眼睛莫不仰望，歡呼之聲震動遐邇。

那些道士並非沒有神通，在沒有開始鬥法以前正是元宵佳節，有的道士能在空中行走、有的道士能在水面往來、有的道士會穿牆過壁、有的道士則變化莫測，洛陽城中的老百姓，家家戶戶焚香禮拜，都說他們是真仙下凡，連漢明帝也以為僧人鬥不過道士。

可是到了鬥法這一天，升上虛空的會跌下來，行在水面的會沉下去，碰牆牆不穿、撞壁壁不透，叫了幾十聲的變、變、變，卻總是變不起來，只能眼睜睜地看著道經被火燒毀，無法挽救。

這時，只見迦葉摩騰升在虛空之中，一個變成十個，十個變成百個，百個變成千個，滿虛空都是他的法身，滿虛空都是天花，滿虛空都是音樂。佛的舍利在此時又放出五彩的奇光，在虛空之中猶如羅傘一樣，籠罩著整個會場。

那些道士猶如老鼠遇見了貓，動彈不得，當場就氣死了褚善信、費叔才等幾個道士，其他六百多個道士，聽從了太傅張衍的勸告，皈依了佛教。

洛陽城郊內外的王公大臣、學者名流共計一千四百多人，皈依的皈依，求戒的求戒，出家的出家。

漢明帝還親手替那些出家的人削髮。

門法之後，漢明帝同意在五臺山建立佛寺，並將該寺取名為「大孚靈鷲寺」。從此，中國正式有了佛、法、僧三寶，奠定中國佛教的法城。

相傳，臺懷鎮西側山峰，與古印度靈鷲山相似，故五臺山的第一座寺廟改名大孚靈鷲寺。大孚是弘信的意思，也就是指弘揚佛法。到北魏時期，大孚靈鷲寺改名為大浮圖寺。如今，這座寺廟已變成顯通寺，它是五臺山的第一大寺，佔地一百二十畝，有建築四百多座。正是由於它的興建，才讓佛教真正在五臺山紮了根。至於五臺山上的大白塔，又稱舍利塔，是五臺山的象徵性建築，據《清涼山志》記載，漢明帝之前已有此塔，據說在世尊入滅後，其屍骨火化時被煉成八萬四千個舍利子，印度的阿育王就用五金七寶建造了相同數量的舍利塔，將舍利子散落到世界各地，五臺山的舍利塔便是其一，最初得名叫慈壽塔。

如今的大白塔，始建於一三○二年，由尼泊爾匠師阿尼哥設計建造，而從前的慈壽塔則被包裹在裡面。明朝永樂年間，太監楊升又重修此塔，隨後白塔又經過兩次修葺，才有了現在的模樣。

臺山白塔

【拈花解意】

浮圖和浮屠

浮圖是一個概稱，指的是佛教建築，後來專門用於指高塔。

浮屠最早是佛教徒的代稱，佛教也因此被稱為浮屠道，後來浮屠等同於浮圖，同樣指佛塔，所以才有了「救人一命勝造七級浮屠」的說法。

第三節　文殊菩薩的神獸和護法

11 被美女誣陷的世尊—青獅的由來

文殊菩薩的坐騎是一頭青色獅子，這頭獅子象徵了無所畏懼的精神，在佛教中，有著深刻的寓意。

那麼，菩薩的這頭獅子是怎麼來的呢？這還得從世尊（釋迦牟尼佛）在世時說起——當世尊周遊全國，到處演說，獲得了越來越多的信徒追隨時，一些居心叵測的人產生了嫉妒之心，意圖讓世尊身敗名裂。

幾個婆羅門指使一個年輕曼妙的婆羅門女子去誣陷世尊，他們假裝情緒崩潰，痛哭流涕地說：「那個喬達摩．悉達多太可惡了，他藉著講法，讓剎帝利族發展壯大，我們婆羅門族眼看就一日不如一日了，為了保護我族的信仰，妳可要為我們出這口惡氣啊！」

女子被他們的話所蠱惑，堅定地點了點頭，表示一定不會辜負眾人所望，要讓世尊遭到所有人的唾棄。於是，她穿上豔麗的紗衣，戴上華貴的珠寶，眉間點上一顆如紅寶石明亮的朱砂，手中捧著一束鮮花，來到世尊講經的法會上。

不過，她並不經常來，而且每次過來也不像要聽法，而是站在法會較遠的地方，等待著信眾離場。幾次之後，逐漸有人注意到了這個美麗妖嬈的女子，便問她為何來到這裡卻不聆聽教誨。

文殊菩薩騎獅像

女子只是一笑而過，不置可否。

後來又問過了幾次，她終於有了反應，神祕地說：「去我該去的地方。」由於她的三緘其口，對她好奇的人越來越多，大家都在猜測她來這裡的目的，有人認為她是來找世尊的。果不其然，接下來的幾次現身，她含糊其詞地說：「我要找喬達摩・悉達多師父。」

可是，她找世尊的用意是什麼呢？大家的揣測就更多了，不過信徒們很善良，他們都以為是那女子有了什麼困難，要找世尊幫忙呢！

幾天後，那女子卻突然開口，說了一句令人震驚的話：「在這裡度過一晚，感覺還真是不錯呢！」

信徒們覺得難以置信，因為世尊講法的地方只有一間臥室，如果這女子要留宿的話，她該住在哪裡呢？不過，大家都相信世尊的品德，就沒有再追問下去。自從這女子出現，一晃幾個月的時間過去了，在一個大雨滂沱的日子裡，這個女人忽然從外面闖進法堂，她的頭髮溼漉漉的，肚子明顯地隆起。

正當世尊要說法時，她突然衝上講壇，指著世尊大聲斥責道：「你枉為人師！我懷了你的孩子幾個月了，你卻對我不聞不問，難道你不肯與你的親生骨肉相認了嗎？」

信徒們目瞪口呆，紛紛向世尊投以質疑的目光，世尊卻平靜地笑道：「姑娘，只有妳我知道妳說的是否屬實。」

這女子見沒有人支持自己，頓時有些心慌意亂，她下意識地後退幾步，不小心摔了一跤，一塊又圓又大的木頭從她的懷裡滾出，原來這就是她的「孩子」。

眾人哈哈大笑，女子很生氣，而那木頭竟發出金光，變成了一隻青

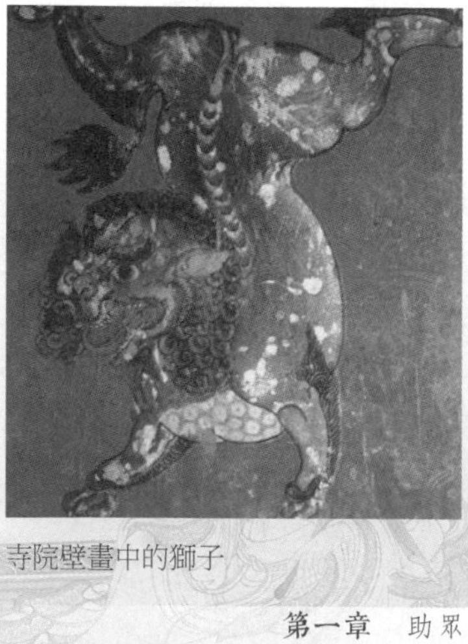

寺院壁畫中的獅子

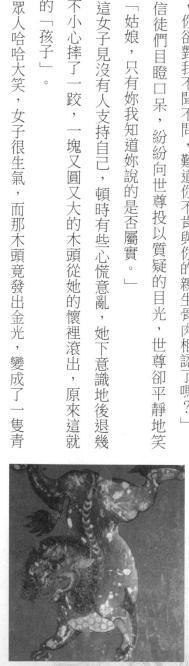

色獅子，信徒們連忙下跪叩首，而女子則驚惶不已。

世尊這才告誡道：「在任何時候，我們都不要掉入偏見的陷阱，要有智慧，覺悟之道，猶如這隻青獅的怒吼，可以解除一切障礙。」

後來，阿難就將世尊的這番告誡記錄下來，編纂成《獅子吼經》，而青獅也成為文殊菩薩的坐騎，從此背負著菩薩勇破魔障，無堅不摧。

獅子是百獸之王，威猛無比，能驅惡避邪，所以以獅為坐騎，表示文殊菩薩的說法無畏，能降服一切妖魔鬼怪。獅子與佛教淵源甚深，另一原因是牠為佛陀的化身，所以在佛教藝術造像中常可見牠的身影。在佛教發達的南北朝時代，獅子開始大量出現在石窟壁畫中，且其形象有明顯的地域分布特徵：越靠新疆、甘肅等地，越具有西域風格；越靠近中原地帶，越具有中華民族的獅子風格。

在中國的佛教藝術中，獅子基本有兩種形態，一是威武雄壯型，可發揮鎮宅守護的功能；另一種則是屈尊溫順型，可以有著護法的作用。

【拈花解意】

阿難是什麼來歷？

阿難是世尊的十大弟子之一，全稱阿難陀，意譯為歡喜、慶喜、無染。為世尊的堂弟，善記憶，對於世尊之說法多能朗朗記誦，故譽為「多聞第一」。因其長相英俊，故經歷桃花劫。相傳，有一位奴隸出身的女子愛上了他，非要和他成婚，文殊菩薩在阿難即將破戒時趕來相救。世尊勸那女子出家，以便在道行上能追趕上阿難，女子思慕阿難，剃度修行，最後終於覺悟，成為菩薩。

12 被佛光射中的孔雀—飛揚自在的金孔雀

文殊菩薩的坐騎除了青獅外，還有一個神獸，那就是金孔雀。不過，這隻雄孔雀在得道之前，長得很難看，尾羽上也沒有圓圓的「眼睛圖案」，直到發生了一件事情，牠才變得美麗異常。

這是怎麼回事呢？這得從世尊涅槃後的第一千年說起。

當時，在雲南邊境，世尊給一個傣族部落的頭領託夢，說自己將在當地舉行的擺帕拉節上現身說法。

繪有孔雀的文殊菩薩唐卡

頭領夢醒後激動萬分，趕緊告訴族人。

所有人在得知該消息後，一瞬間幾乎連話都不會說了，誰都沒想到世尊竟然能下凡現身，這可是千載難逢的機會啊！

很多佛教徒為此紛紛趕往將要舉行節日慶典的寺廟，而其他一些沒有信仰的人，在這時候也虔誠起來，也往廟裡跑，每個人都想得到佛光的普照，讓自己增添好運氣。

就這樣，消息越傳越廣，去寺廟的人越來越多，把小小的一座廟擠得水洩不通，先進去的人索性帶了乾糧，守在廟裡不肯出來，後來的人只好堵在半路上，心中乾著急。

一隻生活在天柱山的孔雀不知怎的，也聽說了此事，牠非常高興，張開翅膀拼命地飛呀飛呀，飛了好幾天，才到達世尊即將降臨的寺廟。

牠從雲端向下望去，不禁暗自吃驚，只見下方全是黑壓壓的人頭，哪裡還有落腳之處啊！

正當牠在天上盤旋的時候，寺廟的大鐘突然發出低沉的鳴響，世尊出現了！人們壓抑不住內心的狂喜，紛紛開始唸起佛號來。

孔雀越發焦急，牠來到人們的頭頂上方，到處尋覓空地，可是人們臉貼臉，腳碰腳，能自己站穩就不錯了，哪還會讓孔雀鑽空位呢？

世尊很快就洞悉了孔雀的焦灼心情，他被孔雀的誠心感動，就射出一束神力無比的佛光，來照拂孔雀。

誰知孔雀來回飛，佛光只落在了牠的尾巴上，霎時，牠的尾羽出現了圓形的圖案，如同美麗的眼睛，讓人看得目不轉睛。

接著，牠那身灰色的，如同木炭一樣的羽毛也在一瞬間變成了金色，現在的牠渾身散發著金光，看起來高貴典雅，足以讓任何人都讚歎不已。

孔雀知道自己的變化得益於世尊，因此心生感激，情不自禁就在天空跳起了孔雀舞。

眾人看得呆了，一起拍手叫好，這時世尊的聲音從法堂裡傳來：「孔雀，明年我還要過來，希望到時能再與你一見。」

孔雀感動得熱淚盈眶，連忙回答：「明年我一定來！」

結果，第二年，世尊果然和孔雀再度重逢，而文殊菩薩覺得這隻孔雀溫順善良，心生歡喜，就收下牠做為坐騎，雲遊四海。

不過，往後每一年的擺帕拉節，金孔雀仍舊會回到故地，為人們跳孔雀舞，順便展示世尊賜予牠的美麗羽毛。而傣族人民為了向佛祈求吉祥安康，就編造了《孔雀舞》這一新的舞蹈，一直流傳至今。擺帕拉，是傣族活動「趕擺」的一種，主要負責祭祀，而趕擺則相當於漢族的廟會，可以集祭祀、集會、商貿、百藝等，如潑水節也被稱為趕擺。

孔雀舞則是傣族最著名的舞蹈，因模仿孔雀的優美姿態而得名，距今已經有一千多年的歷史。為何傣族人這麼喜歡孔雀呢？這是因為他們認為孔雀是聖鳥，是幸福吉祥的象徵，代表了智慧、美麗、善良，所以文殊菩薩會選擇孔雀做為坐騎，也就能夠理解了。

金孔雀在佛教中有著更深遠的寓意，牠意味著自在飛翔，能帶著菩薩來去自如，飛往任何一方佛國，因此可知其具有無上的神力。

【拈花解意】

佛光到底是什麼光？

佛經有說，佛光雖然是佛帶來的光明，但是從世尊眉宇間發射出來的，所以佛光是救世之光。在廣義上講，佛光可以指佛像周身的光澤。佛教認為，只有與佛有緣的人，才能見到佛光。

13 三十三女造廟入天道—天龍八部之天眾

文殊菩薩雖然不像觀音菩薩那樣有金童、玉女兩個侍從，但祂是眾佛之母、一切菩薩之師，每次開壇講法時，必然會有一大幫信徒跟隨。而在這批信徒當中，有八類神道怪物長期陪伴在文殊菩薩身邊，成為了文殊菩薩的護法，他們就是天龍八部。

在八部眾中，天眾是最為尊貴的。

那麼，他們是如何升入天道，成為神通廣大的天眾呢？

相傳，在過去七佛中，有一佛名迦葉佛，他是釋迦牟尼佛的師父，曾經預言世尊將來必定成佛。在他的佛國中，有一個很奇怪的現象，就是信仰佛教的人已經大大減少，而且女人對佛事的崇拜程度要甚於男人。

佛教中有個說法，那些前世福報少的，輪迴後會化作女兒身，而福報多的，則是男兒身。照理說，女人體弱、要生孩子，受的苦難比男人多，並且沒有什麼文化水準，悟性應該比男人低才是。但在迦葉佛的世界裡，女人們正是因為懂得自身需要修行，才對佛法特別尊崇。

一天，有一位婆羅門女子看見一座久未修葺的破廟，因為沒了屋頂，廟裡的佛像被雨水打得面目模糊，不禁動了惻隱之心，想將塔廟翻修一新。

於是，她就去找親友借錢，結果男人們認為自己是萬能的，根本不需要寺廟來崇拜神佛，說什麼也不肯幫忙，而女人們則非常善良，紛紛慷慨解囊。

最終，這些女人組成了一個三十三人的團體，互相配合著去蓋寺廟，儘管她們力氣不夠大，需要修建很長時間，但勝在心靈手巧、做事細膩，終於將寺廟造好了，而且非常漂亮，裡面的佛像也重新用金粉塗抹了一遍，看起來神采奕奕，莊嚴萬分。

有了寺廟，若有座塔就更完美了！

這三十三個女人又開始造塔，她們齊心協力，築造了一座七層的寶塔，待到寶塔封頂的那一天，女人們歡呼雀躍，共同擊掌慶祝她們的勞動成果。

這時，天空忽然灑下祥光，女人們驚訝地發現自己竟騰空而起，慢慢往上升。她們很快吸引了其他人的注意，大家見這三十三人周身披滿祥光，知道她們是得道了，不由得心生敬畏，跪下來膜拜。

這三十三人升到了天道，每個人都擁有一層天，於是，天道中便有了三十三層天，也叫忉利天。她們變成天人後，都奇蹟般地變成了男兒身，從此天道開始興盛，天眾逐漸增多，而建寺廟的發起人則居住於三十三層天的中間，他也有了一個響亮的名字，叫帝釋天。

帝釋天的梵文名字叫釋提桓因陀羅，翻譯成中文就是「能力強大的天界諸神的主宰者」。

他是世尊和諸位菩薩的護法，當世尊下凡投胎時，是他放下七寶金階，讓世尊走下人間的。而世尊成佛後，每當舉行法會說法，帝釋天必然會手持寶蓋，甘當佛和菩薩的侍從。

帝釋天是天龍八部最重要的天眾首領，他所居住的忉利天屬於六道中的天道，由於天道沒有脫離輪

帝釋天

迴，所以天人仍有壽命終結之時，只不過他們的壽命比人類要長很多。

天道由下到上分為慾界、色界和無色界三界，忉利天在慾界的第二層天，第一層天則為四大天王居住的四大王天。

在天道中，唯有這兩層天是依附須彌山而建的，其他層天都漂浮在空中。

世尊座下的四大天王

【拈花解意】

過去七佛為哪七佛？

過去七佛，指的是離我們時間最近的七位佛陀，分別是毗婆尸佛、尸棄佛、毗舍浮佛、拘留孫佛、拘那含牟尼佛、迦葉佛和釋迦牟尼佛。前三位佛是過去莊嚴劫千佛中的三佛，而後四位則是現在賢劫千佛中的四佛。釋迦牟尼佛在世僅八十年，而後的一萬兩千年裡，佛法將不斷衰弱，直到賢劫中的第五尊佛——彌勒佛出生，人間智慧才能回復，可惜佛在世的時間極為短暫，所以人們的開悟便極為艱難。

14 犯下死罪的白龍—天龍八部之龍眾

天龍八部中的龍眾是僅次於天眾的最重要的一類部族，其首領是一條白龍。這個白龍的故事也很有趣，牠原本犯了死罪，最後卻意外得道。

這是怎麼回事呢？

原來，當年有一位龍王叫沙竭羅，牠有個非常調皮的兒子，這個龍太子天不怕、地不怕，到處闖禍，經常把牠的父親氣得雷霆大怒。

可是龍王老來得子，對兒子寵溺得很，又怎忍心責罰呢？就這樣，在父親的嬌生慣養下，龍太子越是不守規矩，結果闖出了彌天大禍。

有一天，龍太子在海裡遊玩，忽然惱怒起來，嚇得身邊的侍從無不膽顫心驚。

牠眼珠一轉，對侍從們提議道：「你們不如隨我去天上玩一玩，如何？」

侍從們一聽，磕頭如搗蒜，哀求道：「屬下不敢，那天上是帝釋天的住所，我們怎麼能隨便亂闖呢？」

龍太子一聽，氣得罵道：「有什麼好怕的，難道本王的本事還比不過那幫天人嗎？」

牠罵了半天，仍難解心頭之氣，就縱身一躍，跳出了海面。

這龍太子膽子真夠大的，牠繼續往天上飛，也不怕獨自出行有什麼危險，很快就飛到了天道的忉利天。

碰巧牠那天運氣很好，仞利天的天人被帝釋天率領著去兜率天聽彌勒佛講法去了，所以帝釋天的住所裡空蕩蕩的，讓龍太子如入無人之境。

龍太子得意洋洋地在帝釋天的宮殿裡走著，不時碰碰這個，翻翻那個，很快，牠就有點睏了，因為這宮殿實在太大了，加上也沒有什麼好玩的，實在是太無聊了。

正當龍太子轉身欲走時，牠的目光被一抹閃亮的光芒給吸引住了，那是一顆碩大的夜明珠，懸掛於大殿的天花板上，儘管眼前室內、室外都一片光明，可是夜明珠仍舊閃耀出璀璨的光芒，看得龍太子心癢難耐。

龍太子一時羨慕，就摘走了夜明珠，由於做賊心虛，牠怕帝釋天發現夜明珠被盜，就想出了一個餿主意：放火燒屋，以為這樣一來，帝釋天便不知夜明珠被牠取走了。

結果當帝釋天回宮時，發現自己的宮殿被火燒得一片狼藉，不由得雷霆震怒，發誓要與縱火賊好好算帳。

此時，龍太子正在龍宮裡賞玩夜明珠，忽然之間，牠聽到宮外有怒吼聲：「快把盜我夜明珠的小賊交出來，否則我毀掉這龍宮！」

龍太子知道自己犯了死罪，嚇得魂飛魄散，趕緊帶著龍珠溜到天上。然而牠離開後，卻又擔心龍王無力抵擋帝釋天的進攻，既擔心又悔恨，不知該如何是好。

不知不覺中，牠走到了靈鷲山，正好聽到世尊在為眾生講經，頓時淚流滿面，拜倒在世尊的面前，獻上寶珠，祈求世尊能平息帝釋天的怒氣。

世尊笑了笑，帶著龍太子回到龍宮，將夜明珠還給帝釋天，並成功勸說帝釋天回到了天上。

龍太子經歷此次事件後，不再頑劣，整日虔心修佛，終於成正果，在日後率領龍眾為世尊和菩薩護法，從未怠慢。

龍眾與天眾不同，牠們大都生活在水中，具有降雨的功能。而佛教中的龍與中國的圖騰龍有一些區別，是沒有腳的，且古印度人認為龍是具有神格的蟒蛇、毒蛇等，與中國的龍並不相同。

古印度人非常崇尚龍，認為龍是水中力氣最大的生物，所以他們常用龍來形容聖人，如「龍象」指品德高尚的人；「西來龍」指西方來的聖僧。

龍眾中，有五龍王、七龍王、八龍王等尊稱，如在《華嚴經》中，就描繪了禮敬諸佛的諸龍眾。

據說，龍眾擁有大量珠寶，是海中富豪，所以很多人對其深為崇拜，希望能為自己招來財富和吉祥。

【拈花解意】

何人能成爲佛教護法？

護法，就是保護正法的意思，比如四大聲聞、十六羅漢是佛陀的護法。

此外，印度教中的梵天、佛教中的帝釋天、四大天王、十二神將、二十八部眾都是佛陀的護法，合稱為護法神。

其實，人也可以成為護法，只要禮敬三寶、護持佛教，在家居士也是佛教的護法。

15 鬼母尋子求佛陀—天龍八部之夜叉

在天龍八部中，有一部本是極其凶惡的鬼怪，面容凶惡，令人不寒而慄，但最後牠們也成了護法善神了，說起來，這還得感謝世尊呢！

當年，夜叉均由鬼母所生，這鬼母是老鬼王般闍迦的妻子，她有一萬個鬼子，個個身強力壯、橫掃一切，威風得不得了，讓鬼母頗為驕傲。

鬼母的最小兒子叫嬪伽羅，這個孩子倒有點例外，牠不像自己的那些哥哥一樣健壯，有點瘦小，但是牠卻最聰明，每次和哥哥們比賽，贏的一定是牠，所以深得鬼母的寵愛。

鬼母太愛嬪伽羅了，幾乎無時無刻都要把這個兒子帶在身邊，除了在她吃飯的時候。

鬼母生性暴戾，愛吃人間的小孩，每次腹中飢餓時，她就會來到人間，看見小孩就抓，讓人間生靈塗炭，人們痛苦萬分。

百姓們實在受不了鬼母的暴虐，紛紛來到寺廟，撲倒在世尊的法像腳下，哭著求世尊拯救蒼生。

世尊見眾人哭得如此悲切，知道鬼母的作為實在是罄竹難書，就趁鬼母來人間時將嬪伽羅捉住，扣在自己的缽盂裡。

這下輪到鬼母著急了，她發瘋似的尋找孩子，幾乎把自己能到達的所有地方都找遍了，卻還是一無所獲。

她連續找了七天，不吃飯、不喝水、不睡覺，眼淚都快流乾了。

正當她要絕望時，忽然聽到有人說：「世尊是世界上最聰明的聖人，能知曉一切事情呢！」

鬼母宛如撈到了最後一根救命稻草，連忙跑到世尊的住所，向他打聽自己兒子的下落。

世尊訓斥道：「妳有一萬個兒子，只丟了一個就心急如焚，這世間百姓有的只有一個兒子，被妳吃了，豈不是痛苦勝妳萬倍？」

鬼母靜下心來，方覺自己罪不可恕，羞愧地說：「世尊，我錯了！只要能找到我的小兒子，我發誓再也不吃別人的孩子了！」

世尊這才將倒扣的缽盂翻了回來，只見缽盂裡金光一閃，嬪伽羅重新回到了鬼母的懷抱裡。

鬼母對世尊感激涕零，從此皈依三寶，不再做傷天害理之事，她還教育自己的孩子要虔心禮佛，庇護世尊和菩薩。

於是，一萬個鬼子全部成了護法，被人稱為夜叉，為維護眾生界的和平而盡忠職守。

「夜叉」是佛經中一種形象醜惡的鬼，勇健暴惡，能食人，後受世尊之教化而成為護法之神，列為天龍八部眾之一。

據《毗濕奴往世書》所述，夜叉與羅剎同時由梵天腳掌生出，但雙方通常相互敵對。夜叉與害人的羅剎不同，對人類持友善態度，因而稱為「真誠者」。夜叉形象多變，有時被描述為迅速、恐怖的武士，有時又被描述為腹部下垂的侏儒。女性夜叉被描繪為帶有快樂的圓臉

《揭缽圖》（局部），此圖為佛教故事畫，描繪佛世尊爲懲治鬼子母而將其幼子扣於缽下，鬼子母遣衆小鬼意欲揭缽救子的情景。

和豐滿的乳房與臀部的美麗年輕女子。

《大智度論卷十二則》舉出地行、虛空、宮殿等三種夜叉。其中，地行夜叉可得種種歡樂音樂飲食；虛空夜叉有大力，所至如風；宮殿夜叉有種種娛樂便身之物。此皆依過去佈施之差別而有異。

《注維摩經卷一》亦謂，夜叉有三種，即：地夜叉、虛空夜叉、天夜叉。地夜叉因施財，故不能飛空；天夜叉因施車馬，故能飛行。

此外，諸夜叉神飛行於空中之記述，於諸經中常可見之。夜叉的首領有八大將，歸毗沙門天王統領。

在本圖中，多聞天王是守護《法華經》的佛教護法神。

【拈花解意】

毗沙門天王是何來歷？

毗沙門天王就是多聞天王，又稱財寶天王，在藏傳佛教中被認為是寶生佛的化身，由於寶生佛是財神，所以毗沙門天王也是財神之一，傳說牠能保佑事業順利、財源廣進。

16 天界第一樂手的愛與恨—天龍八部之乾達婆

都說萬事萬物不能十全十美，可是偏偏有一位天人要打破這個桎梏，她就是乾達婆，是帝釋天的樂神，也是天道最也有名的樂手之一。

乾達婆最初是個漂亮的女孩子，而且極其聰明，這讓每個見到她的人都驚歎不已，覺得造物主竟對她如此厚愛，造出了這麼個完美無瑕的璧人。

而且，乾達婆不用吃飯，她唯一的愛好就是聞香，只要有香氣在，她就會飄過去，翩然起舞，看得人如癡如醉。

誰知，這個優點竟成為乾達婆的一大弱點，也為帝釋天所知，於是帝釋天便在自己的善見城內焚香薰檀，讓乾達婆為之沉醉，離不開這座宮殿。

其實，帝釋天與乾達婆是有仇的，因為他殺了乾達婆的父親。

乾達婆的父母都是帝釋天的樂師，不過夫妻二人的關係並不好，因為乾達婆的母親在有一次見到夜叉王之後，就陷

甘肅省瓜州縣榆林窟乾達婆壁畫

入了單相思中，與丈夫的感情越發冷淡，最後兩個人貌合神離，相互之間冷得像一塊冰。

所以，乾達婆對帝釋天的所作所為並不在意，相反，她還崇拜對方，因為對方足夠強大，而對於夜叉王，儘管對方沒做錯什麼，她卻是有恨的，因為母親自迷戀上夜叉王後，便日漸憔悴，最終香消玉殞。

某一天，天眾與夜叉起了衝突，矛盾其實很簡單，就是雙方都認為自己是最強的，最後針鋒相對，一場大戰在即。

帝釋天為了勝利，精心挑選了一批良將，他讓乾達婆成為持國天，去參加戰鬥。

乾達婆想在戰爭中手刃夜叉王，便勤加苦練，為的是了卻多年的夙願。

有一天，正當她在晚上練功時，忽然聞到了一陣清冽的幽香，那香氣彷彿是從月亮上瀉下來的一般，如銀絲般柔滑，讓她陶醉地閉上了眼睛。

此時，月光中走出一位絕世美女，她的容顏如泉水般清澈，又如鑽石般璀璨，讓乾達婆一見到她就愛上了她。

於是，乾達婆與她攀談起來，當美女透露出自己的身份後，乾達婆暗自吃驚，原來，那美女是夜叉王的手下，名叫蘇摩，此次大戰，她也會參加。

乾達婆心痛不已，但她沒有任何表示，而是與蘇摩共同度過了一個美好的夜晚。

數日後，大戰爆發，蘇摩驚訝地發現乾達婆也在敵人陣營裡，她猶豫不決，無法痛下殺手，最終被對方所殺。

乾達婆也是沉痛萬分，她拿起蘇摩的武器雙月葉，刎頸自盡了。

最終，天眾取得了勝利，世尊有感於乾達婆與蘇摩的愛情，將兩人都變成了男兒身，乾達婆仍舊跟隨帝釋天，成為護法，位列天龍八部之一。

乾達婆，就是天歌神的意思，據說祂住在須彌山南部的金剛窟中，採集百花的花露對著人間播灑，所以在佛教的壁畫中，祂往往是女兒身，身姿飄逸，名曰「飛天」。

乾達婆在前世樂善好施，且脾氣溫順，所以往生後升為天人，祂的樂律極好，所彈音樂廣為人稱頌，但祂生性高傲，不肯輕易奏樂。不過，想讓祂演奏也不難，只要點燃祂所喜愛的香，祂就會情不自禁地表演了。

在天龍八部中，乾達婆後來成為了一個部眾，他們的首領叫畫軍，身上都能散發出濃烈的香氣，而梵語又稱乾達婆是變化莫測的，因為他們的音樂是無形的，而行蹤也不固定，所以他們通常都很神祕。

【拈花解意】

善見城在哪裡？

此城位於須彌山的山頂中央，也就是三十三天的中部，是帝釋天的住所，據說它的四面各有兩千五百由旬，高一由旬半，地勢平坦，宮殿全部由黃金鑄成，奇妙的是地面非常柔軟，在上面行走時，就如同走在棉花上一樣，特別舒服。

17 為父母而甘願變醜的小伙子—天龍八部之阿修羅

在天龍八部中，阿修羅雖然不是最重要的一部，但他們的地位也很特殊，在六道中，他們獨佔一道，可見其數量之多。阿修羅有個特點，就是男人長得特別醜，女人卻特別好看，不過男阿修羅雖然醜，卻沒有夜叉那般凶神惡煞，所以還不算太嚇人。

其實阿修羅不是醜，只是他們長得奇怪罷了，並且在最開始，他們和正常人沒什麼兩樣。

那麼，他們為何後來就變醜了呢？

相傳，在很久以前，有一個漁村裡住著一對老夫妻，夫妻倆每天出海捕魚，儘管勤快，卻仍舊清貧，更糟的是，他們一直都沒有孩子，眼看自己手腳越來越不靈活，二人越發愁悶。

老婆婆每日燒香拜佛，懇請世尊賜給自己一個兒子，一年後，她在海灘上結魚網，因為天氣太熱，就下海去游泳，結果游著游著，突然覺得小腹一涼，好像有什麼東西跑到自己的肚子裡去了。

她趕緊上岸，一摸肚子，覺得裡面似乎長了個東西，等到八十天後，她竟然生下了一個活潑健康的男嬰。夫妻二人可高興了，給孩子取名叫阿修羅。

因為阿修羅是上天賜予的孩子，所以長得特別快，不到百日就長得像三歲的孩童，半年之後已經有十歲孩子的個頭了，一年後，他和十八歲的小伙子沒兩樣了。

老公公和老婆婆都很高興，以為一家人從此就能過著快樂的日子了，誰知有一天，老公公出海捕魚，隨後天空忽然暗無天日，海面上捲起巨浪，老公公再也沒能回來。

老婆婆傷心欲絕，斷然不肯讓阿修羅再出海，阿修羅沒有辦法，就去山上砍柴，然後拿到市集上去賣，母子兩個也因此搬到了山坡上，方便進山。

可是，山坡下有一條河，每年總有那麼幾個月會因暴雨而發洪水，這樣的話，阿修羅就沒辦法天天去市集了，他只得把乾糧省下來給老母親吃，自己餓幾天肚子，然後背著木柴從河中游過去，賣了一些錢再回來撐幾天。

有一天，阿修羅只換回來兩塊炊餅，老婆婆安慰他說：「我挖了些野菜，夠我們兩個人吃的了。」可是這時來了一個和尚，他瘦得皮包骨頭，求老婆婆和阿修羅施捨一些食物。

阿修羅把自己的餅給和尚，誰知和尚吃完還喊餓，老婆婆就把另一個餅也給了和尚，母子二人只能喝些野菜湯。

第二天，和尚又來化緣，再次吃掉了阿修羅剛買回的兩個餅。

第三天，和尚依舊來化緣，把僅有的兩個餅吃掉了。

這一次，和尚讚歎道：「你們真是好人，說吧！你們想要什麼禮物？是金銀珠寶，還是豪宅家畜？」

阿修羅搖搖頭，說：「大家都是窮苦人，要什麼報答呢？不過我倒是希望自己能長一雙長腿，這樣就能輕易跨過發洪水的大河了，再長四隻長長的胳膊，能讓我砍很多柴；最好讓我有四隻眼睛，能看得更遠。」阿修羅本是在說玩笑話，沒想到和尚卻笑道：「那我就滿足你！」

說完，和尚端起一碗水，喝了一口，然後噴向阿修羅，說聲：「變！」

只見阿修羅居然真的變成了他想要的那副模樣，而和尚也化身為佛，駕著木盆騰空而起，原來他是辟支佛。就這樣，阿修羅和他的母親瞬間修得阿羅漢果，升入佛國。

阿修羅因此開闢了阿修羅道，並成為阿修羅王，位列天龍八部之一。

阿修羅被譯成中文，名為「非天」，意思是果報雖然很大，近似於天人，卻並非天人。

阿修羅都是力氣很大的神，牠們非常容易發怒，喜歡打仗，這是因為牠們的前世嗔念較重，沒有修得更大的福報所致。

阿修羅

不過，阿修羅道也有個優勢，那就是牠們的女人都是絕色美女，比天道中的天女還要好看，連帝釋天都垂涎萬分。可是，阿修羅有美女卻無美食，帝釋天有美食卻無美女，兩神各自覬覦對方的好處，就爆發了一場大戰，帝釋天因有世尊相助，最終贏得勝利。

在佛經中，有四位阿修羅王最為著名，一為婆雅稚，意思為勇健；二為羅騫駄，意思為寬肩，能引發海嘯；三位毗摩質多羅，意思為花環，有九頭九千眼，能噴火；四位羅睺，意思為覆障，能覆蓋日月之光，每位阿修羅王都統帥千萬阿修羅，形成了龐大的阿修羅眾。

【拈花解意】

什麼是阿羅漢果？

此乃聲聞四果之一，證得阿羅漢果就成羅漢了。

聲聞四果為：一、須陀洹果，就是凡夫俗子開始悟道，證得此果就不會墮入三惡道；二、斯陀含果，人不再受慾望誘惑；三、阿那含果，人不受天道的慾界中的誘惑；四、阿羅漢果，人不受天道的色界和無色界中的誘惑，此時便對自身修行圓滿了。

18 金翅鳥搶甘露救母親─天龍八部之迦樓羅

天龍八部中有一部叫迦樓羅，牠們長得很奇怪，就像是鳥與人的結合，為何迦樓羅會有如此模樣呢？

原來，迦樓羅的母親是生主迦葉波的妻子毗娜達，迦葉波有兩個老婆，另一個叫迦德盧，妻子們爭風吃醋，免不了經常鬧出一些事端來。

有一天，迦葉波答應兩個老婆要滿足她們的心願，迦德盧先說：「我要一千個有著同等神光的兒子。」

毗娜達說：「我只要兩個兒子，但每一個都要比迦德盧的兒子強大。」

迦葉波為了表示公平，就滿足了第一個妻子的願望，卻對第二個妻子說：「我只能滿足妳一半的願望。」

後來，迦德盧生了一千顆蛋，那些蛋隨後孵化出一千個那迦子弟。

那迦長什麼樣子呢？就是如今的蛇的模樣，由於牠們長得像龍，所以也被稱為小龍。

毗娜達也生了兩個蛋，可是她看到死對頭的孩子一個個出生，太著急了，就把自己的一個蛋敲開了。

結果她的長子阿魯諾成了殘廢，阿魯諾憤怒極了，詛咒母親將要做五百年的奴隸，直到次子迦樓羅出世，詛咒才可破解。

阿魯諾說完，就成為了太陽神的坐騎，去了東方。

毗娜達為自己對孩子造成的傷害而痛苦萬分，她沒有再敲蛋，而是約了迦德盧去海邊散心，結果後者又要跟她打賭，並提議輸的人要做對方的奴隸。

毗娜達明知道再賭下去，詛咒將要生效，可是她卻鬼使神差地答應了，結果迦德盧偷偷動了手腳，害得毗娜達變成了奴隸。

又過了五百年，毗娜達的第二顆蛋終於孵化成熟，一隻體魄強壯、身軀巨大的雄鷹破殼而出。大鷹的翅膀碩大無比，據說有三百三十六萬里長，上面長滿了耀眼的金色羽毛。當牠展翅翱翔時，太陽撒向大地的光芒都會被牠阻擋。

毗娜達一見到自己英勇非凡的兒子，淪為奴隸的痛苦立即減消了一半，她給兒子取名叫迦樓羅，希望牠日後將自己救出苦難的深淵。

一天，迦樓羅飛到海邊看望母親，恰好聽見迦德盧在刁難毗娜達：「大海中有一個島嶼，非常適合蛇類居住，妳把我和我的一千個兒子馱到那裡吧！」

迦樓羅知道迦德盧在強人所難，就上前幫助母親。牠讓母親馱著迦德盧，自己馱著那一千條大蛇，母子二人一起飛上天空。

迦樓羅背著一千條蛇朝著太陽飛行，熾烈的陽光烤得這些蛇昏昏沉沉，有的竟然變得僵硬起來。迦德盧心疼不已，急忙向三界之主因陀羅求救。因陀羅用一片雲彩遮住太陽，還降下大雨，保護迦德盧母子平安著陸。

來到島上，迦德盧和她的兒子們盡情玩樂，並不時奚落毗娜達。

迦樓羅看著可憐的母親，憤憤不平地問：「我們為什麼要給蛇類當牛做馬？」

毗娜達說：「我賭輸了，才淪為這女人的奴隸。」

迦樓羅立刻去找迦德盧，讓她提出能使母親獲得自由的條件，迦德盧想了想說：「如果你找到甘露，我就放了你的母親。」

迦樓羅決心解救母親，就決定飛到三十三重天盜取天神攪拌乳海獲得的甘露。

毗娜達虔誠地為兒子祝福祈禱：「親愛的兒子，你要小心謹慎。請風神保護你的雙翼，請月神保護你的背脊，請火神保護你的頭，請太陽神保護你的身軀。有了諸神的護衛，你一定會成功的！」

聆聽了母親的祝願，迦樓羅展開雙翅飛向三十三重天。

路上，迦樓羅遇到了父親伽葉波仙人，就向牠索討一些吃的，伽葉波仙人說：「離這裡不遠有一個湖泊，湖邊有一頭大象，湖底有一隻烏龜，你就以二者為食吧！」

迦樓羅聽了父親的話，飛到湖泊邊，伸出鋒利的爪子，分別將大象和烏龜抓住吞食了。

吃飽之後，迦樓羅繼續趕路，很快就飛到天宮門口。

天帝因陀羅預知迦樓羅要來劫取甘露，早就派眾天神守護在甘露旁邊，拿著武器，嚴陣以待。

迦樓羅呼嘯而來，用巨翼扇起颶風，颳得整個世界漆黑一團，接著伸出巨爪猛地一擊，將眾天神的武器紛紛擊落在地。

因陀羅見狀，急忙應戰，迦樓羅從高空俯衝下來，用翅膀將因陀羅拍了一個跟頭，轉身向甘露飛去。

突然，甘露周圍升起了烈焰，頃刻間充滿了整個天空。迦樓羅迅速變化，長出了八千一百張嘴，吸來江河湖泊的水，把大火撲滅，奪走了甘露。

因陀羅不甘心，揮舞著金剛杵，追了上去。

迦樓羅不僅不逃，反而表情泰然地站立在原地，牠鎮靜地說：「天帝，我的翅膀能將整座大地背起，祢是鬥不過我的。如果祢願意與我化敵為友，就請跟我走一遭。」

接著，他將母親受到詛咒淪為奴隸的事情告訴了因陀羅。

因陀羅聽後深受感動，就與迦樓羅一起回到蛇島。

迦樓羅見到迦德盧，對她說：「甘露我已經拿來了，就放在俱舍草邊，妳釋放我的母親吧！」迦德盧表示同意。

誰知，迦樓羅馱著母親離開時，因陀羅卻偷偷地將甘露揣進了懷中。迦德盧的兒子們聚在一起，舔舐俱舍草，結果舌頭都開了叉。而俱舍草沾染了蛇的毒液，變成了一種聖草。

佛教中，迦樓羅是護法善神，到了印度教中，牠成了三大主神之一的毗濕奴的坐騎，而當牠流傳到中國後，因周身金色而被稱為「大鵬金翅鳥」。

在泰國，迦樓羅在腰部以上為人形，不過牠的嘴如綠色的鷹喙，口中有牙齒，神情憤怒，頭戴尖頂寶冠，長髮及肩，佩戴瓔絡，穿天衣，左右翅膀各有一隻手，戴環釧，翅膀為紅色，下身則是鳥的形狀。泰國的國徽上就有這樣的迦樓羅，不過到了印尼，迦樓羅成了全鳥形象。

毗濕奴騎乘迦樓羅

按照《妙法蓮華經》等佛經的說法，迦樓羅是護持佛的天龍八部之一，有種種莊嚴寶像，金身，頭生如意珠，鳴聲悲苦，每天吞食一條龍王和五百條毒龍，隨著體內毒氣聚集，迦樓羅最後無法進食，上下翻飛七次後，飛往金剛輪山，毒氣發作，全身自焚，只剩一個純青琉璃心。

天下有無數迦樓羅，由威德、大身、大滿、如意四大迦樓羅王統領。同時，迦樓羅也是觀世音化身之一。

但是在藏傳佛教密宗的體系中，迦樓羅是五方佛中北方羯摩不空成就佛的坐騎，人面鳥身，寓意法王攝引一切，無不歸附者。

【拈花解意】

攪拌乳海

這是印度神話裡的著名故事，天神和阿修羅為了取得長生不老的甘露，一同攪拌乳海，約定之後均分甘露。這個工作持續了數百年，甘露才出現。但天神與阿修羅都想獨佔甘露，牠們為了搶奪甘露展開戰爭，天神獲得最終的勝利。

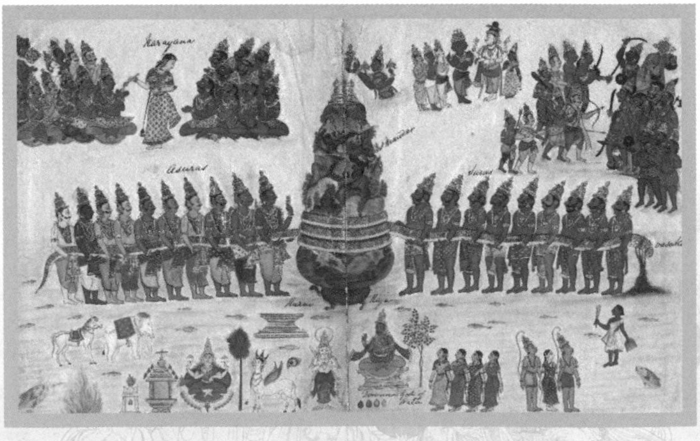

乳海翻騰

19 挽救整個少林的炒菜神僧——天龍八部之緊那羅

在天道中，天人每日都很快樂，有享不盡的美食和音樂，牠們是很注重精神享受的，所以樂師必不可少，除了乾達婆外，另有一類樂師也非常受天人尊敬，牠們就是緊那羅。

在緊那羅中，女性長相甜美，但男性就威猛多了，一臉怒相，還長了個馬頭，可見牠們的神力也非常了得，在危難時刻能發揮決定性作用。

在元朝至正初年，河南嵩山少林寺來了一位灰頭土臉的行者，寺內僧人問他叫什麼名字，他也不說話，所有人都以為他是啞巴。

不過，這個行者力氣很大，且能燒得一手好菜，所以很快就被方丈調進伙房，每天為眾僧的伙食而忙碌。

位於曼谷的緊那羅像

由於這個行者實在過於沉默，而且伙房又很偏僻，時間一久，大家逐漸忘記了他的存在，彷彿他從未出現過一般。

就這樣過去了幾年，出現了紅巾軍，紅巾軍由劉福通、韓山童率領，為反抗元朝統治者而發動了無數次戰鬥，全國硝煙四起。

然而，少林寺處於深山中，消息相對比較閉塞，對時局的瞭解並不多，也沒有意識到劉福通有一天會突然率兵圍攻少林寺，要求和尚們全部還俗打仗。

眾僧自然不肯，老方丈還特意穿上袈裟，試圖與劉福通商量。

哪知劉福通根本就沒有耐心聽進半句，他大吼一聲：「把廟裡的佛像全部毀掉！把和尚們都趕出來帶走！」

和尚們一聽，勃然大怒，紛紛拿起棍棒反抗。

少林寺本就是武術的發源地，很多僧人都有一身好武功，怎會輕易被紅巾軍們捉了去？

於是，眾僧立刻與士兵們廝殺起來，整個少林寺很快被兵器的擊打聲湮沒了。

可惜的是，紅巾軍人數實在太多，少林和尚縱然武藝精湛，也會有疲乏的時刻，結果和尚們一個個倒了下來，不是被殺，就是束手就擒。

正當眾僧陷於苦戰時，憑空響起一聲怒叱：「吾乃緊那羅王也！」

大家都被這洪鐘大呂的聲音給震懾住了，不由得抬頭望去，只見那位煮飯行者手拿一根三尺長的燒火棍衝了出來。

行者的身形見風長高，瞬間便有數十丈之高，他站於山峰之上，揮舞著棍棒向紅巾軍劈來。

紅巾軍哪裡是神僧的對手，紛紛屁滾尿流地逃下山門，眾僧這才知行者便是天龍八部之一的緊那羅王的化身，立刻跪拜叩首，而神僧卻一言不發，坐地圓寂了。

為了紀念這位炒菜神僧，少林寺尊緊那羅為護法伽藍，又稱其為監齋菩薩，現在很多寺廟都有這位燒飯菩薩的法像呢！

緊那羅又名「樂天」，因為牠的歌聲非常美妙，因此又被稱為「歌神」、「音樂天」。佛經《大聖緊那羅王所問經》中記載，緊那羅王與其他樂師一同來到世尊的住所表演音樂，牠彈起琉璃琴，連世尊的弟子摩訶迦葉尊者都為之感嘆：「琴聲鼓動我的心，如同風吹綠樹，而樹不能自持。」由此可見，緊那羅的音律之美妙。

當緊那羅流傳到中國後，不知為何與廚房扯上了關係，成了寺廟裡的監齋菩薩。該菩薩的法身有三尊，分別為持法身、護法身、妙法身，法像青面獠牙，袒胸赤腳，手持燒火棍，頭頂有升起的青煙，煙霧上有赤腳站立的觀音像，完全是少林武僧的模樣。

【拈花解意】

尊者是什麼意思？

佛語中，尊者指品德才智高尚，可以當眾生老師的人，這是對世尊的弟子、阿羅漢等的敬稱。同理，「世尊」即是世界的尊者，所以被用於指代世尊。

20 巨蟒得道託夢報恩—天龍八部之摩呼羅迦

天龍八部的最後一部非常特殊，牠們長得最不像人，而更像一隻巨蟒，牠們就是摩呼羅迦。

實際上，摩呼羅迦確實在生下來就是蟒蛇，而後因為得道才化為蟒神，說起牠的生世，還挺可憐。早在隋朝仁壽年間，一個窮書生赴京趕考，有一天寄宿在一座寺廟裡。

當晚，他的房內突然來了一位如花似玉的姑娘，書生被迷得神魂顛倒，整日與美女卿卿我我、彈琴跳舞，把趕考的事情拋到了九霄雲外。不久後，美女懷孕了。

後來，寺中的高僧見書生越發消瘦，就知道是怎麼回事，他交給書生一面鏡子，讓他在晚上對著美女照一照，結果書生按照高僧的囑咐去照鏡子時，驚駭地發現那美女居然是一隻巨蟒！

美女現出原形，痛苦地翻滾了兩下，就不見了，而書生也嚇得失魂落魄，沒多久便一命嗚呼。

過了一段時間，一個衣衫襤褸的女子來到了寺廟附近挖野菜，她叫三娘子，被一對老夫婦在野外撿到的。三娘子長大後，她的養父母都去世了，她便嫁了人，誰知丈夫在婚後幾年病死了，三娘子孤苦無依，最後淪落到要乞討維生。

這時正好是冬天，雪花紛紛揚揚地從天下飄下來，三娘子發現地上趴著一條凍僵的小蛇，不禁動了惻隱之心，就用體溫將小蛇捂暖，帶回了家。

從此，三娘子與小蛇相依為命，待小蛇如同親身骨肉。

這小蛇便是化為美女的巨蟒與書生所生，自然不是普通的蟒蛇，過了幾年，牠的個頭如同雨後春筍，突飛猛進，變成了巨蟒，三娘子就算再怎麼乞討，也沒有足夠的食物來餵牠了。

三娘子沒有辦法，只好把巨蟒送進了寺廟中，人們見這隻蟒蛇雖然巨大，卻性格溫順，都大為驚奇，以為是天神下凡，便拿來了很多供品，巨蟒得到足夠的食物，長得更快了。

時間一久，巨蟒吸收了香火的靈氣，漸漸有了靈性，牠開始明白自己要報答眾人，要以保護百姓為己任。

有一年的夏天，當地忽然發生了一場極大的地震，房屋倒塌得嚴重，民眾驚慌失措，四處逃散。大家發現巨蟒所在的寺廟在一片廢墟中堅如磐石，便紛紛進入廟中尋求保護，而這座寺廟直到大地停止了顫動，仍舊屹立不倒。

人們知道是巨蟒保護了自己，不由得紛紛叩拜感謝。

這時，天邊忽然飄來一朵祥雲，只見騎著六牙白象的普賢菩薩飄然而至，百姓們熱淚盈眶，跪倒在地。

菩薩用手一指，就見巨蟒所在的高塔閃出一道白光，一下子衝到了天上，這便是巨蟒修成正果，隨菩薩入天道而去了。

巨蟒因此成為摩呼羅迦，位列天龍八部之一，後來牠還下凡去看望三娘子，給自己的養母送了很多金銀，三娘子就用這些錢財救濟百姓。

百姓們感激三娘子的善行，在其去世後為她修建了三娘子廟，後來三娘子廟逐漸成了三教堂，該稱謂一直沿用至今，為廣大信徒所景仰。

摩呼羅迦擁有蛇頭、人身、蛇尾，所以又被稱為地龍。

由於牠是由蛇演化而來，所以智力不高，喜歡喝酒吃肉，未開悟性，但是牠心地善良，幸得菩薩對牠的正確引導，才會得道成神，從三惡道中解脫出來。

為摩呼羅迦的養母三娘子所建的三教堂，如今已成供奉儒、釋、道三教創始人的寺廟，儒便是儒學，開創者為孔子；釋為佛教，主宰為釋迦牟尼；道為道教，創始人是老子，在中國的很多地方，都有三教堂的蹤跡。

【拈花解意】

香火指的是什麼？

在佛語中，香火主要指用於祭祀祖先和拜佛用的香和燭火，也指點燃的香。由於香火在祭祖時不可缺少，所以古人又用香火來比喻後代，比如沒有子嗣就叫斷了香火。

第四節　文殊菩薩的教誨與啟示

21

五臺山貧女乞討素齋──眾生皆平等

文殊菩薩智慧第一，所以牠最常做的事情，就是去點化眾生，希望幫大家開啟智慧之門，立地成佛。

五臺山是祂的道場，所以祂更加希望山裡的和尚能夠證得佛果，早日解脫，可惜末法時代已然來臨，眾生業報增多，智慧更加成了珍稀之物。

在道教中，文殊菩薩被稱為文殊廣法天尊。

五臺山有座山峰因為像世尊講經時居住的靈鷲峰，就被取名為靈鷲山，山下建有一座寺廟，名曰靈鷲寺。

每年春天，寺中會設無遮大會來歌頌文殊菩薩的功德，但是寺裡的方丈卻許下一個規矩：凡想參加大會的人，必須隨喜功德，並美其名曰是文殊菩薩的教誨。

怎樣做才能算是方丈口中的「隨喜功德」呢？

原來，就是要給一些錢財，或是一些食物，方是對菩薩的尊敬。

信徒們對佛法十分虔誠，沒有人計較方丈的做法，反倒認為方丈說得對，於是想盡辦法多湊一些錢來參會，有些人甚至因給的錢太少，而覺得自慚形穢，就不肯來參加大會了。

又是一年法會到來時，信眾循慣例來到靈鷲寺前，虔誠地施捨了香火錢，然後陸續進入寺中。

這時，人群的後方突然來了一位面黃肌瘦的女子，她背著一個孩子，左手牽一個孩子，右手上還牽了一隻狗。

她拿著一束剪下的長髮，蹣跚地走到執事和尚的面前，哀求道：「我太窮了，沒有錢布施，可以用頭髮來替代嗎？」

執事和尚撇了撇嘴，打量著女子的樣子，知道她確實沒錢，就只好把頭髮收下了。

女子感激地說：「謝謝你啊！我趕時間，等不及開飯，能先吃一點嗎？」

執事和尚就給了女子三個饅頭，女子抱歉地說不夠，又指指狗，說：「牠也得吃一點。」

執事和尚逐漸不耐煩，又拿起一個饅頭，往地上一扔，讓狗吃。

女子竟還說不夠，執事和尚開始暴躁起來，皺著眉頭問：「怎麼還不夠？」

女子又指著自己的肚子，笑道：「我肚子裡還有一個孩子，他也得吃啊！」

此時，執事和尚認定女子是來吃白食的，發起火來，怒斥道：「妳這個女人真是貪得無厭，今日來的都是對菩薩尊敬的人，誰不爭著搶著給菩薩送東西，哪像妳，一分錢都不給還拼命索取！」

由於執事和尚的聲音特別高，眾人都吃了一驚，目光也向他這邊聚焦過來。

剎那間，女子騰空飛起，唸了一句偈語：「苦瓠連根苦，甜瓜徹蒂甜；三界無著處，致使阿師嫌！」

瞬間，她變成了文殊菩薩，她的兩個孩子也成了兩個童子，而那隻狗原來是青獅，這一下讓所有人都目瞪口呆，個個跪在地上懺悔自己有眼無珠，沒有認出菩薩。

執事和尚也驚得後悔不跌，他連連磕頭，請求菩薩原諒自己。

文殊菩薩嘆息道：「學佛之人，連自身形體都能捨棄，更何況是錢財這等身外之物，還是繼續修行，以斷貪慾吧！」說完，祂就隱入雲中，遁去了。

寺裡的方丈惶恐不已，連忙唸佛懺悔，並建了一座高塔來供奉文殊菩薩的頭髮。

到明朝萬曆年間，塔因年久失修而崩塌，有個叫圓廣法師的高僧挖到了數根金色的頭髮，猶如舍利子一般，他驚喜萬分，連忙將金髮供奉在大白塔裡，又將塔修葺了一番，便有了如今大白塔的這番模樣。

關於這個故事，《清涼山志》還載：「齋主自恨不識真聖，取刀欲剜其目，眾遮乃止。即貧女所施之髮建塔。」另外還有一段記載：「在塔東側，昔文殊化為貧女，遺髮藏此，萬曆年間，方廣道人重修見髮若金，隨人視之不一。」

事後執事僧人，為了彌補心靈上的內疚，他把所看到的文殊菩薩、童子、獅子騰空而起的形象，刻在一塊矩形石板上，偈曰四句話也刻在石板的右上方，以示留念。如今，這幅精緻的雕刻石板畫，鑲在圓照寺大殿右牆角。

現今，五臺山上已沒有靈鷲寺的蹤影，因此很多人認為靈鷲寺就是大白塔旁邊的塔院寺。塔院寺位於顯通寺南側，屬五臺山五大禪林之一，其他四座禪林分別為顯通寺、羅寺、殊像寺和菩薩頂。

塔院寺原本是顯通寺的塔院，自圓廣法師重修大白塔後，它就獨立出來成為寺廟。如今的大白塔高七千五百三十公分，直徑長八千三百三十公分，塔臺為正方形，塔身似藻瓶，下部有兩層殿宇，底座南側有一洞，著名的世尊腳印就在裡面。

【拈花解意】

什麼是「無遮大會」？

這是佛事法會之一，一般每五年舉行一次，所有人都可以來參與，不分貧富貴賤、智聖愚癡，目的是為廣結善緣，在形式上，是給所有參與者布施齋食，是一個齋會。

22 屠刀下流淚的豬－凡事皆有因果

佛法的根本理論在於「因果報應」，所以文殊菩薩多次來到人間，讓人們多做善事，以便為自身累積福報。

一年初春，文殊菩薩到江南一個小城去視察民情，此時即將過年，人們都在準備著置辦年貨，大街小巷無不湧動著一股喜慶的氣氛。

菩薩見民間安居樂業，甚感寬慰，便一路悠然地踱著腳步，仔細觀摩每個人的福德。

當祂來到一戶人家時，忽見天空散發出黑色煞氣，門內傳來陣陣怨氣，貌似有什麼傷心事正在發生。

菩薩掐指一算，馬上知道是怎麼回事，於是祂變成了一個強壯的農夫，去敲那家人的門。好半天，門才打開，一個屠夫不耐煩地衝著菩薩嚷道：「什麼事！」

菩薩見門後有隻豬正在狂奔，眾人想去捉豬，卻始終不能如願以償，一個個怨聲載道，怪屠夫找的豬脾氣暴躁，不易馴服。

菩薩對著屠夫那種滿是汗水的臉微微一笑，說：「我是鄉下人，專門做殺豬這行的，快過年了，想賺點錢過年，你沒必要請這麼多人，我一個人殺豬就夠了。」

屠戶半信半疑，反覆問道：「你真能殺這樣的豬？」他特意指了指身後還在狂奔的黑豬。

菩薩點點頭，擼起袖子，將肌肉發達的胳膊露給屠戶看，對方這才相信。

於是，菩薩和屠戶約定第二天來殺豬，翌日，菩薩果然前來，卻沒有帶任何屠宰工具。

屠戶有點不悅，就雙手抱胸看菩薩怎樣殺豬。

只見菩薩喊了一個人的名字，昨天那隻不肯被殺的豬似能聽懂一樣，立刻跑到菩薩身邊，臥在地上，雙眼竟流下了兩行清澈的淚水。

屠戶的臉頓時如一張白紙，他嚷道：「別殺這隻豬了，換一隻！」

半天後，他果真又牽來一隻白豬。

這時，菩薩又叫了一個人名，那頭白豬竟然也衝著菩薩跑過去，躺在了菩薩的旁邊，也流下了眼淚。

屠戶大大地驚駭了，他囁嚅著嘴唇，聲音都顫抖了：「這是怎麼回事？」

原來，菩薩所說的兩個名字，就是屠戶去世父母的名字。這個屠戶三代殺豬，也不拜佛，本以為自己所做的不過為養家糊口，沒想到遭遇如此報應，輪迴後淪落為豬，反要被親生兒子所殺，要不是菩薩出手相救，只怕命早就沒了。

這時，菩薩現出了法身，嘆息道：「人變成豬，豬便成人，都是轉瞬即逝的事情，在六道輪迴中，說不定前世你愛的人，現在正變成了鳥獸的形狀，你若明白這些，又怎會捨得吃他們的肉呢？佛讓你們慈悲為懷，若犯下惡因，遲早會遭受果報啊！」

屠戶羞愧萬分，連忙下跪表示願意皈依三寶，從此不再殺生。

後來，他果真放棄了屠宰這個職業，並且每日做了許多的善事，到了晚年終得福報。

所謂因果報應，就是種什麼因，得什麼結果，善因會產生福報，福報多了就有善果，相反，惡因會破壞福報，就會造成惡果。

因果是佛教的輪迴之說的基礎，佛教認為，六道眾生若沒有修成正果、沒有成佛成菩薩，就脫離不了六道，福報好一點，會進入天道；福報普通，會進入阿修羅道和人道；福報特別差，會進入三惡道，即畜生道、餓鬼道和地獄道。

但無論哪一道，就算壽命再長久，也終有完結之時，當壽終正寢，便會重入輪迴，繼續忍受輪迴的苦楚。

所以，修福報極為重要，唯有善因才能得福報。因在狹義上，指產生結果的內因，而廣義上講，則包括了緣，就是外因，一般而言，因與緣是分開的，所謂因無緣，則不果，講的就是如果有心做一件事，卻沒有促成此事的機會的話，基本上是會力不從心，無力完成的。

生死輪迴圖

【拈花解意】

拈花解意：什麼是皈依？

皈依，有依靠的意思，皈依佛門，便能得到三寶的加持，因此是佛教徒的入門行為。加持需要上師的施法，所以佛弟子在皈依後，被認為已經初具悟性。佛教認為，雖然不皈依也可以學佛，但無法受到善友、諸菩薩、護法的協助，修行會艱難許多。

23 多福寺裡的龍池傳說—有捨才有得

中國山西有一座千年古剎，名叫多福寺，此寺規模宏大，是香火旺盛之地，始建於唐朝貞元二年。

不過，該寺在剛建好的時候，廟裡的僧人卻遇到了一個極大的難題，那就是沒有水源。

說來奇怪，多福寺所在的崛圍山如此秀麗，竟然沒有一條小溪，一處泉水，僧人想要飲水，只能挑著扁擔去山下的汾河裡取水。可是山路很長，而且曲折難行，往返一次就需花上半天時間，累得眾僧叫苦不迭。

為此，多福寺裡採取輪班制，讓僧人輪流下山取水，可是時間一久，大家的肩膀都被扁擔磨破了，根本不能再挑水了。

只有兩個叫闐和黎的僧人身強體壯，還在咬牙為全寺的人服務。

有一天，二僧下山挑完水，開始往山上走。

闐的肩膀滲出血來，染紅了僧袍，黎見狀急忙脫下自己的衣服，來為闐墊肩。

此時已近正午，陽光毒辣，兩人餓得前胸貼後背，腳步都有些發虛，只盼著能快點到寺中休息。

這時，前方忽然過來一位拐著拐杖、老態龍鍾的老人，老人看見闐黎二僧，頓時眉開眼笑，一邊抹汗一邊氣喘吁吁地說：「我從五臺山過來，又渴又累，能把你們桶裡的水給我喝幾口嗎？」

闐黎二僧慈悲心頓起，齊聲說道：「當然可以，老人家您喝吧！」

老人便坐下來，用佈滿青筋的手抱起滿滿一桶水，竟然一口氣將水全部喝光。

闐黎二僧驚訝萬分，還未來得及說什麼，又見老人將另一桶水也喝光了，這還不算，在短短一盞茶的時間裡，四個水桶被喝得底朝天，連一滴水都沒剩下！

兩個僧人雖然很震驚，但他們仍舊覺得自己做了一件好事，因此沒有半點懊悔，反而好意地問老人：「老人家，您喝那麼多水，不會有什麼問題吧？」

老人搖搖頭，雙手分別搭了搭闐、黎二僧的胳膊，笑道：「我沒事，我要給你們一件禮物，你們先拿回去，放到寺院西邊的空地上，在路上千萬不要打開！」

說著，他從懷中掏出一個紅木做的狹長盒子，又笑道：「捨得捨得，有捨有得啊！」

闐、黎二僧再三推辭，可是老人硬把盒子塞到闐的手中。

這時，遠處忽然跑出來一隻獅子，老人瞬間騎在獅子背上，然後就消失不見了。

黎目瞪口呆，對闐說：「這老人的來歷古怪啊！」

闐點點頭，於是兩位僧人就照吩咐挑著空桶繼續往山上走。

在路上，那個紅盒子響個不停，似乎裡面有什麼東西。

闐禁不住好奇心作祟，將紅盒打開了一條縫。

只聽盒子裡發出一聲巨響，震得闐的手臂發麻，盒子一下子掉在地上，裡面飛出了兩條龍。

這是兩條水龍，一條飛到了晉祠，變成了晉泉；另一條飛到了蘭村，變成了烈石寒泉。

闐和黎不敢再打開盒子，趕緊一路小跑著來到多福寺，在空地上將盒子打開。

只見盒子裡又出來兩條龍，鑽到地下就不見了，很快，兩池清水從地下湧出，成了龍池，寺裡的僧人再也不用擔心喝水的問題了。

闐和黎這才醒悟過來：五臺山只有文殊菩薩是騎獅子的，那老人就是文殊菩薩呀！

於是，多福寺就建了一座文殊菩薩殿，每日以香火供奉菩薩，而闐和黎也被後人塑成了法像，侍奉在菩薩身邊，人稱「舍利二僧」。

多福寺位於山西省的省會太原市西北二十四公里處的崛圍山山頂，寺裡供奉文殊菩薩。該寺在唐宋時期是著名的佛寺，香客眾多，可惜到宋末被戰火毀壞。明朝洪武年間重新建造，是晉王宗室的皇家禮佛之地，不過多福寺最初取名為「崛圍教寺」，明朝弘治年間才改成現在的名字。

如今，多福寺有山門、鐘樓、大雄寶殿、文殊閣、藏經樓、東西垜殿等殿宇七處建築，大雄寶殿內有八十四幅明朝壁畫，描述世尊生平事蹟，另外還有一些明朝塑像，是非常珍貴的文物廟宇。

【拈花解意】

為什麼寺院裡都有大雄寶殿？

不能將大雄視為殿宇的名稱，而是要連在一起理解，意思為正殿，或者是大殿，每座寺廟都會有一個正殿，所以就都有大雄寶殿，殿內供奉本師釋迦牟尼佛，是寺廟的核心建築，也是眾僧早晚集中修持的地方。

24 苦讀經書求開悟－有志者事竟成

很多修禪者嚮往五臺山，長年累月在山中修行，為的就是得文殊菩薩啟示，讓自己大徹大悟。

在北魏熙平初年，有一位叫靈辯的法師，他在晉祠西邊的懸甕山出家，修行了幾年後，決定去五臺山求得更大的智慧。

他來到五臺山後，就頭頂大乘經典中意義最為深廣的《華嚴經》，在五臺山東、南、西、北、中這五個山頂進行艱苦卓絕的經行。

要知道，《華嚴經》是一部宏大的佛經，有十萬偈，當時未經過翻譯，因為無人能看懂這部經文，所以他頭頂此經，負荷定然不輕，靈辯卻要日夜經行，無論颳風下雨，或是身旁有什麼毒蛇毒蟲，都亦步亦趨，天天如此，可知他的決心與毅力。

日積月累，靈辯的腳底磨

《華嚴經十地品變相圖》，除了最下段之左右兩圖為文殊、普賢菩薩外，其餘十圖均以如來為中心，表示「十地品」。所謂十地，即菩薩修行的五十二階段內從四十一至五十之品位。

出了水泡，水泡破後流出血水，黏住了鞋底，晚上休息前痛得他差點背過氣去。

再後來，水泡變成了老繭，靈辯的雙腳也粗糙了，整個人瘦骨嶙峋，宛若在風雨中生長的青松。

一晃三年過去了，靈辯除了經行外，並沒有悟到更深的境界，只讓自己成了五臺山的「名人」，很多人還特意跑去看他，見他頭頂著經書，來回踱步子時，免不了要嘲諷幾句：「你這麼用功又有什麼用呢?還不如讓自己放鬆下來，再想想其他方法吧！」

還有人竟譏笑道：「看起來像個瘋子一樣，真好笑！」

靈辯不為所動，他堅信自己有一天終能證道，因此始終不肯鬆懈。

在第四年的春天，一個夕陽大好的黃昏，靈辯坐在松樹下禪修，落日的餘暉灑落在他的肩頭，將他的周身鍍上了一層金色的光芒。

忽然之間，靈辯聞到了一股檀木的清香，頓覺心頭如清泉湧出，無比澄明，他睜開眼睛，看到眼前站了一位骨骼清奇的比丘，正笑容滿面地看著自己。

比丘伸出手，撫摸著靈辯的頭，感嘆道：「你苦修日久，理當因你堅定的信心而入三摩地！」

說完，比丘憑空就消失了，靈辯不敢相信自己的眼睛，但他的心中卻如明鏡一般：那比丘，就是文殊菩薩無疑！

此後，靈辯突然就開了竅，無論多深澀難懂的經文，他都能知道其含意，他很快就明白了《華嚴經》的佛義，並寫了一百卷譯本來解釋此經，連孝明帝都大為讚賞，再也沒有人去笑話他，大家都懂得了「有志者事竟成」的道理。

在中國的南北朝，是佛教的一個興盛期，唐詩中有「南朝四百八十寺，多少樓臺煙雨中」的句子，描寫的就是這一時期佛教文化的繁榮景象。

北朝指的是北魏明元帝至北周靜帝統治時期，佛教在北朝經歷了曲折的發展，由於有些北朝皇帝崇尚道教，所以佛教曾數度被滅。

所幸如獻文帝、孝文帝等帝王信奉佛法，大力宣導佛教，才使得佛教在中原大地得到進一步的發展，而平成和洛陽成為了佛教中心，名揚天下的少林寺、龍門石窟也是在那時期興建起來的。

【拈花解意】

什麼是「經行」？

這是一種修行方式，與禪定的做法相反，禪定是靜中修持，而經行則需要活動，是在動中產生定力的方法。

經行的具體做法為來回行走，限定在十五～二十步之間，但不能繞圈子，只能走直線，由於人在運動中難免分心，所以一旦去注意身體以外的事物，經行就失敗了。

25 童子勸太尉—真相勝於雄辯

北宋神宗當政時期，朝廷裡有個叫呂惠卿的太尉聰明絕頂，其口才無人能出其右，因此號稱「天下第一辯手」。

呂太尉能駁倒眾生，當然不是僅靠嘴皮子功夫就行的，而是因為他有著滿腹文詞，所以才能在談古論今時侃侃而談，讓對手啞口無言。

太尉自恃知識淵博，對佛理也很感興趣，就為《華嚴經》中的偈語做注釋，出了一本書，還發到民間讓民眾讀，自以為是神佛再世。

有一次，他要去山西巡視，突然就來了興致，要去遊覽五臺山。因為他知道文殊菩薩是智慧第一的菩薩，此刻竟又動了好勝之心，要跟菩薩來一場口頭較量。

他由幾個侍從陪同著，一路往山中走去，等走到中臺的時候，山林間忽然白霧泛起，瞬間就將天地之間遮擋得白茫茫一片。

然後，太尉又聽到頭頂上雷聲大作、霹靂聲四起，還伴隨著恐怖的風聲。嚇得侍從們屁滾尿流，沒頭沒腦地就往外奔去。

過了一會兒，霧氣消散了一些，太尉發現天空的烏雲裡，有一條似是蒼龍的東西跳了下來，不由得心中一驚，待他再度回過神來，白霧已完全消退，侍從們也不見蹤影，只有一個皮膚黝黑、披散著頭髮的童子站在松樹底下。

童子見到太尉，也不行禮，他以蒲草裹住身子，手上拿著一部梵篋，對著呂太尉呵呵一笑，問道：

「敢問這位官老爺，您是怎麼了，竟會如此害怕？」

太尉一時未從惶恐中解脫出來，仍心有餘悸地說：「我該不會是前世做了什麼惡事，如今才會看到這種可怕的事情！」

童子聽他這麼說，不由得一笑，說：「現在可怕的事情不是消失了嗎？你為何要來這裡呢？」

太尉說：「我想見見文殊菩薩。」

童子繼續問道：「你見菩薩做甚麼？」

太尉稍稍放鬆了一點，又開始得意起來，便驕矜地說：「我看過《華嚴經》，覺得意義深遠，想請大士啟發我開悟的心，這樣我才能更好地解釋這部經，讓後人傳頌、開悟，讓世間重獲光明！」

誰知童子並沒有流露出崇拜的表情，反而嘆息道：「佛語妙義，簡單明白就行，何必過多地渲染，弄上幾百卷的注解，反而離菩薩的用意越來越遠，那不是在歪曲事實嗎？」

太尉一聽，自尊心立刻受挫，他怒不可遏，訓斥道：「你一個小孩子，怎麼敢譏諷老前輩？」

童子既沒惶恐也不生氣，反而雙掌合十，笑道：「太尉，你既然通曉佛義，為何還擁有凡夫俗子的癡情妄念呢？」

文殊菩薩與八大童子

一語驚醒夢中人，呂太尉頓時明白過來，趕緊向童子叩拜，而童子也顯出了文殊菩薩的化身。只是文殊菩薩沒再多說什麼，就騎著青獅遁去了。

後來，呂太尉不敢再胡亂為佛經注解，他將披著蒲草的童子畫成畫像，每日對像反思，以提升自己的修行。

呂惠卿是泉州晉江人，字吉甫，著名的政治改革家，王安石變法的二號人物，他的口才無人能及，而多虧有了他，變法才能繼續實施下去。

在變法期間，他擔任過很多職位，輔導過太子、做過檢查文字的校驗員，還當過翰林學士和宰相府的管家，最後他終於登上人生的最高峰，成為了副宰相。

就在宋神宗被司馬光說動，罷黜了王安石後，呂惠卿憑藉三寸不爛之舌，堅定了神宗的決心，讓變法繼續推行，他也因此被司馬光視為眼中釘，到最後變法失敗，他在史書中被記入《奸臣傳》，成為一個「投機分子」。

但古往今來，幾乎所有的文人都承認，呂惠卿的雄辯能力是最棒的。

【拈花解意】

什麼是「偈語」？

偈語就是佛經中的唱詞，用來歌頌的語句，並非佛經的主要內容，但也能與佛經相提並論，簡單來說，偈語有點像前言和讀後感，而佛經則是中間部分。

26

瘋和尚寒山點化眾生─修行全靠自身

在唐朝時，浙江天臺山有座廟，名曰國清寺。

有一天，寺裡來了一個穿著破破爛爛的叫花子，張口就向僧眾要吃的，還說著瘋話，大家不堪其擾，就將他趕到齋房，叫煮飯的知事拾得送他點食物。

哪知拾得與叫花子極為投緣，當下攀談起來，拾得告訴眾僧，叫花子名叫寒山，是個孤兒，讓大家好好對待他。

寒山雖然瘋癲，無論春、夏、秋、冬，都穿一身破衣，腳下踩一雙木屐，讓誰看到他都會退避三舍，但他卻時常能說一些發人深省的話語，誰若仔細思量，一定會醍醐灌頂。

可惜大家被寒山的外表迷惑了，都懶得跟他說話，哪還會自省其身呢？

後來，一位叫豐乾的禪師來到國清寺修行，與寒山、拾得很有默契，禪師逐漸發覺寒山的奇異之處，就多次試探對方，然而寒山並不領情，總是拒絕回應。

寒山和拾得

禪師決定去五臺山拜見文殊菩薩，請寒山和拾得陪自己同去，沒想到再度遭到拒絕。

他有點生氣，說：「你們不是我的同路人。」

寒山卻說：「修行靠自身，你也不是我的同路人。」

於是，禪師就獨自往五臺山去了，他一路冥思苦想，終於明白寒山就是文殊菩薩。

第二年，禪師遇到了一個名叫呂丘胤的官員，後者恰好要去臺州任職，禪師便讓他去國清寺找寒山和拾得。

呂丘胤聽說寒山和拾得是文殊和普賢菩薩時，心情激動萬分，他立刻啟程，馬不停蹄地來到臺州，又一路小跑著到了國清寺，一見寒山和拾得就下跪。

眾僧見這位官員居然對著一個瘋子和知事僧叩拜，都嘻笑不已，寒山和拾得卻看都不看呂丘胤一眼，嚷道：「你連佛陀在面前都不拜，拜我們做甚麼？」

說完，二人攜手走出寺門，躲進了寺外的石縫中。

呂丘胤鍥而不捨，繼續對著石縫叩拜。

這時，寒山的聲音從石縫中傳來：「修行之事不是靠叩拜就能成的，還是靠自己吧！」

本圖描繪了在溪流岸邊大樹之下，豐乾禪師及老虎、寒山、拾得相擁而臥，酣睡的場景。畫面靜寂，顯現禪之意境。

話音未落，石縫關閉，從此寒山和拾得不見蹤影。閭丘胤向國清寺住持說明寒山和拾得的身份，住持也大驚，連忙到處搜尋兩位菩薩的衣物，卻僅找到寒山寫在樹葉上的偈語，不由得追悔莫及。

國清寺歷史悠久，始建於隋朝，它是中國第一個佛教宗派——天臺宗的發源地，最初因此得名為天臺寺，與濟南靈岩寺、南京棲霞寺、當陽玉泉寺一起，並稱為「中國寺院四絕」。後來，天臺寺改名國清寺，有「寺若成，國即清」的吉祥含意，到了南宋時期，它被評為「江南十剎」之一。

寒山，歷史上確實有其人存在，他是唐朝詩人，官宦子弟，因多次科考不中而做了和尚，享年一百多歲。

近代文人劉文玠則認為寒山是隋朝皇室後裔楊瓚之子楊溫，因受皇室排擠而遁入空門，這為寒山的身份更是抹上了一分神祕色彩。

【拈花解意】

天臺宗

中國佛教宗派之一，因依據《妙法蓮華經》而定義教義，所以又稱法華宗，由北齊慧文法師創立，創造出一心具備十法界（佛、菩薩、緣覺、聲聞四聖、天、人、阿修羅、畜生、餓鬼、地獄）和諸法實相說，概括地說，就是認為心念能造萬物，而萬物皆由心生的理論。

第二章　楊枝甘露拯救世間悲苦

大慈大悲的觀音菩薩

觀音菩薩又譯為觀自在菩薩、光世音菩薩，漢語音譯「阿婆盧吉低舍婆羅」、「阿縛盧枳低溼伐邏」，名號意思為「觀察世間音聲覺悟有情」。祂是阿彌陀佛座下的上首菩薩，和大勢至菩薩一起，為阿彌陀佛的左、右脅侍菩薩，並稱「西方三聖」。以觀世音菩薩為主導的大慈悲精神，被視為大乘佛教的根本。

觀音菩薩

第一節　觀音菩薩從何而來？

27 他曾是阿彌陀佛的長子—不眴發願

一提起觀音菩薩，想必每個人的心中都會湧起一股敬仰之情，這位菩薩以救苦救難被世人銘記於心，但鮮少有人知道祂的來歷。

從何時起，觀音菩薩才降臨凡間的呢？

原來，觀音最初和常人一樣，也要經歷輪迴之苦，才能最終修成正果。

觀音的第一世，是阿彌陀佛的長子，他當時的名字叫不眴。

阿彌陀佛當年在娑婆世界經歷了無數次的輪迴，其中有一回，他投胎到了一個小國的皇后腹中，成為了這個國家的太子。

當老國王去世後，太子就當上了國王，世稱無諍念王。

當時的娑婆世界被稱為刪提嵐世界，剛剛登上王位的新國王還正沉浸在手握至高權力的滿足感中，而他那位美麗的皇后，又即將為他生下第一個孩子，可謂是雙喜臨門。

待十月臨盆，皇后歷盡兩天兩夜的辛苦妊娠，終於生下了一個男嬰，奇怪的是，這個男孩子剛出生時眼睛睜得大大的，不哭不鬧，表情甚是嚴肅。

皇后嚇傻了，以為孩子出了什麼問題，但無諍念王卻樂呵呵地說：「太好了！我的孩子從小就具有帝王的威嚴！我要給他取個吉利的名字，就叫不眴！」

於是，不眴就成了太子，他聰明伶俐，剛滿月就會說話，才一年就能走路，讓所有人都嘖嘖稱奇。

無諍念王很得意，他很快又有了第二個兒子，叫尼摩，這位王子也很聰慧，從小就異於常人。

無諍念王並不滿足於擁有一兩個子嗣，他娶了很多妃嬪，又生了很多孩子，最後，他的王宮裡竟然有多達一千位王子！

但不論才智和品德，仍是不眴太子和尼摩王子為佳。

就在無諍念王春風得意之時，當時的世界裡出現了一位尊貴的佛陀，他的名字叫寶藏佛，他知道無諍念王是個了不起的人物，就對自己的信眾說：「這位國王將來一定會成為西方佛國的無上領袖，我們快去度化他吧！」

寶藏佛找到無諍念王之後，他在菩提樹下為後者講了很多法，使無諍念王心悅誠服，決定供養寶藏佛七年。

在七年的時間裡，國王和一千位王子多次聆聽寶藏佛的教誨，深受啟發，無諍念王發願成為清淨佛土的主人，寶藏佛非常高興，立刻授記他為轉輪王，並宣布在未來無諍念王將成佛，號無量壽如來。

隨後，其他諸位王子也被授記，這些人高興極了，迫不及待地想知道自己要過多久才能成佛。

唯有不眴太子眉頭緊鎖，他快步上前，對寶藏佛說：「世尊，我今日發願，願我行菩薩道時，遭受苦難的眾生，如果能夠憶著我，唸著我的名號，我就能夠聽到、看到，為他們解脫苦難。如果我不能解除他們的苦難，那麼我終不成就佛果。我還要為眾生發最殊勝的大願，祈願轉輪王在西方淨土世界度化眾生，涅槃之後仍然住世。我將在無量壽佛分滅之後，即可成就佛果，繼續渡化眾生。」

寶藏佛聽到這些話，頓時喜不自勝，立刻為不眴授記，說：「你觀察一切眾生苦難，起大悲心。為了解除他們的苦惱，為了讓他們安樂，我為你命名『觀世音』。在無量壽佛涅槃後，他的佛國轉名為『一切珍寶所成就』世界，到那時，你將在菩提樹下成佛，號為『遍出一切光明功德山王如來』。」

這便是觀音菩薩最初的身世。

東晉之前，中國社會中最流行的觀音稱謂是「光世音」。這個稱謂最初來自西晉時期的佛經翻譯家竺法護。而在後秦的鳩摩羅什譯出《妙法蓮華經》後，「觀世音」取代了「光世音」，成為最流行、最權威的名稱。

到了唐朝，因為需要避諱唐太宗李世民的名號，所以改成了「觀音」。

敦煌絹畫珍品──《觀音經變圖》。此絹畫的畫筆細膩，色彩亮麗，佈局清晰，保存完好，是敦煌絹畫中少有的男相觀音像。

印度古代佛教認為，觀音是遠古時代一位名叫正法明如來的佛。在投身人世之後，為了方便說法和教化，經歷了多次轉生，相繼做過大居士和大仙人等。其中，對於觀音身世最著名的說法是不眴太子和蓮花童子。

不眴太子的說法出自《悲華經》。

至於寶藏佛，他原本是無諍念王一個大臣的兒子，有趣的是，他剛生下來的時候非常胖，體型渾圓，看起來行動不便，但實則他身具三十三相八十種好，有著大智慧，傳說他能為人間帶來無盡的財富，所以還是一個財神。

轉輪王也是有來頭的，他又被稱為「轉輪聖王」，也有三十三相，因此觀音的三十三化現也算是家族遺傳。轉輪王住在鬼城豐都，決定陰間鬼魂該往哪裡投胎。

當然，他只是西方極樂世界之主阿彌陀佛的前世化身，還沒有成佛，所以會有壽盡之時，觀音也是一樣的，要歷經數代劫難後，才能變成菩薩。

【拈花解意】

什麼是菩薩行？

這是針對於修行者的佛家術語，指的是用利他的行為來自利，達到佛果圓滿的大行，其表現形式有佈施、忍辱、持戒、精進、禪定、般若這六度萬行。

28 蓮花中的救苦救難之心—觀音出世

觀音的第二世頗為傳奇，當時他與自己第一世時的弟弟尼摩王子修行最深，發願也最大，所以功德最高，於是世尊便讓兩人轉世時一同出生。

不知過了多少年，世界經歷了多少劫之後，一個新的佛國產生了，它的名號叫做「無量德聚安樂示現」。

這個佛國與刪提嵐世界不一樣，它莊嚴清淨，到處都充滿著祥和之氣，裡面的百姓道德高尚，對佛法有著無上的崇敬之情，因此每個人都潔身自好，擁有很高的品行。

在這個國家中，有一位威德王，他之所以有這個名字，是因為他品德高尚，威望遠播，很受百姓的擁戴。

威德王見國家被自己治理得不錯，就有點得意，閒暇時開始養起了寵物，他覺得政務再繁忙，也得讓自己有所放鬆。

有一次，一位番邦來的使者給威德王進獻了一隻威猛的雄獅，威德王龍顏大悅，賞賜了很多寶物給使者，然後派人將獅子牽至御花園，以便有空與獅子玩耍。

漸漸地，威德王把心思越來越多地放在這隻獅子身上，即便賢臣一再規勸，他也聽不進去。

一個黃昏，他又想去看獅子，就拿起一塊生肉，信步走到御花園。

就在那一瞬間，夕陽的萬丈餘暉灑落在獅子身上，將獅身照得一片金黃，彷彿那獅子本身就在發光一樣。

威德王看得呆了，連手上的肉掉了都沒有察覺，眼看著金獅向遠處走去，他也趕緊追上前去，彷彿失魂落魄一般。

不知不覺，威德王走入了一個全新的境地，而那隻金獅也奇蹟般地消失了，出現在威德王眼前的，是全身披著金光的佛陀。

佛陀開口道：「尊敬的國王，我是金光獅子遊戲如來，特來度你成佛。」

威德王有點莫名其妙，他擺手道：「如來啊，你休要勸我，我不想出家。」

如來聽後，就遞給威德王一面鏡子，威德王一看，鏡子裡展現的是戰爭、饑荒和百姓的逃亡，他頓時驚訝地說：「怎麼會這樣呢？如今不是很美好嗎？」

如來搖頭道：「未來將有無數世，無數劫難，美好只是暫時的，想要徹底救百姓於水火之中，唯有成佛以度化眾生。」

威德王這才知道如來是在點醒他，連忙跪下發願，決心從此潛心禪修，早日成佛。

此後，威德王就在御花園中建了一座佛堂，開始苦修。

一日，正當他坐禪時，他的左右兩邊忽然從地上湧出兩朵蓮花，須臾之間，蓮花打開，兩位可愛的童子跳了出來。

原來，國王已經進入了三昧禪定狀態。

那兩位童子與威德王一起來到金光獅子遊戲如來座前，聆聽如來說法。

當聽完佛法後，兩位童子齊聲發願，希望自己成為發菩提心的大乘菩薩，總持一切諸佛法藏。

阿彌陀佛西方三聖圖

二童子的聲音剛落，大地立即震動起來，出現了各種樂器的奏鳴，天空中也瀰漫著奇妙的香氣，讓眾生聞之非常愉悅。

這時金光獅子遊戲如來才告訴眾生，威德王來世就是釋迦牟尼佛，而兩位童子將來則是阿彌陀佛的左右脅侍——觀音菩薩和大勢至菩薩。

蓮花童子的說法出自《觀音菩薩受記經》。

觀音菩薩在七寶菩提樹下涅槃，名號為「普光功德山王如來」，他的佛國名「眾寶普集莊嚴」，裡面有無量光明，眾生都是發菩提心的大菩薩，其國土據說有七種寶物，非常美妙。

至於大勢至菩薩，他的全名叫「大勢至菩薩摩訶薩」，不過在眾寶普集莊嚴國裡，他的名號為「善住功德寶王如來」，貢獻是當觀音涅槃後，他幫助奉持正法，一直等到觀音的正法滅盡為止。

他有點類似於佛國的候補人選，無論在哪一世，都是繼觀音之後的第二人選，在西方極樂世界裡，他手持紅蓮花，站在阿彌陀佛的右方。

不過，威德王的兩位童子在涅槃後都成了佛，而非菩薩，那麼，觀音菩薩和大勢至菩薩又是為何降低身份，從佛變成菩薩的呢？

下一個故事會為你解答這個疑問。

【拈花解意】

什麼是涅槃？

涅槃非死亡，而是佛教用語，指脫離一切苦難，超脫生死，不再輪迴的境界。佛教認為，人死後仍會轉世，屆時會變成動物、惡鬼、人或天神，只有涅槃了才不必忍受每一世的痛苦。

大勢至菩薩

29 為改變五濁惡世而辛勞—觀音的另一種身份

時光飛逝，轉眼已到末法時代，佛國變成了娑婆世界，而主宰則是釋迦牟尼佛。

這個世界跟以往大不相同，不僅萬惡滋長、孽障叢生，還極容易消耗福報，如壽命有幾萬年的天人，一來到這個世界，壽命就會迅速縮短，幾十年後就成一堆枯骨了。

釋迦牟尼佛成佛不久，來到洛迦山講經，眾生聞訊紛紛前來觀見，聆聽世尊的教誨。在聆聽佛法的時候，世尊最聰明的弟子舍利弗眉頭緊鎖，似乎有什麼心事。

這時，世尊忽然開口說道：「舍利弗啊！你智慧超群，怎麼會被瑣事煩擾呢？」

舍利弗大吃一驚，原來一切都逃不過世尊的慧眼，他急忙合掌道：「世尊，弟子只是心中有一個疑問，由於苦苦找不到答案，所以才會有所懈怠。」

世尊鼓勵道：「但說無妨。」

於是，舍利弗就將心頭的疑問和盤托出：「世尊啊！觀其他諸佛國，都是莊嚴美妙、清淨無比，為何您的佛土卻成了五濁惡世，如此骯髒呢？」

世尊沒有立刻回答，他伸出腳趾，對著天空按了一下，頓時，在世尊強大的神通面前，那些污濁的空氣都消失不見了，一個嶄新的世界出現在眾生面前。只見這個世界充滿了祥和，紅日的光輝籠罩在四洲的每一寸土地上，將佛國的每個角落都照得熠熠生輝。

「看到了吧？這才是我的世界，你們先前所見的國度，不過是眾生業力所現。」

眾信徒不由得心悅誠服，再三表示要追隨世尊，聽取佛教正法。

這時，在世尊的講壇上，突然憑空射出一道耀眼的光芒，接著，一尊端坐於蓮花寶座之上的菩薩安然出現在眾生面前。

大家都很驚訝，不知這位菩薩是誰，又礙於講壇上不能大聲喧嘩，只好把疑問埋在心底。只見這位菩薩開口說道：「我是觀世音菩薩，在過去無量億劫前，於千光王靜住如來之處學習《大悲心陀羅尼經》，如今學有所成，方能在諸佛面前蓮花化生。」

這個《大悲心陀羅尼經》就是《大悲咒》，是威力極大的一門佛經，但它之所以能擁有如此大的神威，全是因為觀世音菩薩接下來所發的誓願：「今後眾生受持誦讀大悲神咒，若不能往生清淨佛徒，我就發誓不成佛！」

觀世音菩薩的這番話令大家聽了驚訝不已，而世尊則微笑著，似乎早已知曉此事，他對眾人說：「觀世音菩薩在過去確實早已成佛，只是為拯救娑婆世界的眾生，才發起菩提心，示現為菩薩。今後，你們要常常供養觀世音菩薩，並專心稱唸他的名號，就可以消除無量罪惡，獲得無量福德，往生後就能前往西方極樂世界。」

信徒們聽完頓時對觀世音菩薩恭敬萬分，紛紛誦念「大慈大悲觀世音菩薩」。

從此，觀世音菩薩的名號就在世界上傳開了，祂也就成為了一位極其重要的菩薩。

娑婆世界，即是大千世界，也被稱為五濁惡世，五濁指的是劫濁、見濁、煩惱濁、眾生濁、命濁。

坐在蓮花寶座上的觀音菩薩

劫濁指人所遭遇的疾病、戰爭、災害等劫難；見濁指不知修行；煩惱濁即因七情六慾引發的各種煩惱；眾生濁指眾生惡業滋長，而令世界苦報漸增；命濁是最後的報應，眾生因惡業增加，壽命活不過百歲，所以是命濁。

不過，「娑婆」的意思是「堪忍」，也就是說還能忍受，若人們注意修行，消除惡業，增長福德，就能脫離惡世。根據《大悲經》等經文所示，觀音菩薩其實是極樂世界裡的未來佛，祂手持楊柳玉瓶，與大勢至菩薩侍於阿彌陀佛的左右兩旁，被人們稱為「西方三聖」。

觀音在佛教中的地位，是古佛再世，但是以菩薩的身份救度眾生，而且最後還要繼承阿彌陀佛，做西方極樂世界的教主。若有人往生後，前往極樂世界，則會受到觀音菩薩等諸聖眾的迎接，所以有些人為了脫離輪迴之苦，都會拜觀音菩薩，並常唸誦《大悲咒》，希望能令自身罪業消弭，往生至十方諸佛國，這與唸阿彌陀佛的功德是一樣的。

觀音菩薩立像

【拈花解意】

什麼是菩提心？

菩提心是一種心願，是希望一切眾生能獲得利益、覺悟的希望之心，全名為「阿耨多羅三藐三菩提心」，佛教中，將發菩提心稱為發心、發意，若發此心，則修行者會尋求到生命的真諦，也就能促使自己「上求佛道，下化眾生」。

30 觀音為何是女兒身？—魏國夫人的一時興起

如前所述，在印度本土佛教中，觀世音菩薩一直都是男兒身，他最初降世為太子，而後成佛，又甘願來到娑婆世界，成度化眾生的菩薩，在很長的一段時間裡，他都是以男性角色出現的。

兩千年前，佛教傳入中國，在其後的一千兩百年間，他仍是具有男性特徵，可是，一個女人的出現，卻讓觀音菩薩忽然變了身份。

她就是元初畫家管道升。

元朝初年，江南女子管道升來到元大都，結識了宋朝皇室後裔、在書畫方面頗有造詣的趙孟頫，兩人一見傾心，很快就結婚，在婚後不久管道升有了身孕。

彼時春意正濃，江南一片鳥語花香，丈夫因政務繁忙，不能在家陪伴愛妻，管道升也因大腹便便行動不便，整天纏綿於床榻，不肯起身。

這一日，她忽覺腹中有動靜，忍不住心中一陣狂喜，待按捺住情緒後，她來了精神，想活動一下筋骨，心想著這樣或許對孩子也會好一點。

她走入書房，攤開宣紙，拿起久未動過的畫筆，頓時有了主意：她要為自己未出生的孩子畫一幅觀音像，以祈求菩薩能保佑腹中胎兒平平安安、幸福安康。

管道升從小就受家人影響，熟讀佛經，對佛法頗有研究，而且她自幼就勤練書畫，所繪丹青栩栩如生，常令丈夫大為讚賞，所以描繪一幅觀音像對她來說並不是難事。

不過，因為這幅畫像寄託了管道升對自己未出生孩子的殷切期盼，所以她畫得格外認真，以致於很多次剛描出幾筆，就覺得欠妥，便重新來過，不知不覺，竟耗費了幾個時辰。

婢女好心提醒女主人，說站立良久對身體不好，需要早些安歇，管道升這才驚覺自己的腰快要直不起來了。

她只好不再修改，匆忙畫了一幅觀音立像，就去閨房歇息了。

儘管如此，她卻仍舊留有遺憾，始終認為自己畫的那幅像不好，就命婢女將觀音像帶到閨房掛起，待自己休憩完畢再斟酌描繪。

沒想到，管道升這一覺竟睡到深夜。

趙孟頫回家後，見妻子正睡得香甜，不忍吵醒對方，就輕手輕腳地在床邊坐下。這時，他抬頭一看，見一幅慈眉善目的觀音像正掛在屋中，心中頓生敬畏之情，命人焚香禮拜，祈求菩薩能為一家人帶來福氣。

說來也奇怪，睡夢中的管道升聞到香氣後，沒多久就醒了過來，她慵懶地睜開眼，見屋內明燭晃動，在薄霧般纏繞的香氣中，屋內彷彿變成了人間仙境，令她心生感慨。

當她去看白天畫的觀音像時，發現觀音菩薩被白色香氣環繞，面容變得柔美動人，再加上她自己是一個女人，筆觸比男畫家原本就多出一份細膩和柔和，所以眼前觀音像更顯嬌美。

觀音菩薩應該是女人才對啊！如此大慈大悲的心腸，正符合女人的心意啊！

管道升的心頭驟然升起這個想法，便決定付諸行動。

第二天，她真的畫了一幅女性觀音像，這也是中國第一幅女性角色的觀音畫像。

趙孟頫寫經換茶圖

畫成後，管道升又撰寫了《觀世音菩薩傳略》，闡述觀音前世為妙善公主，後出家成佛的故事——相傳，興林國的國王有兩個女兒，他熱切期望皇后能給自己生下一個兒子，就這樣，身為三公主的妙善在娘胎裡就被賦予了強烈的期待。從皇后懷孕之初的種種跡象來看——不僅皇宮御花園中百花盛開，皇后還夢到了明珠投懷的吉兆，註定了妙善公主將有不平凡的一生。

可惜農曆二月十九這天，妙善的降生徹底粉碎了國王想要一個兒子的期望。

妙善公主的出生並沒有為家人帶來歡樂，反而險些被渴望有個兒子的妙莊王——也就是自己的親生父親殺死。

也許妙善公主的降生伴隨著蓮花盛開、異香撲鼻的喜慶徵兆，又或者妙莊王對自己的骨肉起了惻隱之心，妙善公主最終躲過這一劫。

妙善公主出生後一直啼哭不止，宮中太醫們診斷後堅稱三公主沒有病。無奈之下，妙莊王只好命人張貼皇榜尋求高人診治。

這一天，不知從哪裡來了一位得道高人，看過妙善公主以後，對妙莊王說：「公主眼神中有悲憫情懷，是為眾生而哭。」接著，他向妙善公主唸了一首詩：

佛在靈山莫遠求，靈山只在汝心頭。

人人有個靈山塔，好向靈山塔下修。

說來也巧，妙善公主果真停止哭泣。

這件事情也預示著妙善公主與眾不同的佛緣。

妙善自懂事起就虔信佛法，一心想出家修行，可是妙莊王堅決阻止女兒這樣做。

妙善不肯依從父王，經常到廟中聽佛法。

妙莊王十分生氣，一怒之下放火燒了寺廟，將寺中五百名僧人全被燒死。由於做了惡業，妙莊王身上長了五百個大膿瘡，再高明的大夫都治不好，什麼藥物也沒有效。

最後，有一位大夫來到王宮，向妙莊王獻上醫治之法，那就是用他的親骨肉的一隻眼、一隻手做藥。

這件事傳到三位公主耳中，大公主和二公主都很害怕，她們無論如何也不肯捨棄自己的眼和手。而三公主妙善聽了，立刻表示願意獻出自己的眼和手為父王治病。可是，誰也不敢挖她的眼，砍她的手，於是她就自己挖出眼睛，砍斷手臂，送給父王做藥。

妙莊王服用藥物後，身上的膿瘡轉瞬消失，身體康復如初。

妙善的善行感動佛，佛召見她，為她開示：「妳捨了一隻眼、一隻手，我就還妳一千隻眼、一千隻手。」果然，妙善長出千手千眼，成為眾生崇敬的觀世音菩薩。

神奇的是，儘管在元朝以前，佛和菩薩都是男性，但大眾見了管道升的女觀音像後，卻欣然接受了，從此，觀音菩薩就在中國成為女兒身了。

觀音為女兒身的記載最早見於宋朝朱升寫的《曲有舊聞》，其後宋末元初的管道升著《觀世音菩薩傳略》成為完整的傳記。

故事裡，管道升在畫觀音像時還沒有被元朝政府冊封，她嫁給趙孟頫後，夫妻二人一直琴瑟和鳴，相濡以沫，即便夫妻間出現什麼矛盾，也能及時化解。

在管道升邁入中年後，因為容顏衰退、脾氣逐漸暴躁，其夫趙孟頫動了納妾之心，這時管道升堅決不從，還寫了一首著名的《我儂詞》來給丈夫看，當趙孟頫看到「我泥中有你，你泥中有我：我與你生同一個衾，死同一個槨」，不禁大為感動，從此專心經營夫妻感情，這段故事也成為了千古佳話。

一三一〇年，趙孟頫被提拔，位居一品大員，七年後，管道升被冊封為「魏國夫人」，有意思的是，趙孟頫直到死後才被朝廷追封為「魏國公」。

千手千眼觀音菩薩

【拈花解意】

「觀音菩薩」為何變成了「觀音大士」？

唐太宗李世民當上皇帝後，為了避諱皇帝名號，「觀世音」變成了「觀音」，而到了宋朝，皇帝開始崇尚中國本土宗教——道教，就下詔將世尊改稱「大覺金仙」，羅漢改為「尊者」，觀音也就變成了「觀音大士」。

31 征討商紂的得道女真人——佛教與道教的融合

佛教傳到中國後，與道教融合，最終產生了具有中國特色的佛教文化，在道教傳說中，觀音菩薩始於商朝，而且一出生即為女兒身，不過她最初也只是個凡人，而且是由道教轉化為佛教的。

這是怎麼回事呢？

相傳，在商朝末年，紂王殘暴不仁，寵愛後妃妲己，而這個妲己仗著有皇帝撐腰，為非作歹，犯下了很多滔天罪行。

有一次，妲己陪紂王去野外遊玩，一路上看到湖中長有很多成熟的蓮蓬，就吵鬧著讓紂王採蓮蓬給自己吃。

紂王連忙命人去找能採蓮的漁家女，手下人接到命令後就拿著鞭子去附近的村莊吆喝，沒過多久便強行拖了幾個中年婦女過來。

其中有一個婦女的身邊還帶了一個十一二歲模樣的小女孩，紂王讓婦女們去水裡採蓮蓬，讓小女孩留下，誰知小姑娘哭鬧著要跟母親在一起。

妲己被哭聲擾得心煩，便假裝扶著頭，「哎呀」一聲，眼看就要如一片枯葉般墜向地面。

紂王驚訝不已，急忙上前扶住愛妃，讓妲己跌倒在自己的懷裡，忙不迭地問妲己發生了什麼事情。

妲己眼珠一轉，用柔弱無力而又嬌滴滴的嗓音嘆息道：「被那孩子哭得我頭好痛，聽說只有將女人的手和眼搗爛，做成藥丸服下，才能治好啊！」

此話一出，在場所有女人的臉色都成了一張白紙，那個帶著女兒的母親更是磕頭如搗蒜，不停地哀求：「求大王和娘娘，饒了我們吧！」

妲己當然不會饒她，於是宮裡的惡僕欺身向前，就要去抓她。可憐的母親哭得驚天動地，出人意料的是，她那女兒反而不哭了。

小姑娘抹乾淚痕，哀求道：「大王，不要取我母親的手、眼，就讓我來代替她吧！」

母親聽到這番話，連忙把女兒摟在懷裡，大叫：「阿音，我絕對不讓妳這麼做！」

紂王見狀哈哈大笑，看好戲地說：「不知死活的小姑娘，會讓妳達成所願的！」

結果，阿音的雙手被砍，雙目被挖出，痛不欲生。

等紂王一行人走遠，母親摟著阿音，心痛如絞，突然之間，一個女人向母女倆走來，只見她摸了一下阿音的臉，阿音呆了一下：咦？眼睛怎麼長出來了？

女人又摸了一下阿音的手，在一道七彩光芒閃過之後，阿音和母親驚訝地發現，失去的手又長回來了！

原來，這個女人就是女媧娘娘，女媧娘娘被阿音的孝順感動，傳授她千手千眼之術，並帶著阿音去拜會道教的最高領袖——元始天尊，讓阿音成了元始天尊門下唯一的一位女弟子。

天尊早就知道了阿音的故事，他非常感動，傳給阿音一本《道德心經》，並叮囑道：「以後妳就在普陀山修煉，法號慈航大士，得道後記得助周伐紂，解救蒼生！」

阿音謹記教誨，前往普陀山洛迦岩，在潮音洞中修煉了三年，最終習得三昧神通，她發願要普渡一

元始天尊

切眾生，於是先聆聽師尊的指示，幫助周武王推翻了商朝，後以丹藥和甘露救助貧苦百姓，留下了「慈航大士」這一千古美名。

在《靈寶經》中，有對慈航大士前世的介紹，原來，阿音的前世是禪黎世界的公主，也叫阿音，可是她直到四歲仍舊不會說話，國王以為是怪胎，就遺棄在荒山中。

阿音吸取天地靈氣，不僅沒死，反而成仙，還傳授弟子法術，拯救蒼生。

恰逢國家遇到百年不遇的旱災，阿音從地下取出百丈甘泉，化為暴雨，讓她的父親後悔不已。

而阿音化身為慈航大士後，她又成為了崑崙十二仙中法力最高的三大高手之一，隨身攜帶玉淨瓶，威力十分強大。民間關於觀音的身世還有一種說法，即把觀音說成是伊喜所變，而伊喜是老子的弟子，這樣一來，觀音就成了老子的弟子。

更有甚者，受道教和民間信仰的影響，還有人將觀音視為元始天尊和無生老母的化身。不過，以上這些說詞都過於牽強了。

【拈花解意】

慈航是什麼意思？

慈航，全稱為「倒駕慈航」，意思是觀音菩薩其實已經成佛，卻為救助被業力深困其中的眾生，甘願化為菩薩，一方面協助世尊弘揚佛法，另一方面幫助眾生脫離輪迴之苦，這是一種極大的慈悲行為。

壁畫中的觀音菩薩形象

第二節　觀音菩薩的法器和道場

32 死而復生的楊柳枝—羊脂玉淨瓶

在世人的心目中，觀音菩薩總是以手持玉淨瓶的形象出現的，而玉淨瓶中插有能播灑甘露的楊柳，所以，楊柳枝和淨瓶就成了觀音菩薩的典型代表。

那麼，那個能救苦救難的淨瓶是怎麼來的呢？

其實，觀音一開始，是沒有淨瓶這個法器的。

有一天，觀音來到禹州一帶時，發現土地龜裂，枯黃的莊稼趴在地上，百姓們面黃肌瘦，個個愁眉不展。觀音很著急，卻也有了主意，她想：東海水深千丈，且取之不盡，若能取海水灌溉這片土地，豈不妙哉？

可是，該用什麼法器來裝海水呢？

觀音忽然想到當地盛產鈞瓷，料到必定會有很多擅長做瓷器的民間藝人，祂便來到地上，去敲一戶

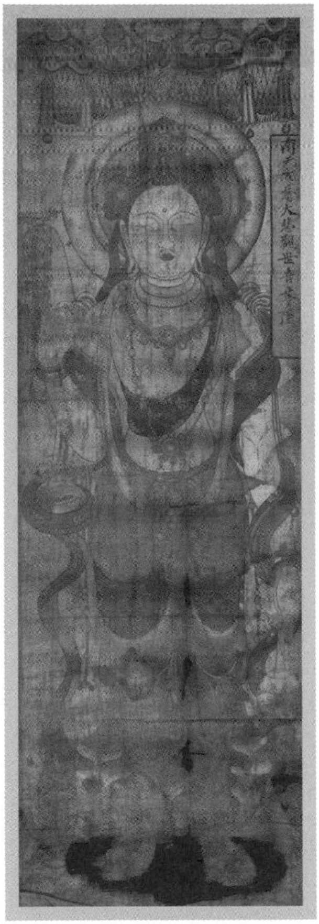

楊柳觀音右手持楊柳枝，左手持淨瓶。

窯家的房門。恰巧，這戶人家的戶主出去了，留下了女兒彩虹看家，觀音還未開口，彩虹就欣喜萬分地跪倒在地上，口中直呼：「大慈大悲的觀音菩薩，請救救我們禹州百姓吧！」

原來，彩虹已經認出了觀音，而觀音則微笑著把彩虹姑娘扶起，安慰她說：「我正是為此事而來，請問施主家中有沒有瓷瓶？我要借用一下。」

彩虹非常開心，急忙進屋東挑西選，覺得這個瓶子太大了，那個瓶子太花俏了，最終，她找了一個白淨如玉的鈞瓷瓶子給了觀音，還一再表示，這是送給觀音的禮物。

觀音收下瓷瓶，來到東海上空，將瓶子往空中一拋，只見瓷瓶頓時變成了一個潔白無瑕的羊脂玉淨瓶，瓶身散發出萬丈光芒，而海面上立刻湧出一道水柱，鑽入了淨瓶的口中。

待海水吸得差不多，觀音唸了一下咒語，海面頓時又恢復了平靜，她拿著淨瓶重返禹州上空，折了一根楊柳枝，開始作法。只見她從瓶中拿出楊柳枝，讓枝條上的甘露從空中滴落。

可別小看這滴甘露，禹州的天空頓時烏雲密布，剎那間，傾盆大雨就瓢潑而下。

觀音不停地用楊柳枝滴灑甘露，等到淨瓶中的水全部滴完，禹州已經緩解了旱情，土地滋潤，莊稼也挺直了腰板，百姓們見觀音在空中顯靈，不由得紛紛叩拜，感謝觀音的大恩大德。

觀音覺得這個玉淨瓶很好用，從此就隨身帶著，神奇的是，瓶中的楊柳枝從不枯萎，永遠都是那麼翠綠。太上老君見了，就要跟觀音打賭，說自己能將玉淨瓶中的楊柳枝燒化，觀音笑道：「就算祢能毀掉我的楊柳枝，我也能將它救活。」

老君不信，就將觀音的楊柳枝投入自己的八卦爐中。要知道，這個八卦爐能化掉世間一切東西，可是沒想到七七四十九天後，楊柳枝還在，不過已經變成焦炭了。

觀音拿起楊柳枝，將其插入玉淨瓶中，很快，奇蹟發生了，只見楊柳枝的顏色由黑變綠，慢慢地活過來了！

太上老君這才心悅誠服，而此事也說明羊脂玉淨瓶中的甘露確實有復活萬物的功能，淨瓶實在是一件強大的法器啊！

為什麼觀音會以攜帶楊柳枝和淨瓶的形象示人呢？

據考證，這兩樣法器居然和古印度佛教徒的清潔習慣有關。原來，佛教徒們很講究個人衛生，他們不僅衣著乾淨，而且會在吃完飯後用柳枝或楊枝揩齒，用寶瓶漱口。也許正是因為佛教的整潔肅穆，所以能被人們很快接受，成為一支獨大的宗教派系。後來，人們都開始用楊柳枝和淨水清潔牙齒，而且當親友到來時，也會獻上這兩種物品請客人清潔，所以久而久之，二物就成了邀請的象徵。

當佛教傳到中國後，楊柳枝和淨瓶便成了請菩薩的禮物，表達了人們對菩薩的誠意，發展到最後，就成了觀音菩薩的法器了。

【拈花解意】

楊枝和甘露有什麼具體作用？

佛教認為楊柳枝可以祛病消災，患有疾病的人如果手持柳條誦唸真經，就能痊癒。甘露則能幫助人們消除心頭的火氣，有靜心的功能，而淨瓶在中國諧音「平安」，寓意非常吉祥。

33 書生避禍－觀音大士的蓮花

觀音菩薩的法器，除了最常見的楊柳淨瓶，還有白蓮花。

當年，觀音就是從一朵白蓮中來到世間，所以蓮花也就成了她的法器之一，而蓮花也是佛教中的佛花，非常聖潔，能助眾人脫離很多苦難。

在明朝末期，蘇州嘉定城裡有一個富戶李玉海，他做絲綢生意，在江南一帶頗有名氣，而且他還屢次隨船隊運送布料赴泉州等沿海城市。

當他的商船經過舟山時，李玉海知道那裡有觀音菩薩的道場，雖然不能去那裡參拜，依舊會面朝普陀山的方向，口中稱頌「大慈大悲觀世音菩薩」。

李玉海有個兒子叫李繩之，也許是受到父親的薰陶，他從小就篤信佛法，而且比父親要虔誠得多，平日裡茹素唸經，一有空就抄寫佛經，還對佛堂法事特別癡迷，最喜歡去的地方就是寺廟，為人也生性淡雅。

不過，這樣一來，李繩之就不會將心思放在經商上了，也就不能實現其父希望的子承父業。這讓李玉海十分失望，他屢次勸說兒子，可是無論他好說歹說，兒子就是不聽。

最後，李玉海動了氣，下達了死令：將兒子的佛堂關閉，收走家中的一切經書，還派了家丁每天嚴密監視兒子，務必要讓兒子「步入正軌」，早日收心從商。

李繩之無法違背父命，心中大為不滿，但他又不敢忤逆父親的意願，只好假裝順從。

好在，他平日裡熟讀《金剛經》、《准提咒》，如今即便沒有經書，他也能每日在心中默唸一番。

九月末的一天，李繩之與友人會面喝茶，眼見秋意正濃，滿城金菊飄香，兩人來了興致，便離開茶館，開始在城中漫步起來。

正當他們走到一條僻靜的小徑上時，前方忽然闖出一個手拿斧頭的惡人，李繩之與友人都是文弱書生，哪有力氣和膽量與歹徒搏鬥？只能一邊驚慌失措地後退，一邊大聲呼喊家丁來幫忙。

那歹徒在慌亂中抓住李繩之的胳膊，不管三七二十一，瘋狂砍了十幾下，然後拽走他腰部的錢袋和玉佩，逃之夭夭。

友人和家丁都嚇呆了，趕緊去扶李繩之，卻驚訝地發現李繩之毫髮無損，僅有左臂有一點小小的擦傷。

他們隨後去報了案，縣令趕緊派衙役去抓人，一天後，凶手被抓捕歸案，原來他是一戶人家的家丁，因為欠下賭債，便起了謀財害命之心。

證據確鑿，縣令有點好奇，就問凶手：「你為何不砍對方的脖子，而只砍手臂呢？」

那行兇的家丁苦著臉說：「我是想砍，可是突然之間，李公子的頭藏在了幾朵蓮花中，看都看不見，我只好去砍蓮花的根莖，沒想到只讓李公子受了點輕傷。」

當李繩之聽說此事後，他知道是觀音菩薩來救自己了，便趕緊跪下磕頭，感謝菩薩的大恩大德。李玉海得知消息後，也大吃一驚，從此便不再干涉兒子禮佛，而他自己也成了一個虔誠的居士，對佛法萬分信仰。

蓮花不僅是觀音菩薩的法器，也與佛教有著深厚的淵源。

在西方三聖中，阿彌陀佛和觀音菩薩都坐於蓮花寶座之上，而其餘菩薩也是手執蓮花，或做蓮花手勢，而天女向人間拋灑的也是蓮花，此外，佛教的各種器物，如香袋、欄杆、拜墊等，也都有蓮花的圖案。

這是因為，佛教起源於印度，而蓮花在印度頗為流行，在炎熱的時節，一朵潔白素淨的蓮花，往往能帶給人清淨雅致的感覺，所以會受到佛教徒們的青睞。

所以，在佛學中，蓮花出現在很多故事中，如釋迦牟尼佛的母親就長有一雙如蓮花般美麗的大眼睛，而世尊降臨人間時，皇宮的池塘中竟出現了一朵大如車輪的白蓮，而世尊的舌根上放射出千道金光，每束光都開出一朵千葉白蓮，足以說明蓮花的尊貴，所以做為觀音菩薩的法器，也就非常合乎情理了。

【拈花解意】

什麼是法器？

法器是指佛教用具，即在佛教寺院中，用於祈禱、修法、供養、請願的器具，常見於法會和佛壇上，不過佛教徒平時所帶的器物，如念珠、錫杖等，也都算法器。

手持蓮花的四臂觀音

34 觀音收服鯉魚精—法力強大的寶鏡

觀音有一件法器，是一面鏡子，這面鏡子可不得了，能夠照見一切本質，並能增添佛法的莊嚴，所以也是很厲害的法器。

在中國道教傳說中，觀音之所以能擁有寶鏡，還得要感謝一位神仙，那就是西王母，即王母娘娘。在觀音菩薩還在普陀山修煉的時候，正逢王母娘娘舉行蟠桃會，瑤池仙女紛紛前往各路神仙的福地，邀請祂們來參加盛宴。

觀音在潮音洞中也接到了邀請，她還是第一次有機會見到那麼多神仙，因此充滿好奇。她卻不知，天界眾生對自己早就期待萬分，原來，大家聽說天界出現了一位女神仙，又驚又喜，都等著在蟠桃會上一睹觀音真容呢！

到了壽宴當天，觀音進入天界，只見她眉目慈祥，面含笑意，身形輕盈，雖具清麗之姿卻又不失莊重氣質，讓眾仙暗暗稱讚。

王母娘娘見了觀音也十分喜歡，就將元始天尊進獻給自己的一面寶鏡賜予了觀音。觀音對王母娘娘表示了感謝，然後將寶鏡收入自己的袖籠中。

在壽宴結束後，觀音便返回東海，就在她快要到達長江入海口時，寶鏡從她的袖子裡掉了出來，落到了江水裡。由於著急趕路，觀音沒有察覺，她繼續向東行進，全然沒有察覺鏡子已經丟失，而更令她意想不到的是，這面寶鏡在掉入水中之前發出了七彩玄光，光芒恰巧照在了江水中的一隻鯉魚精身上。

頓時，鯉魚精吸收了玄光的靈氣，道行大增，很快就從江面上躍出，變成了一個身著七色彩虹衣的漂亮女子。

這隻鯉魚精僅僅修煉了三百年，如果不是因為寶鏡，還要過好幾百年才能成人形。眼前她撿了這麼大一個便宜，不由得意起來，踩在江面上走了好幾圈，然後施展法術，將寶鏡從江底撈出。她對著鏡子照來照去，越發覺得自己花容月貌，就得意洋洋地自稱「凌波仙子」，計畫在人間「大幹一場」。

「凌波仙子」跑到杭州城，先是將漁民們的船掀了個底朝天，讓他們無法再去捕魚，但她又覺得不過癮，隨後發洪水把城鎮淹得一塌糊塗。

可憐百姓們莫名其妙，還以為天公要懲罰他們，紛紛下跪，請求老天開恩，讓災難遠離。

「凌波仙子」見人們不識她的名號，心裡很生氣，就去大街上勾引男子。

凡見到她的男人，無不被迷得神魂顛倒，想都不想就跟著她走了，結果都變成一具乾屍。

人們非常害怕，從此見了漂亮姑娘就躲，害得「凌波仙子」再也找不到人來謀害了。

她氣得咬牙切齒，發誓一定要讓更多人知道她的厲害。

這一天，她在西湖邊偶遇了一位英俊的書生，那書生眉清目秀，簡直是玉樹臨風。

「凌波仙子」心中一喜，前去搭訕，誰知對方態度冷淡，似乎不想理她。

「凌波仙子」心有不甘，就伸手去拽書生的衣袖。

她剛伸出手，就覺手腕一涼，定睛一看，竟是一根降妖繩綁了過來。

此時，書生身上忽然發出金光，原來他正是觀音所變，特來收服鯉魚精，為民除害。

鯉魚精不服氣，伸出另一隻手，拿出寶鏡。

日本密教《聖觀音像》

可是寶鏡還沒發揮威力，就被觀音收了回去。鯉魚精還想負隅頑抗，觀音用寶鏡對著她一照，「凌波仙子」頓時不見了，地上只剩一隻活蹦亂跳的鯉魚。

百姓們見到此景，均感激涕零，而當天正是農曆六月十九，天庭為表揚觀音收服鯉魚精，特賜那天為觀音成道日。

於是，在往後的日子裡，人們都會在六月十九舉行各種活動，來紀念和稱頌觀音的功德。

《摩訶僧祇律》中說：「不得因喜好之故而自照其面。」說明鏡子在佛教中並非照容顏、化妝用的物品，而是一件莊嚴的法器，也被稱為懸鏡、壇鏡。

《資持記》中也說：「坐禪處，多懸明鏡，以助心行。」說明鏡子能幫助修行之人得道，作用很大。

在大的法會和道場中，也需使用鏡子，一般要用大鏡子二十八面，小鏡子四十二面，用來開悟智慧；在密教中，鏡子還被用作灌頂，是上師解說諸法之性相的用具之一。

【拈花解意】

西王母與玉皇大帝是什麼關係？

西王母是全真教的祖師，是天界一切女仙和天地一切陰氣的首領，功德是庇護婚姻與生育；而玉皇大帝是道教認為的眾神之王，與西王母並非夫妻。

另外，玉皇大帝並非佛教中忉利天的領袖「帝釋天」，後者只統領六道之一的天界最下層，與前者雖然在道行與福德上相似，卻非同一個人。

35 本是罪惡的泉源——紫金鈴

在觀音的諸多法器中，有一件物品非常神祕，因為它本是一個邪惡之物，但好在被觀音菩薩所擁有，才能既發揮作用，又不禍害他人。

這個法器就是紫金鈴。

紫金鈴來自於天竺的喬薩羅國，沒有人知道它誕生於什麼時候，只知道它是皇帝的御用物品，當新皇即位時，就會從先皇手中接過紫金鈴，做為權力交接的象徵。

奇怪的是，喬薩羅國自開國以來，歷代皇帝都是充滿了野心和暴虐之心，對外拼命征伐，對內殘酷鎮壓，讓百姓們痛苦不堪。

正當大家快絕望時，一位仁厚的王子出生了，他名叫琉璃王子，一出生就帶著笑容，長大後也非常懂事孝順，加上皇后知書識禮，對王子教導有方，所以琉璃王子的脾氣非常好，與以往的國王大不一樣。

百姓們聽說琉璃王子的事情後，都大感欣慰，紛紛拍著胸脯說：「這下好了！我們有救了！」

國王雖然殘暴，對自己的兒子卻十分呵護，他也計畫讓琉璃王子早登王位，把國家大事交給兒子管理。

誰知，就在國王準備退位時，發生了一件大事：有人揭發皇后不是迦毗羅衛城的公主，她的真實身份只是一個普通的婢女，而真正的公主早已跟人私奔了！

國王大怒，氣得臥床不起，沒過多久就一命嗚呼了，琉璃王子含著眼淚戴上了紫金鈴，準備履行國王的責任。

可是，就在他戴上紫金鈴的一剎那間，他的心頭突然升起一股怒氣。

他從土位上俯看人們的臉龐，覺得每一個人都在嘲笑他的出身，不由得雷霆震怒，惡向膽邊生。

他命令道：「將皇太后貶為奴隸，趕到冷宮做苦役！」

大臣們都吃了一驚，紛紛勸告新國王不要衝動，誰知這些良言惹得國王更加憤怒，他毫不猶豫地把勸諫的大臣給處決了。

這樣一來，沒人再敢勸國王了，國王的性情也越來越暴躁，強化了對人民的鎮壓，搞得民不聊生、怨聲載道。

皇太后自騙婚事件被披露後，就一直鬱鬱寡歡，眼前她又做起了粗重的工作，身體實在承受不了，就病倒了。

國王得知母后生病，非但沒有對其進行醫治，反而下令把皇太后和其他得了瘟疫的奴隸關押在一起。

結果，這些人因為病痛而發出巨大的哀嚎聲傳入國王的耳朵裡，讓他寢食難安，他竟然做出了一個驚人的決定：把這些奴隸全部燒死，其中就包括他的親生母親。

就在大家對國王的暴行越發難以忍受時，他又因騙婚事件而將火氣對準了迦毗羅衛城，他對全國的百姓宣布，要進攻迦毗羅衛城的釋迦族，並將該族全部變為奴隸。

當時釋迦牟尼還未成佛，仍以喬達摩．悉達多的身份在各地弘揚佛法，他聽說自己的家鄉正遭受戰亂，急忙返回故鄉查看究竟。

釋迦族哭天搶地地來見悉達多，懇求他起兵復仇，悉達多搖搖頭，說：「我去勸勸喬薩羅國的國王吧！他會放下屠刀的。」

於是，他來到了喬薩羅國。國王知道他是佛陀，便讓他入了皇宮，但依舊恐嚇他：「就算你將成佛，也依舊是我的奴隸！」

悉達多點頭說：「尊敬的國王，我是一個治心病的大夫，我願意成為你的奴隸，你是否願意讓我幫你治病？」

國王大為驚奇，雖然他覺得自己身體很健康，但他還是同意悉達多為自己治療。

在接下來的十二天裡，悉達多為國王講解佛經，最終開啟了國王的智慧，國王終於明白，自己所做的一切皆是出於對自己身份的執念，而這個心魔的源頭，產生於紫金鈴。

國王大徹大悟，將紫金鈴交給悉達多，並停止戰爭，向全國的百姓認錯。

從此，紫金鈴再也不能蠱惑人心，製造罪惡了。

正所謂「解鈴還須繫鈴人」，紫金鈴在神話中是一個邪靈之物，只對誤入歧途的人能產生作用，但在世尊和菩薩的手中，卻成了威力無邊的法器。

悉達多太子出家圖

相傳，紫金鈴能帶來無盡的財富和權勢，但錢權也往往與貪慾密不可分，所以紫金鈴的負面作用也是相當大。

據說，觀音在普陀山修煉時，法器就是紫金鈴，而後她在伐紂時，用紫金鈴立下了赫赫戰功。

吳承恩在《西遊記》中對紫金鈴也有描述，說觀音的坐騎金毛吼盜走紫金鈴，化名為賽太歲，下到凡間為非作歹，那紫金鈴只要晃一下，就能放火；晃兩下能冒煙；晃三下更能飛沙走石，是非常厲害的武器。

西元十二世紀中國木雕——大悲觀音像

【拈花解意】

「佛陀」到底指的是誰？

在釋迦牟尼成佛時，佛陀本指釋迦牟尼，後演化為所有能覺悟真理的知者。《瑜伽師地論》就有云：「言佛陀者：謂畢竟斷一切煩惱，並諸習氣，現等正覺，阿耨多羅三藐三菩提故。」即是說，只要發菩提心，修成正果，就是佛陀了。

36 傳到觀音耳朵裡的善事—八萬四千功德衣

在古老的印度東南部，有一個名叫夏帕拉的部落，部落的族人生活在深山老林裡，生產力十分落後，所以產不出棉、麻、布這些東西。

不過，夏帕拉人對佛法十分推崇，他們用石頭造了一座神廟，每日給廟裡的佛和菩薩進獻貢品。他們的貢品非常簡單，都是一些色彩繽紛、形狀奇特的樹葉，這是他們從山裡採來的，都滿心歡喜地以為佛陀必定會喜歡。

日子久了，那些樹葉堆積了厚厚的一層，神奇的是，樹葉從未被風颳走一片，也從未染上塵埃，夏帕拉人十分高興，說佛陀顯靈，來看他們了！

有一天，當他們再去神廟時，驚訝地發現香案上的樹葉沒了，而觀音的石像也產生了變化，只見原本「穿」著佛衣的菩薩周身都披上了樹葉，那些樹葉緊緊地挨在一起，也不掉下來，已然成了一件神衣。夏帕拉人知道是觀音的法力讓樹葉成了衣服，立刻跪下來叩首，向觀音祈福。

從此，這件用樹葉做成的衣服就成了觀音的法器，它是用八萬四千片樹葉製成的，所以也叫八萬四千功德衣，世人只要做一件善事，觀音的功德衣上就會將善事顯現出來，如果善事做多了，觀音就會注意到了。

相傳，在中國唐朝的都城長安，有一戶姓何的夫婦，夫妻二人經營米粥鋪生意，小本買賣，也沒有賺多少錢，但兩人擁有一顆善心，經常做善事，從不計較錢財的流失。

某年冬天，何老闆去收帳，在街上碰到了一對乞討的母子，只見母子二人衣著襤褸，臉上沾滿了污垢，在飄著雪花的寒冷冬天，那跪在地上的孩子還流著鼻涕不停咳嗽，貌似身體很不好。

何老闆起了惻隱之心，急忙問那對母子發生了什麼情況。

母親哭著告訴他說，自己名叫阿蓮，一年前帶著孩子與丈夫來長安做糕點，誰知丈夫得了肺癆，不僅沒賺到錢，還欠下不少醫藥費，最終丈夫還是去世了，母子二人無依無靠，只能流落街頭乞討。

何老闆嘆息不已，見阿蓮擁有廚藝，就收留這對母子在粥店幫忙。何夫人見丈夫做了這等好事，也很贊同，讓阿蓮母子十分感激。

第二年，長安發生了旱災，農民的收成銳減，長安城裡很多人都吃不到飯，何氏夫婦商量了一下，做了一個決定：將店裡一半的米免費分給百姓，來應付饑荒。

消息傳出後，百姓們都對何氏夫婦豎起大拇指，紛紛稱讚道：「真是活菩薩呀！好人有好報啊！」

何老闆與夫人的善行如此巨大，很快就被觀音發現了，她點頭笑道：「無量功德，應給予鼓勵。」

一天，何老闆的店裡來了一位達官貴人，他要了一碗白米粥，也沒點別的菜，就喝了起來。何老板正忙著招呼其他客人，就沒有在意這位貴人。

貴人喝完粥後，一言不發，匆匆地離開了，何夫人覺得奇怪，就問丈夫：「那人給錢了沒有？」何老闆愣了一下，搖搖頭，但旋即笑道：「算了，就一碗粥，也沒幾個錢。」

當他去收拾官人吃飯的桌子，突然間，感覺到眼前金光一閃，一柄金鑲玉的如意竟赫然出現在他面前！

如意上還刻著一行字：生意興隆、無病無災，修行祈禱，健康長壽，何老闆拿著如意不知所措，倒是何夫人醒悟道：「這是觀音顯靈啦！快拜一拜！」

夫妻二人對著觀音離去的方向拜了又拜，從此更加專心做善事，成了遠近聞名的大善人。

觀音的功德衣，以草葉、樹葉和孔雀尾翎製成，當觀音穿上功德衣後，她一般被稱為葉衣觀音。

相傳，她為一切諸佛的智慧所幻，住於山林，能醫治一切疾病、解一切毒，是病患的救星。

葉衣觀音的形象有：忿怒相，一面二臂，功德衣為紅色或黑色；怒相，一面四臂，功德衣為藍色；慈悲相，三面六臂，功德衣為黃色。

為何功德衣要有不同的顏色呢？這是因為觀音會根據不同的環境來化現出不同的相，功德不同，所以功德衣才會有五種顏色。

葉衣觀音像

【拈花解意】

菩薩為何要有忿怒相？

當菩薩與佛化現為忿怒相時，是在昭示眾生當去除三惡五毒，斬斷一切煩惱，若不以堅定的態度去與惡念做抗爭，則無法修成正果。

37 觀音未來掌管之地—西方極樂世界

在過去久遠劫以前，有一個世界的佛主名叫世自在王佛，據說他的功德深厚，擁有無量的大智慧，很多人都想見他，卻因修行不夠而沒有機會。

在這個世界中，有一個國家的國王也聽聞世自在王佛的大名，產生了想向對方學法的念頭，於是整日禪修，希望能得償所願。

有一天，正當他在坐禪時，腦海中突然響起一個聲音：「你願意為了眾生放棄王位，修行無上正等正覺嗎？」

國王心中一喜，急忙回答：「我願意！」

當這句話說出口時，他也就醒了，回過神來的國王思考了一個晚上，做出了一個驚人的決定：放棄王位，將自己的所有財富捐贈出去，皈依沙門。

國王不顧眾人的勸阻，毅然剃度出家，法號「法藏」，就在他穿上僧衣之後，他的面前立刻出現一條金光大道，接著空中響起一個聲音：「跟我來吧！」

法藏喜不自勝，忙著沿大道進入一個奇妙的所在，在菩提樹下，他見到了世自在王佛，後者盤腿而坐，對他微笑示意。法藏見狀坐了下來，仔細聆聽佛陀的教誨。

世自在王佛告訴法藏，宇宙中並非只有一個佛國，而是有兩百一十億個佛世界，在每個世界中，都有善、惡之行，有些佛國粗劣惡濁，有些則曼妙殊勝。

法藏頓時心生疑問，詢問那些佛國的真實面貌如何。

於是，佛陀就將所有佛土的情況顯現給法藏看，法藏看完之後，發起了無上願力，想建立起一個清靜莊嚴的佛國。

因此，他為了利益眾生，開始修行，而這一修，竟長達五劫的時間。要知道，每一劫的時間都非常長，所以法藏為了修行，已經歷了百千萬億年了。

一日，法藏預感到修行結束，他來到世自在王佛面前，發下宏偉的四十八大願，希望自己所建立的佛國無一切慾貪、嗔、癡念，裡面的眾生具有各種福德善行，且功德利益均有成就。

世自在王佛點點頭，對法藏說：「佛國已產生，名西方極樂世界，今授記你為阿彌陀佛，善哉善哉。」

佛陀說完，法藏已前往西方，在他的佛土裡，眾生的功德無量，且他們容顏俊美、身材美好，手中能生出無盡的珍寶，只要他們開口說話，那口中氣息就如青蓮般芳香，而當他們走動時，身上的每一處毛孔都散發出香檀氣息，令人心曠神怡。

後來，觀音菩薩與大勢至菩薩自蓮花中生出，也來到極樂世界，陪伴在阿彌陀佛左右。若有人往生後能去到該聖潔莊嚴的佛土，就會受到觀音等菩薩的歡迎，也就能脫離輪迴，永享安樂了。

極樂世界，在梵語中稱為須摩提、須阿提、蘇訶縛帝，其實意思很簡單，就是指阿彌陀佛的淨土，因為其在距離娑婆世界十億國土的西方，所以又被稱為西方

無比莊嚴、清淨、美妙的極樂世界

淨土。

佛教典籍《阿彌陀經》中說，阿彌陀佛仍在他的佛土中說法，在極樂世界中，沒有三惡道，不光是菩薩，眾生也具有三十三相，而且氣候溫暖，地勢平坦，以各種寶石為地，地上長有能發出悅耳音樂的寶樹，更有各種珍禽奇花，眾生還能住在奇特的樓閣裡，卻又不覺得擁擠，因為極樂世界是無邊無際的。

阿彌陀佛的左邊是觀音菩薩，右邊是大勢至菩薩，待阿彌陀佛滅度後，觀音菩薩便補其位成就正等正覺，而待觀音涅槃後，大勢至菩薩再補其位，建立擁有無量壽命的佛國。

阿彌陀佛、觀音菩薩和大勢至菩薩

【拈花解意】

什麼是「滅度」？

滅度是涅槃的古語，指的是脫離生死，進入空相，也被稱為「圓寂」，即功德圓滿、障無不盡。

阿彌陀佛雖然壽命無量，但壽命既是實相，就有虛空的一天，所以祂也會滅度，但不代表祂滅度後就從此消亡了，只能說肉身沒了而已。

玄奘法師捨身見觀音─普陀洛迦山

西元六三〇年，唐朝高僧玄奘法師進入中印度，他一路學習佛教經典，一路巡禮神廟佛堂，拜訪了印度的十多個國家。在印度，他的悟性大為提升，且對佛法的心得也突飛猛進，最後，他來到了印度西南部著名的那爛陀寺留學，想全面學習三藏。

他剛到那爛陀寺，就受到了寺中僧人的熱烈歡迎。

原來，玄奘還未入印度時，他的大名早已傳遍了印度的各個佛寺中，大家都對這位中土而來的高僧十分仰慕。

玄奘並未因此驕傲，他虛心地在寺中學習了五年，熟讀了很多經書，受到了更大的啟發，這時，一個想法在他的心中油然而生。

他知道，在印度的東南部，有一座普陀洛迦山，此山在秣剌耶山的東面，據說是觀音菩薩的道場，如果前去參拜觀音，或許能得菩薩的真傳。

玄奘為自己的想法激動得徹夜難眠，他簡單收拾了一下行李，就往東方走去。

他走了好多天，才來到了普陀洛迦山下。

玄奘抬頭一看，山好高好險，若不顧危險往上爬，隨時都可能會掉下來。但玄奘卻沒有猶豫，他把行李牢牢地繫在身上，開始在嶙峋的石縫中尋找上山的蹊徑。

由於這座山實在太陡峭，他才爬了一小段路，就已

玄奘西行圖

經累得不行，只得靠在一棵樹上歇息。

正當他在休息的時候，樹上突然掉下來一串香蕉，正巧落到玄奘的腳邊，玄奘又驚又喜。吃完了香蕉，他打起精神，繼續往上攀登。

說來也奇怪，此後雖然山路崎嶇，可是他卻總是得到幫助，比如，當他渴了，身旁就神奇地出現了小溪；當他餓了，就會有野果子吃；當他發現前方沒有路時，草叢中就會忽然蹦出一隻兔子，讓他知道可以從其他地方往山上走。

玄奘法師爬了一整天的山，終於來到了山頂，他這才驚訝地發現，普陀洛迦山的山頂竟是一個大池子，池中的水從山頂向下流出，最終匯入印度洋。

就在水池的旁邊，有一個山洞，玄奘走入山洞，忽然覺得眼前一亮，但見眼前出現了一個絕美的仙境，到處都是長有珍寶的樹木，而池沼中流著清澈的甘泉，地上的繁花散發出沁人心脾的芬芳。

「玄奘，你可來了！」一個悅耳的聲音在玄奘前方響起，伴隨著祥和的金光，出現了觀音菩薩的化相。玄奘熱淚盈眶，急忙合掌作揖，懇求菩薩指引。

觀音讓玄奘繼續研究佛經，推廣佛法，玄奘銘記於心，下山後就將此事用筆記錄了下來。

後來，他回到長安後，寫下了著名的《大唐西域記》，其中就記載了普陀洛迦山拜見觀音的事情，由此我們也可斷定，普陀洛迦山確實是觀音菩薩最初的道場。

普陀洛迦山，並非中國舟山群島的普陀山，而是在今印度西高止山的南方、秣剌耶山的東面，也就是巴博那桑山一帶。該山的名稱翻譯成中文，就是「小花樹山」，因為山上有很多開著小白花的樹，香氣襲人，令人心馳神往。

由於這裡是觀音菩薩的道場，菩薩的佛光籠罩此山，所以普陀洛迦山又被稱為光明山，意思為菩薩的大悲光明盡在此山中。

玄奘法師所修行的那爛陀寺建於七世紀末，如一座恢宏的方形城池，僧侶達萬人，只可惜十二世紀時被伊斯蘭軍隊所毀，如今只剩遺址。

玄奘在離開那爛陀寺後，又前往印度北部，修行了兩年後又回到那爛陀寺，但此時他開始開壇講經，辯倒了所有印度高僧。

在印度待了十二年後，玄奘帶著六百五十七部佛經回到中國，從此他致力於大乘佛法的推廣，讓中國的佛教文化日益博大精深。

【拈花解意】

什麼是「三藏」？

三藏在佛教中，其實指的是佛教聖典的三種分類：經藏、律藏、論藏。

經藏就是佛陀講的道理；律藏是佛教所指定的生活規律；論藏則指後人對佛陀的教誨所進行的解釋，以方便眾生領悟透徹。玄奘法師之所以被稱為「唐三藏」，就是因其通曉三藏而得名。

玄奘譯經圖

39 阻擋高僧前行的鐵蓮花—普陀山道場

既然觀音的道場在印度的普陀洛迦山，那她怎麼又移居到了中國浙江的普陀山呢？這裡還有個美麗的傳說呢！

當年，觀音覺得普陀洛迦山雖然充滿靈氣，但做為道場有點小了，就想找個大一點的地方。她在空中，放眼望去，只見東海之濱有數千座小島，宛如一顆顆奪目的明珠鑲嵌在海面上，一看便是祥瑞之地，再加上海面無邊無垠，頗有自由的感覺，符合觀音菩薩的另一個稱號——觀自在菩薩，於是觀音心頭一喜，便移駕東海而去。

她來到了舟山群島之後，先落在洛迦山上，然後縱身一跳，跳到了普陀山上。

結果，洛迦山留下了觀音的腳印，這個腳印非常大，後來信徒們特別崇拜這個腳印，還時常在這腳印裡磕頭呢！

不過，觀音剛搬入普陀山時，人們還不知道這回事，所以並沒有發現普陀山的神通之力。

到了唐朝，日本有個名叫慧鍔的和尚隨使團來大唐，在中國各大名寺遊歷了一圈，當他來到五臺山時，見到一尊讓他十分吃驚的白玉觀音像。

只見這尊觀音高三尺，持蓮花淨瓶，容顏秀麗，青絲如雲，身形端莊又不失嫵媚，真的是美輪美奐。

慧鍔的眼神如同被釘在了這尊觀音像上，不肯挪動半寸，他實在太喜愛這尊法像了，就去求方丈將法像贈予日本，讓東瀛子民也能參拜觀音菩薩。

方丈大吃一驚，說：「這尊像乃是文殊菩薩因思念觀音菩薩而造，自五臺山道場開闢之後就一直存在，堪稱稀世珍寶，能否請觀音移步，就看你的造化了。」

說罷，方丈就去觀音法像前懇求了一番，然後將法像交給了慧鍔，並千叮嚀萬囑咐，讓慧鍔要好好保護觀音像。

慧鍔十分高興，畢恭畢敬地捧著法像下了山，然後走了一個月來到了東海邊，準備坐船回國。當船行至普陀山，即將往洛迦山前進時，兩座山之間的海域忽然颳起大風，繼而惡浪滔天，不一會兒，海面上竟然開滿了鐵蓮花，慧鍔的船就被釘在蓮花上，無法動彈。

慧鍔目瞪口呆，知道觀音不肯去日本，只得回到船艙中，對著法像祈福：「若菩薩不肯東渡，請給弟子指引一條路，弟子一定聽從菩薩教誨，建寺廟供奉菩薩。」

他剛說完，海裡忽然鑽出一隻大鐵牛，將鐵蓮花大口地吞食起來，不一會兒，海面上就出現了一條航道。

慧鍔順著航道前行，發現觀音菩薩帶著自己來到了普陀山，於是他就在普陀山上建了寺廟，而那尊觀音像，從此就被命名為不肯去觀音，而普陀山與洛迦山之間的海域，也從此被稱為了蓮花洋。

距今一千多年前的敦煌稀世國寶《三界九地之圖》是目前發現的，世界上最早最完整的佛教三界九地圖，也是最早最完整的佛教三千大千世界圖、佛教天人合一圖。

佛教認為，須彌山周圍的鹹海中有四大部洲，分別是東勝神洲、南瞻部洲、西牛賀洲、北俱蘆洲。中國在南瞻部洲，且有四座名山，分別是普陀山、五臺山、峨眉山、九華山，四山分別為四大菩薩掌管，所以該部洲號稱佛國。

普陀山位於舟山群島，因是觀音菩薩的道場，所以是一千三百九十個島嶼中名氣最大的一個島，它的面積有十三平方公里，似一條臥在海面上的蒼龍，風水非常好，被譽為「第一人間清淨地」。

如今在普陀山上，仍有一座不肯去觀音院，不過已非原址，而是在無量殿的舊址上新建的，而最初的不肯去觀音院，如今成了普濟寺，是清朝乾隆年間的建築。

【拈花解意】

須彌山是什麼地方？

佛教認為，須彌山位於娑婆世界的中央，由金、銀、琉璃和水晶構成，它被鹹海環繞，高八萬四千由旬，而一由旬高一百一十萬公里，須彌山是天人的住所，四大天王在山腰，帝釋天住山頂，天人的壽命要比凡人長千萬年。

40 靈猴與魔女的造人傳奇—布達拉宮

在觀音的道場中，還有一處道場不為人知，但它的所在地卻極為聖潔，那便是在西藏的雪域高原之上。

那麼，觀音的道場又在西藏的哪個地方呢？

說出來大家可能不信，這道場就是著名的布達拉宮！

有人會說：布達拉宮不是松贊干布為文成公主和尺尊公主而建的宮殿嗎？事實也是如此。但是，大家有機會去布達拉宮的話，可以看看裡面的壁畫，畫中描繪了一個觀音與靈猴的故事，而這正是觀音道場的由來。

相傳，觀音菩薩在普陀山居住時，有一天，一隻獼猴突然闖進了紫竹林。

觀音知道這隻猴子是天上的神仙犯了錯，被貶入凡間的，就收留了牠，還給牠受了戒律，讓牠去雪域高原潛心修行。

獼猴便沿著南海南下，然後再西行，終於來到了雅礱河谷。

牠找了半天，發現了一個偌大的山洞，洞中陰涼而又不潮濕，十分適合居住，就在那裡安頓了下來。

此後，獼猴每日打坐修禪，只在飢餓時才食用一些野果，過著非常清苦的生活。

誰知有一天，一個妖豔的身影突然出現在了洞中，獼猴的心未完全安定下來，看到有東西在眼前晃動，就睜開了雙眼，結果發現居然是一個魔女在對著牠笑。

獼猴旋即閉上眼睛，繼續靜修。可是魔女卻挑逗獼猴，要跟牠結婚，還賴在洞中不肯走。

獼猴執意不肯，魔女故意委屈地說：「我是看與你有緣，才想跟你結姻緣，你若不肯，我就只好與妖魔結合了，到時生下無數魔子魔孫，讓這高原變成惡魔的世界，你可滿意了？」

獼猴一聽，於心不忍，牠既不想破戒，又不想讓妖魔橫行，左右為難之下，只好重返普陀山，請觀音教化。

觀音聽完獼猴的苦衷後，說：「你既與她相遇，便是天意，若你們的後代能在雪域高原繁衍生存，也是一件好事，你就不要再猶豫了。」

獼猴一愣，只好回去與魔女結婚。

沒過多久，獼猴夫婦有了六個孩子，牠們全是獼猴，整天嬉鬧個不停。

獼猴仍想靜修，就把孩子們送到樹林裡，讓牠們早點適應自然環境。

可是獼猴還是放心不下孩子，三年後，牠去探望自己的兒女，結果驚訝地發現自己已經有孫子了，而且孫子居然有五百隻！

由於獼猴太多，森林裡的果實早就不夠吃了，孩子們抱著獼猴痛哭道：「食物不夠，我們快要餓死了！」

獼猴也十分頭痛，牠只能再回到普陀山，請觀音幫忙。

觀音給了牠一些穀子，讓牠種到高原上，獼猴取了穀物後，往地上一撒，頓時，地上長出了綠綠的嫩苗，沒過多久，青稞就長出來了。

獼猴們歡呼雀躍，不再吃果實，轉而吃起了青稞，後來，牠們又學會了種青稞，還利用青稞釀起了青稞酒。

昔日布達拉宮觀音坐像

因為長期食用穀物，獼猴們的尾巴逐漸消失了，變成了藏民，而他們為了感謝觀音的恩情，便將布達拉宮視為觀音的道場，希望觀音有空就來坐一坐，接受大家的供養。

靈猴生孩子的故事在西藏廣為流傳，藏民們並不介意自己是「猴子的後代」，反而充滿了驕傲。

在布達拉宮和羅布林卡的壁畫上，都有猴子變人的故事，而布達拉宮之所以被認為是觀音的道場，是因為藏傳佛教認為紅日吉瑪布日神山是觀音的第二普陀山，而布達拉宮就在神山之上，理所當然會成為觀音的住所。

於是，布達拉宮以觀音為主要供奉的菩薩，比如在紅色宮殿的最高處，就供奉著一尊檀香木觀音像，神奇的是，這尊法像是天然形成的，如今已經成為布達拉宮的鎮宮之寶。

【拈花解意】

檀香爲何受佛教歡迎？

檀香，素有香料之王的美譽，由於其香味能令人愉悅，所以佛家對其十分推崇。檀香靠近樹心和根部的材質最佳，可製成粉末或木塊，也可提煉精油。不過，檀香單獨薰燒時氣味並不太好聞，需要與其他香料結合，才能讓芳香發揮到極致。

第三節 觀音菩薩的神獸和侍從

41 赴南海救蒼生的財神—龍五爺

佛陀和菩薩在修行時，都會發宏願，阿彌陀佛就發了四十八大願，而觀音菩薩也發了十二大願，其中第二願就是「常居南海願」。

觀音為何要許下這個願望呢？

原來，在很早以前，南海一帶屬於蠻荒之地，沒有如今那麼富庶，不僅如此，該地還遍佈著各種瘟疫和瘴氣，疾病橫行，導致民生凋敝，人民生活在痛苦之中。

觀音菩薩為了救助南海的百姓，以慈悲為懷，住在了南海，從此她走訪民間，救人民於水深火熱之中，其功德感動了很多人。

龍頭觀音

南海龍王也聽說了觀音的聖行，不時對自己的兒子誇讚觀音的善舉。

龍王的第五子聖衍對觀音菩薩十分崇敬，心中油然升起了願望：我也一定要效仿觀音，為百姓做點事情！

於是，在一個清晨，牠打點好一切，便衝破海面，來到了觀音所居住的紫竹院，一口氣就跑到觀音面前，跪地求道：「菩薩，我願意做妳的坐下鰲龍，帶妳橫越萬里波濤，為拯救大眾護法！」

觀音感嘆聖衍的慈悲心，便點頭應允。從此，聖衍就成了觀音的坐騎和護法，護持著菩薩在南海一帶降魔除瘟，驅除邪氣。

後來，經過觀音的不懈努力，南海的病瘟終於被消除了，可是百姓們還是長年遭受天災。

聖衍很著急，又去求觀音：「菩薩，請讓我永久鎮守南海，讓當地百姓富裕安康吧！」

龍五爺

觀音很感動，便帶著聖衍來到南海之南，她對聖衍說：

「此地是南海的財口，如果被衝破，財氣會外洩，當地百姓就富有不起來，如今我將你化為巨鰲山，守住財氣，你要記得日後為黎民百姓造福，多行善舉。」

聖衍點頭稱是，表示不會辜負觀音厚望。

於是，觀音灑下甘露，將聖衍幻化為一座巨山，鎮守在海面上，這座山最初被稱為鰲山，後來改名叫南山。

如來世尊也得知了聖衍的事情，不禁對其讚許有加，便來到南山，賜給對方三件法器，分別是金元寶、財源庫、聚寶盆。

這三樣全部都是能夠招財的寶貝，能生出無盡的財富，聖衍千恩萬謝，開始用如來給的法器出入民間，讓很多窮苦的人過著幸福的生活。

南海的人民對聖衍非常感激，尊稱牠為龍五爺，將牠奉為財神，為牠建立了宮殿，還在南山的財穴上樹立起龍五爺的法像，祈求龍五爺為南海帶來永恆的財富。

有了龍五爺的庇佑，南海一帶從此十分富有，而內陸的百姓見了也好生羨慕，便在五臺山也建了一座龍五爺的財神廟，希望龍五爺能將財氣輸入內地，讓大家都來沾沾光。

在中國古代傳說中，龍王有九子：第一子為囚牛，喜歡音樂，所以人們常在琴頭刻出牠的形象；次子叫睚眥，好勇鬥狠，形象常被刻在刀柄上，所以就有了「睚眥必報」的成語；三子叫嘲風，愛觀望，所以常蹲在宮殿的屋簷上；四子叫蒲牢，雖然個子小，聲音卻很大，所以被刻在鐘上；五子就是龍五爺，叫狻猊，和佛有緣，被雕刻在香爐上；六子叫贔屭，又名霸下，體形像烏龜，能背重物，所以很多石碑都立於贔屭的背上；七子叫狴犴，像老虎，非常威嚴，所以被鑄刻在監獄的門上；八子叫負屭，有文采，所以盤旋在石碑的上方；九子叫螭吻，長得像魚，能滅火，所以被安在屋頂的兩頭，做消災之用。

【拈花解意】

龍五爺的南山具體在哪裡？

中國有很多南山，而龍五爺所在的南山，則位於海南三亞，是中國最南端的山。唐朝鑒真大師東渡日本時，第五次就漂流到了南山。日本高僧空海也是在南山登陸，最終來到中國弘揚佛法。

42 因貪吃而受到懲罰的怪獸—鰲魚

在很久以前，天上有一隻修煉成仙的鰲，這隻鰲的頭像龍，卻無龍鬚，尾巴又像魚，所以叫鰲魚。

鰲魚特別大，是上古神獸，法力驚人，有些神仙如果道行淺一點，還打不過牠。

有一年，上古神仙共工與顓頊爭奪帝位，結果共工大敗，身強力壯的他心火直冒，瘋了似的撞向不周山。

這不周山是支撐天地的巨山，共工正巧撞在了一根撐天的柱子上，一下子就把柱子撞成兩截，天空的一角很快就塌陷下來。

女媧娘娘一看，不得了！天要塌了！

她趕緊拿起一把寶劍，來到鰲魚的面前，二話不說就把鰲魚的一隻腳砍斷了，然後往天上一撐，世界方太平了。

可是鰲魚心裡很不高興，牠覺得女媧都不跟牠商量一下就砍掉自己的腳，太過殘忍，再說大家都得救了，也沒人來管牠的腳，老百姓也太無情了。

鰲魚越想越氣，就從海裡跑出來，決心復仇。

一開始，牠去吃人們的家禽和家畜，很快就讓老百姓們發現了。

很多人看見有一隻巨大的「烏龜」在吃豬啊牛啊，

女媧娘娘

都很生氣，為了保護自己的財產，他們決定給鰲魚一個厲害看看。

有天晚上，鰲魚又來到人間，牠發現有一戶人家的羊圈裡有幾隻小羔羊在吃草，頓時起了惡念，慢慢向羊羔靠近。

說時遲那時快，只見無數鞭炮劈劈啪啪響起來，鰲魚的眼睛都差點給鞭炮炸瞎了，接著人們拿著鋤頭、鐮刀、魚叉，從四面八方衝過來，口中還發出威猛的喊聲，要把鰲魚置之死地。

鰲魚大怒，牠一下子恢復了真身，立刻飛到了天上。

人們十分吃驚，剛才還想廝殺一番，眼前只有逃命的份了，可是鰲魚卻窮追不捨，不僅踩死了不少人，還將很多人吞進了肚裡，著實兇殘。

僥倖逃出來的百姓哭成了一團，大家紛紛祈求觀音菩薩能拯救大家，收服這隻巨怪。

觀音聽到大家的禱告，心中有了主意，她用天蠶絲織成了一個魚網，又將玉淨瓶裡的楊柳枝變成九個鉤子，纏在魚網上，最後，她找來幾團泥巴，將鉤子包裹起來，再用甘露灑在泥巴上，泥巴頓時變成了九個人。

觀音將魚網置於鰲魚常出沒的海岸上，碰巧鰲魚剛從海裡出來，正飢腸轆轆。

牠看到有人在岸上，非常高興，就大嘴一張，把魚網和「人」全都吸進了腹中。

泥人很快化掉，鐵鉤露了出來，並牢牢地鉤住鰲魚的內臟，痛得牠滿地打滾。

觀音這才來到鰲魚的面前，厲聲叱問：「妖孽，可知罪否！」

鰲魚才知觀音來懲罰自己，連忙忍痛求饒。

觀音知道這隻鰲魚其實有慧根，可以改造，就將牠帶往南海，讓其成為自己的坐騎之一。

從此，鰲魚再也沒來人間作亂，反而幫觀音做了不少好事。

關於鰲魚斷足撐天的傳說，中國典籍早有記載，如《淮南子・覽冥》就說：「女媧煉五色石以補蒼天，斷鼇足以立四極。」另外漢朝著名思想家王充也在《論衡・談天》中對此事有過描述。

在善財童子五十三參中，便出現了觀音踏鰲背的畫面，為何觀音要以鰲做為坐騎呢？

這是因為，古人認為大地是漂浮於海面之上的，而撐起大地的，正是巨鰲，所以鰲給人安定之感，具有鎮邪的作用，觀音駕著巨鰲來到人間，能壓倒一切邪惡勢力，為百姓帶來平安。

善財拜觀音

【拈花解意】

不周山在哪裡？

在中國神話中，不周山位於崑崙山的西北，是人界通往天界的唯一途徑。相傳，不周山終年冰冷，被積雪覆蓋，普通人是無法到達的，而根據史學家考證，不周山其實就是中亞的帕米爾高原。

43 救公主下雪山的靈象—白象坐騎

觀音菩薩常見的坐騎有龍和鰲魚，那還有沒有別的神獸常伴其左右呢？

當然是有的，觀音有很多化身，所以坐騎也不可能只有幾個。

有一個神獸後來成了觀音的坐騎，而牠的母親竟然是一位女子，這是怎麼回事呢？

故事還得從數千年前說起，當時在中國的西南部，住著傣族這個熱情如火、能歌善舞的少數民族，其中有一位美麗的傣族少女叫阿妙，她被譽為傣族的一枝花，只要有她在的地方，就如同溫暖的陽光照在人們臉上，讓大家都從心底喜悅起來。

當阿妙到十六歲時，她的阿爹想為她許一門親事，這時媒人也踏破了阿妙家的門檻，恨不得把所有合適的男子都介紹給阿妙。

這個時候，鄰村的土司也派媒婆來求親了，儘管他送來了很多牛羊和金銀，可是阿妙一家卻堅決地拒絕了，因為這個土司已經是個雞皮鶴髮的老人了。

土司吃了閉門羹，心裡非常惱火，就放出話來，要讓阿妙的父母吃不了兜著走。

阿妙的阿爹和阿媽很著急，怕女兒出什麼意外，就連夜將阿妙送入密林深處，並給阿妙留下一些乾糧，囑咐女兒千萬不要走出去。

二老剛回到家中就被土司派來的惡僕給抓了起來，土司威脅兩位老人如果不把阿妙交出來，就把他倆處死，可是二老為了女兒的幸福，早就抱著必死的決心，寧可被殺，也不透露阿妙的行蹤。

話說阿妙在樹林裡住了幾天，雖有乾糧，卻苦於無水可喝，喉嚨乾得都快冒煙了。她只好出去找水喝，結果欣喜地發現地上有個小小的水塘，塘裡的水異常清澈。阿妙沒有多想，就捧起水喝了起來。

說來也奇怪，過幾天阿妙再來找水源，發現水塘仍然蓄滿了水，而天上並沒有下雨。這時，一頭白象忽然衝著阿妙走來，牠走到阿妙的面前，說：「我知道妳的父母有難，快跟我去救他們吧！」

阿妙大吃一驚，連忙爬到白象的背上，飛奔回了家。

此時，土司的惡僕正在磨刀，準備殺害阿妙的父母。

白象揮舞著長長的鼻子，將土司和那些張牙舞爪的僕人全部甩到山崖下去了，阿妙解救了阿爹阿媽，三人哭成一團，待他們擦乾眼淚，發現白象已經無影無蹤。

沒過多久，阿妙的肚子竟然一天天大起來，她覺得很奇怪，自己並沒有和誰同房啊？

十個月後，阿妙生下了一個孩子，竟是頭白象！這白象是神獸與人的結合，會講人話，頗有靈性，牠告訴阿妙：「母親莫煩惱，當年父親的尿液被妳所喝，才有了我，現在我要去找父親了！」

阿妙這才恍然大悟，雖然她捨不得孩子，但也只能讓孩子離開。

後來，這頭白象找到了象父，並開始修行，到金輪山時遇到了觀音，從此就成為觀音的坐騎了。

白象是南亞和東南亞的尊貴動物，在中國的傣族，也有很多白象的神話傳說，而且傣族人相信，天地是由神象撐開的，這樣人們才能安心地從事生產。

至於印度、緬甸、泰國等國家，更是把白象視為國家的守護神。

在佛教中，釋迦牟尼就是由白象變的，其母摩耶夫人在四十歲時做了一個夢，夢見一頭白象對著自己拜了三拜，然後一頭鑽入她的腹中，夫人醒來後就懷了身孕。所以，佛教徒都認為白像是世尊的化身，能夠庇護王權。

而觀音騎象則源於一個典故，說當時觀音還是妙善公主，出家後赴須彌山求道，途經金輪山時遇難，得一白象將其背下山。此象甚靈，救下妙善公主後不肯回山，要與妙善公主一同去求正果，於是成為妙善公主的坐騎，此後一路歷盡千辛萬險，將公主背到雪蓮峰，終成正果。

白象入胎

【拈花解意】

什麼象才稱得上是白象？

不要以為全身潔白的象很多，事實上，正是因為白象的稀少，才成為大眾心中的神靈。真正的白象有著粉白色的皮膚和白色的眼睫毛、珍珠色的眼珠，牠的前腳有五根腳趾，後腳則有四根腳趾，傳說喝了白象象鼻中的水，能治百病。

44 五十三參的修行－善財童子

在觀音菩薩的身邊，有一男一女兩個侍從，通常男侍被描繪成一個童子，曰「金童」，為了配合他，女侍也就成了童女，曰「玉女」。

金童的名字叫善財，別看他年紀輕輕，慧根卻不小，在他當上觀音菩薩的侍從之前，還有個五十三參的故事呢！

據傳，在很多年以前，有個地方名福城，城中有一個長者，年近半百，生下了一個兒子。在孩子出生的時候，天上忽然一聲巨響，霞光萬道，地下湧出無數珍寶。長者大喜過望，給兒子取了一個有趣的名字——善財。

誰知善財雖然能招財，卻對發財之事並不關心，隨著年齡的增長，他對禮佛之事倒更加用心，還專門跑到文殊菩薩那裡參悟人生的道理。

文殊菩薩給他講解佛經，讓善財童子最終釋然，童子發起菩提心，誓願成佛度眾生，並請求文殊師利告訴他修行的辦法。

文殊菩薩說：「你要奉行普賢行，可以去參訪善知識，唯有心悟，才可修成正果。」

善財童子虔誠地點頭，然後回家收拾行李，不顧親人的勸阻，就踏上了遍訪善知識的道路。

他一路走過了很多地方，拜見了比丘、比丘尼、童子、童女、天神、天女、婆羅門、佛母、賢人等具有不同身份的善知識，當他開始尋找第二十九個聖賢時，他來到了普陀洛迦山。

在這座開滿白花的山上，有一處紫竹林，觀音菩薩正在那裡為眾菩薩講說妙法。

善財童子跪倒在觀音面前，懇請菩薩教導自己無量智慧。

觀音還未開口，忽有一陣妖風颳來，緊接著，一個眼如銅鈴、滿嘴獠牙的惡鬼突然出現，口中噴出了熊熊烈火，怪叫著去抓桌上的貢品。

電光火石間，觀音立刻變為一個體型更加巨大的青面怪物，張開血盆大口將惡鬼吞入腹中，稍後又將惡鬼吐出，以羊脂玉淨瓶中的甘露灑在對方身上，又以貢品餵對方。

只見惡鬼吞下貢品後，再三叩拜，然後離去，而觀音也恢復了原貌。

善財暗暗稱奇，問道：「菩薩，為何妳要變成這般模樣？」

觀音解釋道：「那惡鬼口中生火，飢渴難耐，我必須現鬼王身，施以甘露，免去飢渴之苦。」

隨後，觀音又帶著善財童子去了其他地方，每到一處，觀音都施以慈悲心，為眾生排憂解難，讓善財敬佩不已。

善財童子拜訪觀音菩薩

幾日之後，善財告別了觀音，繼續前行，待到第五十二參時，他見到了彌勒佛，佛陀告訴他，眾生雖有天性，但後天努力和修行也很重要，不因噎廢食，方能功德圓滿。

彌勒佛講完，用手在善財的額頭上摸了一下，善財頓覺身體輕盈，心靈溫暖，知道自己已經開悟，不由得滿心歡喜。這時文殊菩薩來引領他前往普賢菩薩的住所，在普賢菩薩的指引下，善財完成了大修，功德即將圓滿。

文殊菩薩見此非常欣慰，就對善財說：「從此你就拜在觀音門下吧！她拯救世人於危難中，而你發的願也是為造福人間而起，你可助她一臂之力！」

於是，善財童子就陪伴在觀音的身旁，往後一直為百姓們的幸福生活而不懈努力著。

由於善財童子一出生就能帶來金銀珠寶，而後他又總是和觀音一起幫助人們，所以古人就把他當成了財神之一，希望他能為自己帶來財富，讓大家富裕起來。

在民間的各種畫像中，善財童子均被描繪成一個擁有圓嘟嘟臉蛋、挽著雙髻的小男孩，祂雙手合十，立於蓮座之上，表情十分虔誠。

其實，善財童子的五十三參與很多信徒的修行不謀而合，即先有所覺悟、發善心，而後尋求開悟的道理，待到徹悟之後，修正自己的言行，若能做到這些，便能成佛了。

善財拜觀音

【拈花解意】

什麼是「普賢行」？

普賢菩薩是關注修行的菩薩，他為修行者制訂了十大法規，即：禮敬諸佛、稱讚如來、廣修供養、懺悔業障、隨喜功德、請轉法輪、請佛住世、常隨佛學、恆順眾生、普皆迴向，修行者若在行動上能做到這十點，便是修了普賢行。

45 被趕出水晶宮的龍女—觀音身邊的「玉女」

觀音有金童，那玉女的來歷又如何呢？

原來，玉女可不是普通的女孩子，她是東海龍王最小的女兒，小時候一直生活在海裡，沒有來過人間。

小龍女是龍王的孩子中最漂亮的一個，也最得父親寵愛，龍王恨不得把一切好看的、好玩的都給她。

時間一久，小龍女再也找不到任何好玩的事物了，她覺得很無聊，就逼那些侍從們給自己找新奇有趣的東西，若辦不到，就砍她們的頭！

侍從們很苦惱：公主所擁有的東西，有些連他們都沒見過，還怎麼給公主找更好玩的物品啊！

這時，有個蚌精出了個主意，她讓小龍女去人間玩，還把人間吹得天花亂墜，彷彿她自己就去過似的。小龍女聽了很高興，其實她早就想去人間走一趟看看熱鬧了，於是就求著龍王放自己出海。

龍王一聽，頓時瞪大了眼睛，不准龍女「胡鬧」，儘管他一向疼愛女兒，可是在這件事上，卻絲毫沒有給龍女半點希望。

小龍女生氣起來，叛逆的她沒有聽從父親的勸阻，竟然在傍晚時分獨自溜出了龍宮，往海面上游去。她來到了一個濱海的小城鎮，恰巧那一天是元宵節，雖然天還沒完全黑，百姓們卻已經在城中早早地點燃花燈，開始慶祝每年的這一盛大節日了。

小龍女化作一個漁女的模樣，活蹦亂跳地進入了市集，她東看西看，覺得每一樣東西都是那麼新奇，可開心了。

觀音菩薩和金童玉女

隨著花燈一盞盞被掛起，小龍女的目光也被那些形態萬千的燈籠吸引住了，她只顧仰著頭看燈，沒留神跟一個提著水桶的漁民撞了一下，頓時，桶裡的水潑到了龍女身上，把她淋成了落湯雞。龍女尖叫起來，連忙抱著頭往大海的方向跑。原來，她碰不得水，只要碰上一滴水，她就沒辦法變成人形了。

此時，她希望能早點回家，可惜大海就在眼前，她卻再也跑不動了，結果變成了一隻巨大的魚，躺在沙灘上不能動彈。恰好此時有兩個漁民在海灘上撈魚，他們發現了龍女後，都驚奇萬分：「從沒見過這麼大的魚啊！」

於是，二人決定把龍女賣給酒店的老闆，就在他們商量的時候，正在紫竹林裡打坐的觀音對善財童子說：「你快去凡間，把一隻大魚買下來放生。」

善財童子急忙遵從觀音的指示，從香爐裡抓了一把香灰，然後下凡去了。此時，酒肆老闆已經將魚買下，並洋洋得意地展示給眾人看，圍觀的人都發出驚嘆：「這輩子都沒見過如此大的魚！」

老闆展示結束，就讓屠夫拿起一把刀，要把魚殺掉。

突然間，遠處傳來一聲呼喊：「住手！我要買魚！」大家循聲望去，只見一個小沙彌正捧著一堆銀子，氣喘吁吁地跑過來。店老闆見有這麼多銀子，頓時眉開眼笑，二話不說就把魚賣給小沙彌了，豈料待小沙彌走遠，銀子居然變成了香灰，氣得他捶胸頓足。

原來，小沙彌就是善財童子，他把龍女放回海裡後，囑咐她千萬不可再莽撞行事，龍女聽說是觀音救了自己，心中十分感激。

當她回到龍宮後，發現四下亂成一團，原來龍王發現龍女不見了，正在興師問罪，宮裡的很多奴僕都受到了懲罰。
龍女找到龍王，說自己想去找觀音修行。
老龍王見女兒剛回來又要走，不知悔改，覺得女兒是個不肖女，一氣之下，就將龍女趕出了龍宮。
龍女很倔強，她直接來到觀音面前，懇求觀音收留她。
結果，龍女就成了觀音的玉女，而老龍王後來後悔了，想求女兒回來，但龍女就是不肯。
在舟山群島的普陀山上，有一個潮音洞，那是觀音菩薩修行的地方，而在此洞附近，還有一個「善財龍女洞」，據說善財童子和龍女親如兄妹，兩人就住在這個洞中。
其實觀音有金童玉女服侍，是出於道家的說法，在道教中，凡神仙所居的地方，都有金童玉女陪伴在側。比如玉皇大帝、西王母、媽祖等神仙的左右，便常伴有金童玉女像。

【拈花解意】

沙彌是什麼人？

沙彌並非漢族詞語，可能語出古代西域的龜茲國，指的是在寺廟中已經受不殺生、不偷竊、不邪淫、不妄語、不飲酒、不塗飾、不歌舞及旁聽、不坐高廣大床、不非時食、不蓄金銀財寶這十戒，但未受俱足戒，也就是成年比丘所受的更多的戒條，年紀在七歲至十二歲的出家男子。

第四節　觀音菩薩的主要法相

46 石碑復活退倭寇—楊柳觀音

在觀音菩薩的道場普陀山中，有一座著名的石碑，名為楊柳觀音碑，碑上刻著一尊手持楊柳玉瓶的觀音法像，是普陀山的鎮山之寶。

關於這塊石碑，有一個有趣的故事，而觀音的三十三化現之一的楊柳觀音，就與其有關。

相傳在明朝，普陀山上有座楊枝寺，寺廟的住持收藏了一幅觀音大士的畫像，該畫是唐朝名畫家閻立本所作，畫卷裡的觀音左手托淨瓶，右手持楊柳，端莊嫵媚，表情栩栩如生。

住持對這幅古畫愛不釋手，就找來一個石匠，讓對方把畫中觀音的形象刻成石碑，這樣一來，大家都可以看到觀音像，又不必擔心石像會輕易被損壞。

石匠對住持的囑託銘記於心，他找來一塊高兩公尺多的長方形青石碑，對照著觀音畫像，用了數個月才將觀音法像刻好。

當他雕琢完最後一錘時，馬上去楊柳寺告知住持這個好消息，住持也是歡喜得不得了，他趕緊派出一隊僧人，齊唸佛經，將楊柳觀音石碑請進了寺廟中。

楊柳觀音白描像

由於石碑中的觀音太逼真了，當人關注著它時，那觀音竟像活過來似的，彷彿對著人走過來。

信徒們都對這塊石碑產生了濃厚的興趣，紛紛前來參拜，楊柳寺也因此遠近聞名，成了香火旺盛之地。

哪知樂極生悲，有天晚上，正當住持行將休息時，寺院內忽然傳來驚呼聲：「著火了！快來救火啊！」

住持一驚，第一個想到的就是自己收藏的觀音畫卷。

可惜，收藏畫的後院充滿了火光，裡面的東西早就化為灰燼，哪裡還有一絲紙片能留下？

住持欲哭無淚，只好打起精神去救火，待火情完全得到控制時，一個更大的打擊襲過來：那尊楊柳觀音石碑也不見了！

這到底是怎麼回事呢？

原來，這場火是惡人有意為之，縱火犯就是一群倭寇。

那些倭寇潛伏在楊柳寺周圍好幾天了，為的就是把觀音石碑弄到手。

得手後的倭寇帶著石碑揚長而去，他們得意洋洋地喝著酒，推斷自己回到日本的日子，狂妄地大笑不已。

沒過多久，舵手感覺到不對勁了，因為他們的海盜船一直在蓮花洋裡打轉，就是無法前進一步。

倭寇頭子覺得奇怪，就點了一盞風燈，欲探查情況。

忽然間，海面上掀起滔天惡浪，彷彿要把船捲入無底深淵。

倭寇們嚇得驚聲尖叫，卻仍是不死心地去抱石碑，怕有什麼閃失。

當他們的手剛碰到石碑時，立刻被嚇得再度大叫起來，原來，石碑上的觀音居然活了，只見她怒目而視，手中的楊枝指向倭寇，彷佛在說：「我要把你們都打入阿鼻地獄！」

倭寇們心生敬畏，連忙跪倒在地，求饒不止，這時，一個大浪打進船艙，將石碑捲了出去，倭寇們早就被浪打得渾渾噩噩，滿腦子只顧著逃命，再也不敢打石碑的主意。

第二天，住持看著滿地的廢墟，心情十分沮喪，他走到了靠近海邊的南天門，含著眼淚打坐祈告。

其他僧人也默默跟隨，這時有個小沙彌大喊一聲：「快看！那是什麼！」

大家循聲望去，但見海面上天光驚現，將觀音碑照得聖潔無比，而碑上的觀音神態安詳，嘴角含笑，令住持激動萬分。

住持急忙率眾僧穿上袈裟，口誦佛號，將觀音碑迎入普濟寺，後來楊柳寺重建，石碑才回歸原位。

佛學中說觀音具有三十三法相，分別為：楊柳觀音、龍頭觀音、持經觀音、圓光觀音、三面觀音、白衣觀音、蓮臥觀音、瀧見觀音、施藥觀音、魚籃觀音、德王觀音、水月觀音、蓮葉觀音、青頸觀音、威德觀音、延命觀音、眾寶觀音、岩戶觀音、能靜觀音、

觀音三十三應身圖

倭寇

阿耨觀音、阿麼提觀音、葉衣觀音、琉璃觀音、多羅尊觀音、蛤蜊觀音、六時觀音、普悲觀音、馬郎婦觀音、合掌觀音、一如觀音、不二觀音、持蓮觀音、灑水觀音。

觀音三十三法相並非化現各種形象，而是觀音菩薩本身不同形貌，而且不是密宗式變化形象，只是以姿態、場景與所持法器來區別。本書所選取的是觀音菩薩最主要的幾個法相。

至今，故事裡的這塊石碑仍在普陀山矗立著，它高兩百三十三公分，寬一百三十三公分，比一個成年人還高大，令人心生敬意。

這座觀音石像以閻立本的畫像為臨摹對象，所以觀音衣著也盡帶濃郁的唐朝風情，其頭戴珠冠、身披錦袍、瓔珞飄搖、袒胸跣足，渾身上下透著富貴典雅之氣。

閻立本雖是畫家，卻也是位宰相，他擅長書畫和建築，其父親與兄長也都是著名的大畫家，他的代表作有《步輦圖》、《歷代帝王圖》等，筆觸細膩，著色古雅，善於刻劃細節，人物形象生動，因此在當時備受推崇。

【拈花解意】

什麼叫「化現」？

在佛教中，菩薩和佛陀為了拯救眾生，需要變成各種形象來點化世人，甚至有時會變成惡人。

47 妙善捨手眼救惡父—千手觀音

在中國民間，常會出現一位非常奇特的觀音形象，她擁有千隻手，每隻手的手心都有一隻眼睛。這位觀音是如何來的呢？她為何又有那麼多手、眼呢？

相傳，在很久以前，有一個興林國，國王名叫妙莊王，他生了兩個女兒，分別叫妙音和妙緣，可惜沒有一位王子來繼承王位，讓他有點遺憾。

後來，皇后又懷孕了，妙莊王十分高興，便向上天禱告，希望世尊能賜給自己一個兒子。他不知道，天上有一位菩薩正在向世尊發願，願自己能轉投人間，經歷無數劫難，只為度化眾生。世尊很讚賞菩薩的善心，便問她：「妳想轉化為什麼肉身？」菩薩說：「世間女子修行不夠，且多苦難，弟子願為女兒身。」

於是，世尊就讓菩薩投胎進了興林皇后後的肚子裡，這樣一來，皇后懷上的就不是普通人了，因此遲遲不能分娩，待到十八個月後，孩子還是固執地不肯出來。

這可急壞了皇后，她讓侍從在御花園擺上香爐，並親自點香禱告，懇求世尊保佑自己的孩子平安健康。正當她合掌祈求時，天空忽然傳來優美的音樂，金色的陽光驅散了烏雲，五彩的祥雲迅速靠近過來。皇后頓時覺得腹中疼痛不已，一旁的奶媽趕緊吩咐下人找穩婆去接生，然後又吩咐侍從去通知妙莊王。妙莊王聽說皇后臨盆了，大喜過望，他焦急地等待著，當一天即將結束時，侍女傳來了消息：是個女孩。妙莊王很失望，他還以為這個孩子歷盡艱難方才出生，一定是個男孩子呢！

在沮喪中，國王暗自提醒自己要保持善心，不能對孩子抱有成見，他沉吟道：「孩子就取名為妙善吧！」

時光飛逝，妙善長成了一個大姑娘，她生性恬淡，不喜歡追名逐利，總是一個人閉關坐禪，一副不問世事的樣子。

相反，她的兩個姐姐就活潑多了，而且甜言蜜語一大筐，每回都能把妙莊王哄得十分開心。

妙善一點也不想學姐姐們的行為，她反而告訴父親，自己想要出家。

妙莊王一聽，勃然大怒，他將妙善關在房間裡，不准她出去。

妙善卻執意遁入空門，她將自己打扮成村姑的模樣，從窗戶裡逃出了皇宮，在外面流浪了一個月後，她終於找到了一座白雀庵，在那裡皈依了佛門。

妙莊王震怒了，他為了逼妙善回宮，就買通庵裡的尼姑，每天讓妙善做推磨、搗米之類的粗重工作，誰知妙善堅持了下來，讓國王更加生氣。

後來，白雀庵旁有個和尚見妙善漂亮，就起了色心，整天去調戲妙善。

這個消息傳到妙莊王耳朵裡後，國王覺得公主是在給自己丟臉，他喪失了理智，派人一把火把白雀庵燒了個精光。幸好太白金星化為白虎，將妙善救出，護送其去了太行山。

妙善為父親不念親情的行為痛哭了一場，而後定下心來繼續修行。

這一年，妙莊王生了一場怪病，他的背上長了一個瘡，奇怪的是那爛瘡竟長得像人的臉，讓他驚駭不已。國王找了很多名醫，都不能根除惡疾，有一個江湖術士說如果讓國王的骨肉獻出雙手和雙眼做藥引，方能藥到病除。

大公主和二公主聽到這種古怪的行醫方法時，都嚇得面如土色，她們再也不肯對父王諂媚獻好了，相反卻一個勁地說自己身體染疾，不能成為藥引。妙莊王只好去找妙善，遠在太行山的妙善得知父親生病的消息，二話不說就趕了回來，她沒有絲毫猶豫，就讓術士取走自己的手和眼為父親治病。

妙莊王的病終於好了，他回想過去，悔恨不已，就來到太行山，冊封妙善為「全手全眼」觀音。可是他太激動了，說成了「千手千眼」觀音。他的話剛說完，天空的祥光四射，妙善坐於空中，果然出現了千手千眼的形象。從此，千手觀音的塑像就遍布民間，寄託了百姓們的美好願望。

妙善公主因排行老三，又被稱為「三皇姑」，據說她出生於距今兩千五百年前的南北朝時期。妙莊王被史學家證實確實有其人，其統治地區位於李莊鄉古城村，而印度佛教誕生於西元前七～五世紀，時間上正好契合。

如今的觀音成道日，也就是農曆六月十九日，據說也與妙善公主有著不解之緣。宋朝太師蔡京就寫過一篇碑文，稱妙善公主在河南香山修煉得道，而其舍利就葬在北宋熙寧元年重建的大悲觀音塔下。

千手觀音菩薩像

【拈花解意】

舍利是什麼？

僧人圓寂後，遺體會被火化，而灰燼中有時會留下一些珠狀結晶體，那是僧人身體的不同部位形成的，所以顏色各異，有黑色的髮舍利、白色的肉舍利、白色的骨舍利等。

48 被全城百姓驅趕的癩頭和尚—延命觀音

古時候，醫術不發達，人們對疾病的抵抗力不強，一旦爆發疫情，往往死傷無數。因此，瘟疫在黎民百姓的眼裡，無異於是洪水猛獸。

有一年，這頭「怪獸」來到了太倉，讓當地人痛苦不堪。當地的縣官請求朝廷派醫生來給百姓治病，誰知上級官員因怕疫病傳播，竟命令封鎖太倉城，不讓當地的百姓外逃。

這樣一來，城裡還未染上瘟疫的民眾也岌岌可危，大家整日愁眉不展，而越來越多的人染病而亡，城內幾乎每天都會響起撕心裂肺的哭聲。

有一天，太倉忽然來了一個和尚，這和尚穿著補丁的僧袍，手拿一根赤檉柳的枝條，逢人便說自己能治瘟疫。

觀音菩薩接引圖

照說這和尚的心是好的，可是卻沒有人相信他，還不停地驅趕他，這是怎麼回事呢？

原來，這和尚是癩頭，而且頭上結滿了膿瘡，看起來非常骯髒，就算他如正常人一般行走，也會讓旁人覺得他身染怪病，應當遠離為妙。

因此，當和尚每進入一戶人家時，還未等他說明來意，戶主就開始趕他：「快走快走！別讓我們沾了晦氣！」

奇怪的是，癩頭和尚並沒有在意人們的態度，仍是每天笑呵呵地走街串巷，聲稱要為人們治病。

時間一久，一些流言開始傳出：「這場瘟疫不會是那個和尚帶來的吧？你看他那個病懨懨的樣子，還到處走動，是個禍害呀！」

隨著越來越多的人注意到癩頭和尚，流言就越發像真的一樣。民眾開始憤怒，看到癩頭和尚過來，就拿著雞毛撣子、掃帚去趕他，這樣一來，癩頭和尚再也不能大搖大擺地在街上行走了，只能東躲西藏到處逃竄。

有一回，他又被人死命追趕，當他逃到一個小巷子中時，發現一戶人家的家門開著，就溜了進去。這家人的屋舍十分簡陋，癩頭和尚往屋內走去，發現只有一個奄奄一息的老婆婆躺在床上。

這個婆婆已經病了有一些日子了，所以沒聽到癩頭和尚的傳聞，而且整個家裡只剩她一個人還活著，眼前她承受著身心的雙重煎熬，早就對人世喪失了信心。

癩頭和尚告訴她：「老婆婆，妳不要急，我是來救妳的！」

說罷，他去了廚房，將赤檉柳泡入沸水中，給老人家煎了一劑湯藥。

老婆婆反正已生無可戀，就將湯藥喝了下去，癩頭和尚隨後就離開了。

誰知一天後，老婆婆發現自己能開始活動了，又過了一天，她的病已經好得差不多了！

她非常高興，就趕緊去告訴其他患病的人。

大家半信半疑，但求生心切，就滿城瘋狂尋找癩頭和尚。

這時，癩頭和尚笑呵呵地出現了，他用手裡的赤檉柳為人們煎了很多湯藥，讓所有的病人都服了下去。數日後，瘟疫消散，大家的病都好了，人們這才知道先前錯怪了癩頭和尚，便到處找他。

有人在河邊發現了癩頭和尚的身影，正想喊住他，卻見癩頭和尚周身金光一閃，化為觀音，飛入九重天不見了。

太倉的百姓們非常驚訝，紛紛對著觀音離去的方向叩首，為了紀念觀音的大恩大德，他們還塑了一尊持赤檉柳的觀音像，這便是觀音的化現之一——延命觀音。

延命觀音，倚水上之岩，右手支頤，頭戴寶冠設阿彌陀佛之聖像。或釋為表普門品中「咒詛諸毒藥，所欲害身者，念彼觀音力，還著於本人」。

她除了手持檉柳外，還有其他典型的形象特徵：頭戴大寶冠，冠中有佛身；皮膚呈現深黃色，表情非常慈悲；有二十隻手臂，表示為救助眾生而勞心勞力，左手握的法器有寶珠、寶劍、金輪、金剛橛、榜棑、金剛鐸、金剛鈴、大蓮花、數珠及結拳印；右手抓握的法器有戟鎖、金剛劍、化佛像、金剛寶、寶鏡、金剛索、跋折羅、五股杵、縛日羅及結無畏印。

延命觀音坐於蓮花月輪上，在其雙腳上，有千輻輪相，而周身又有千百種瓔珞、妙髻和天衣，非常莊嚴。

【拈花解意】

什麼是「輪相」？

該詞特指佛陀和菩薩的腳掌和手掌，意思是輪形的印紋，所以「千輻輪相」，就是指能象徵千萬種福氣的輪形印紋。

49 觀音也愛「游山玩水」——瀧見觀音

在很多傳說裡，觀音都很「忙」，忙著救苦救難，到處體恤民情，哪裡還有什麼時間去遊山玩水呢？可是，在觀音的三十三相中，偏偏有一相好不瀟灑，專喜歡坐於飛瀑流泉旁，凝神觀望，彷若閒雲野鶴的隱士，悠閒自在讓人生羨。

難道觀音真的是在玩樂嗎？當然不是，她是醉翁之意不在酒。

在唐朝末年，戰亂頻繁，百姓們都過不上好日子，屋漏偏逢連夜雨，某一年嘉興縣又遭受了百年一遇的大旱災，農夫們顆粒無收，每天都在餓肚子，已經到了吃樹皮、樹葉的悽慘境地了。

一位姓胡的佃農家裡有位長年臥病在床的老母，由於擔心老母因營養不良而使病情加重，胡農夫就每天起早貪黑地去野外搜尋食物，希望能讓母親逃過此劫。

一天，他在野地裡發現了幾株野菜，頓時驚喜地叫起來，這可是幾個月來他第一次看到的美味啊！

胡農夫趕緊拿起鏟子，要把野菜挖出來，忽然聽到耳邊響起瘋狂的喊叫：「別動，這是我先發現的！」

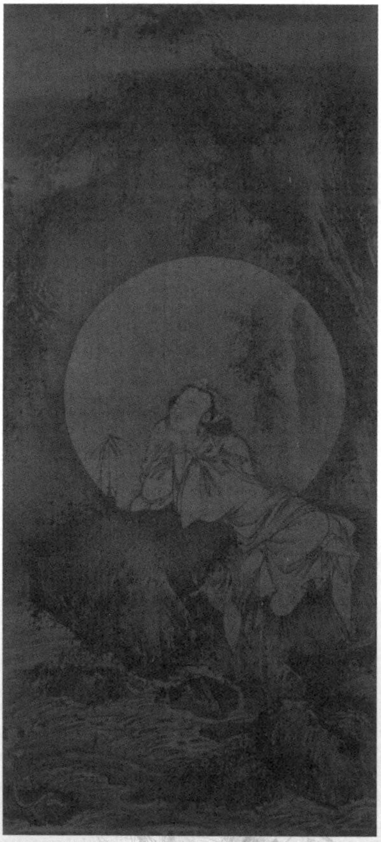

瀧見觀音

胡農夫被嚇了一跳，他剛抬頭，就見一位姓吳的農夫撲向自己，很快，兩人扭打成一團。

吳農夫見胡農夫不肯退讓，便心生歹念，抓起對方的鐵鏟，就往胡農夫的腦門上砸去。

胡農夫力氣大一些，反過來用手一推，吳農夫的額頭反被鐵鏟所傷，殷紅的血汩汩地流了出來。

這時恰巧一大群人從旁邊經過，受傷的吳農夫立刻演起了戲，大喊：「救命啊！打人了！流血了！」

眾人見狀，趕緊去救，結果吳農夫誣陷胡農夫打傷自己，胡農夫被縣太爺關進了監獄。

胡農夫的妻子得知此事後差點暈厥，可是事已至此，家裡還有老人要照顧，她只好擦乾眼淚，為生計而繼續奔波。

這天中午，胡妻到了一處山谷裡，山谷旁流下一條白鍊似的飛瀑，陽光照在瀑布上，亮晶晶地晃著她的眼睛。

很快，胡妻便有了暈眩之感，在迷茫中，她見瀑布旁的一處岩石上坐了一位觀音，觀音側著身子欣賞著飛瀑，做沉思狀，由於其高高在上，顯得格外威嚴。

胡妻目瞪口呆，連忙把眼睛擦了擦，當她再次凝神細看時，觀音卻消失了。

「奇怪，難道我做夢了？」胡妻驚奇地說。

後來，她在谷底尋找植物的根莖，過了一會兒，竟挖出一尊觀音石像來，當看見石像後她更吃驚了，因為石像與剛才她所見到的觀音一模一樣！

胡妻知道這石像是觀音顯靈，就趕緊將其送到廟裡去供奉，並天天上香祈願。

七日後，觀音石像被發現的地方流出了涓涓泉水，並且永不枯竭，百姓們高興極了，趕緊來取水灌溉，結果當年獲得了大豐收，而胡農夫也被查實沒有傷人，而無罪釋放了。

胡農夫一家感激觀音的大恩大德，每日必去觀音石像前跪拜，而這尊凝神細看飛流的觀音，從此就獲得了「瀧見觀音」的稱號。

瀧，即為湍急的流水，又可指雨滴的樣子，所以瀧見這個名號，便描繪了坐看瀑流的姿態，令人一目了然。

瀧見觀音因為是坐在岩石上觀瀑的，所以又擁有「觀瀑觀音」或「飛瀑觀音」的稱號。雖然上述故事解釋了觀音擁有這個名號的原因，但其意境不可謂不深遠。

佛教認為，眾生被業力所困擾，如墮火坑，而觀音之法力似飛瀑的湍流，頃刻間流入火坑中，讓其化為蓮池，從而使業力消散，福報出現。

佛經《普門品》中即有云：「假使興害意，推落大火坑，念彼觀音力，火坑變成池。」於是，瀧見觀音又被稱為「火坑變蓮池之身」。

【拈花解意】

火坑的出處。

火坑，如今指的是極其悲慘的境地，而此語來自於佛法，《妙法蓮華經》中對火坑的場景有具體的描述，指地獄、餓鬼、畜生三條惡道，因此火坑另又被稱為「三惡火坑」。

50 寶鏡照出來世命運──三面觀音

觀音菩薩以普渡眾生為己任，希望每個人往生後都能進入極樂世界，可是人心叵測，能破除貪念、擁有大智慧的人很少，所以有時候觀音也很發愁，想著該怎樣讓眾生開悟為好。

觀音手持火焰寶珠，兩旁跟隨著懷抱卷宗的善童子和惡童子。陰間閻王依善惡童子手中卷宗中記載的善惡來審判亡人是否下地獄。左側的善童子只有一幅卷宗，而右側的惡童子懷抱一大摞卷宗，以示世間人惡多善少。

在金朝，洛陽城是國家的陪都，在金世宗當政時期，其經濟發展迅速，人口大增，是一座非常繁華的城市。只可惜當地人不注重修行，導致洛陽世風日下，成了一個奢靡敗壞的地方。觀音菩薩為了警醒洛陽百姓，就化作農婦的模樣，下凡來點化眾人。

她來到洛陽的市集上，打開抱在懷裡的錦匣，讓一面看起來普普通通的青銅鏡展露在世人面前。接著，她扯開嗓子吆喝：「寶鏡！賣寶鏡！一千兩銀子，不還價！」

人們很好奇，紛紛跑來圍觀，在看到鏡子上既沒有鑲嵌奇珍異寶，也沒有用金銀製成後，不由得取笑觀音道：「就這麼一面破破爛爛的鏡子，還要賣一千兩，瘋了吧！」

觀音微微一笑，解釋道：「你們別小看了我這面寶鏡，用它照第一次，便能看見人心的善惡；照第二次，能看到過去的一切；照第三次，能看到未來的去處。」

她剛說完，周圍就響起了一片哄笑聲，很多人都認為她是瘋子，在胡說八道。

有一個人大概覺得有趣，就調侃道：「這樣的好寶貝，可否讓我一試？」

觀音平靜地說：「當然可以，不過我這是寶貝，你若想試一次，得付三文錢。」

那人心想，三文錢也不貴，要是這個農婦敢耍我，一定讓她吃不了兜著走！

於是，他就掏出錢給觀音，觀音囑咐道：「你在照鏡子時，千萬不可胡思亂想，集中精神方能照出真形。」

那人點點頭，拿過鏡子就看了起來。

很快，他驚訝地發現過去的一幕幕浮現在鏡子裡，全都是令他面紅耳赤的壞事，最後，他看到自己死後入了畜生道，投胎做了一隻母狗，每日被人追趕，苦不堪言。

他嚇得後退一步，失魂落魄地看著觀音。

觀音問他：「你覺得這三文錢花得值嗎？」

他顫抖著聲音說：「值！值！」

其他人見他這副表情，更加好奇，因為他們剛才並沒有從鏡子裡看到什麼，於是紛紛掏出三文錢，爭先恐後地要來觀看。

這一天，洛陽城中一共有三千人照了鏡子，這一照可不得了，一部分人差點暈了過去，一部分人眉頭皺得可以擠出三座山，只有一小部分人歡天喜地。

此時，圍觀的百姓越來越多，把市集擠得水洩不通，觀音見天快黑了，就把寶鏡收好，在眾人面前現了真身。大家這才知道觀音前來教誨，都跪倒在地，懇請菩薩原諒。

觀音讓眾人好好修行，積福積德，方能從惡道脫身，說完，她就離開了。

百姓們發現觀音並沒有把照鏡子而獲得的錢帶走，就給觀音蓋了一座寺廟。

可是大家在塑觀音像時，卻發生了爭執。

原來，有些人看到的觀音是怒相，有些人則說是嗔相，還有些人搖頭，說是慈悲的菩薩相。大家都認為自己的觀點是對的，就統一意見，給觀音塑了三面，正面是仁慈的菩薩相，左面是可怕的煞相，右面則是憤怒的嗔相，手中持有一面寶鏡，被稱為「三面觀音」或「遊戲三昧觀音」。

洛陽，意思是洛水的北面，它是中國最早的城市之一，也是中國一座古都，自夏朝開始，洛陽便先後成了十三個王朝的首都，有超過一百個帝王在這裡執掌天下，所以有「千年帝都」的美稱。

洛陽位於中原，歷史悠久，與各種神話故事有深厚的緣分，中國古代的伏羲女媧、三皇五帝等傳說，多出於此地，因此洛陽是中國歷史上唯一一座被命名為「神都」的城市，不過神都的意思不是神話的都城，而是指神州大地之都。

三面觀音的故事之所以在洛陽流傳，與漢族宗教在金朝女真族內部的推廣是分不開的。在金世宗和金章宗時期，金朝的政治文化達到巔峰，儒、釋、道三者緊密結合，形成了獨特的宗教體系，因此佛教在金朝仍能得到一些發展。

【拈花解意】

觀音三面的意義是什麼？

觀音的三面，分別象徵了智慧、平安和仁慈。正面的仁慈相代表般若德，具有增添福德的功能；左面的煞相代表解脫德，具有保佑平安的功能；右面的嗔相代表法身德，具有斷一切煩惱的功能。

51 開出奇怪迎娶條件的賣魚少女—魚籃觀音

自從觀音將道場搬到普陀山後，她就非常留心沿海居民的行為舉止，因此常化作尋常百姓，穿梭於鬧市街巷，為大眾指點迷津。

有一天，她來到東海濱的一座小城鎮，發現那裡竟然有很多小偷、強盜，而民眾居然因為怕惹禍上身而任由邪惡勢力滋長，頓時暗自嘆息，決定教化大家。

她搖身一變，成為一個美豔的少女，然後又用手一指，玉淨瓶立刻成為一個竹籃，籃子裡裝著兩隻活蹦亂跳的魚，然後來到市集上，隨便找了個地方一站，開始賣魚。

由於觀音變成的女子實在是明豔動人，惹得一些男子頓時像挖掘到了寶貝，兩眼放光地圍了上來，甚至有好色之徒意欲用手非禮。

觀音卻沒有生氣，反而大方地笑著問大家：「你們想買我的魚，做什麼用呢？」

男子們七嘴八舌地說：「當然是殺了吃，還能做什麼呀！」

觀音立刻板了面孔，佯怒道：「不行不行，我這魚呀，只能放生，不能殺！」

眾人一聽，面面相覷，覺得世上哪有吃虧這等事，只光顧著看觀音，卻捨不得花錢買魚。

觀音站了一天，待到市集關門，方才離去。

第二天，她又來賣魚，這一次，有更多的男子圍了上來，當然他們的目的都是為了一睹芳容，哪裡有心思買魚。

觀音堅持要眾人買魚放生，可是大家仍舊不肯，有些還調戲觀音道：「不如將魚賣給我，我燒了給妳吃！」

觀音不為所動，氣定神閒地在人群中心站著。

有個叫馬郎的男子非常聰明，他仔細看著觀音手中的竹籃，發現裡面那兩隻魚居然還是昨天的，而神奇的是，那魚缺水兩天，居然還能活著，太不可思議了！

馬郎想：莫非這女子會什麼法術？

可是他見觀音一副柔弱的模樣，始終無法將她與高人聯繫在一起。

那些還未婚嫁的男人越看觀音，越覺得她嬌豔美麗，不由得春心蕩漾，開始提議道：「妳別賣魚了，嫁給我，我保證讓妳不再為生計發愁！」

觀音也不驚訝，反而笑道：「你們這麼多人，我嫁給誰呢？不如這樣，我教你們頌一部經，誰要是在一天之內學會，我就嫁給他！」

眾人一聽，居然有這等好事，背一部經就能娶一個老婆回家，頓時心花怒放，連連點頭應允。

於是，觀音就開始誦讀《普門品》，男人們也跟著她朗讀，到傍晚時，有一半的人學會了這部經。

觀音假裝嘆了口氣，說：「你們這麼多人，我沒辦法挑選啊，不如我再教你們唸一部《金剛經》，誰要是一夜之間能頌唸，我就嫁給他！」

有些人覺得觀音在戲弄自己，就憤憤然地走了，只有十多個男人答應了這個要求。

第二天，能全部將《金剛經》背誦下來的不過三、四個人，其中就包括馬郎。

觀音笑道：「看來我還要教你們一部《法華經》，誰能在三天之內全背下來，誰就是我的相公。」

那三、四個人心想：反正都到這個地步了，要是放棄，之前的努力不是白費了嗎？於是，他們都答應下來。

三日之後，觀音發現只有馬郎一個人將《法華經》背熟，便笑著對馬郎說：「我們回家吧！」馬郎激動地抓住觀音的手，趕緊回家拜堂成親。

沒想到當晚新娘就死了，馬郎悲痛萬分，只好將新娘掩埋了。

此後，馬郎經常頌唸觀音教他的經文，慢慢地開了悟。

這時，觀音又變成一個老和尚，為馬郎指點迷津，並告訴他，新娘是觀音變的，那墳墓裡並沒有屍骨。

馬郎半信半疑，將墳挖開一看，果然沒有屍體，卻有一副黃金鎖子骨。

他頓時明白過來，將自己的草屋改造成了觀音庵，從此宣揚佛法，以度化他人為己任，而觀音所邊的賣魚女子形象，日後就被人們稱為「魚籃觀音」。

魚籃觀音

魚籃觀音的形象與其他觀音不一樣，她是民間女子的打扮，手裡提一個魚籃，不過腳踩一隻鰲魚，證明她的身份與眾不同。

魚籃觀音的故事據說發生於唐元和十二年，不過地點有說在東海之濱，有說在陝西，隨後魚籃觀音的傳說就流傳至今，古代的文人雅士和能工巧匠還以魚籃觀音為題材，創作出了不少作品，如明朝開國文臣宋濂就著有《魚籃觀音像贊》，清朝學者俞正燮也寫有《觀世音菩薩傳略》。《西遊記》中對魚籃觀音的形象有所發揮，因而在民間影響很大。或釋為表《普門品》中「或遇羅刹鬼，毒龍諸鬼等，念彼觀音力，時悉不敢害」。老百姓也一直對魚籃觀音供奉有加，據說向魚籃觀音祈願，可以保佑婚姻美滿，與愛侶白頭偕老。

【拈花解意】

鎖子骨的由來

鎖子骨，其實就是人的鎖骨，是上肢與軀幹唯一有連接的骨頭。相傳唐朝大曆年間，延州一婦女死後入殯，恰巧被一西域來的高僧看到，高僧讚難那婦女是鎖骨菩薩，於是眾人就挖開墳墓，果然看到屍體全身的骨頭如鎖狀。

52 商人受指點而逃過一劫—青頸觀音

從前，有個姓賈的商人住在江南，他因為老母篤信佛法，所以平日裡也會擇日齋戒，並偶爾唸兩句佛經。可是他自己並不知道，對佛法的一絲虔誠日後會救了他的性命。

賈老闆經營木材生意，經常要走水路出門去運貨。

有一回，他又到外地十來天，即將要返家的那個晚上忽然做了個奇怪的夢。

他夢見一個頭上長了三張臉、身上長了四隻手臂、脖子發青的菩薩對他說了四句偈語：「逢橋莫停舟，逢油即抹頭。斗穀三升米，輕蠅捧筆頭。」

賈老闆被菩薩的表情和話語搞得一頭霧水，正欲問個清楚，那菩薩卻消失得無影無蹤，讓賈老闆更覺驚奇。賈老闆夢醒後，左思右想，覺得事有蹊蹺，就想早點回家。

第二天，天剛亮，賈老闆就命船夫開船，急匆匆地往家裡趕。

幾天後，商船就要到達目的地了。

這一日正逢中午，船內的食物基本被吃完，伙夫便想停船靠岸，採購些食材回船上做飯。碰巧前方有一座橋，船老大就想將船靠於橋頭，然後上岸去購物。

這時，賈老闆突然記起菩薩的話，暗想：菩薩讓我別靠著橋停船，肯定是有道理的。

於是，他堅持讓船夫繼續行船，還差點跟船老大吵起來。

滿船的人都牢騷滿腹，但苦於雇主的態度，只好餓著肚子往前走。

就在船離開那座橋沒多遠，眾人忽然聽到「轟」的一聲巨響，商船也劇烈地顛簸了幾下。

船夫們好奇地向後方望去，頓時被嚇得冷汗都出來了：只見大家方才想停靠的橋已經塌陷，巨大的碎石掉進了深不見底的河水中。

大家不由得對賈老闆感激涕零，而賈老闆也是心懷感嘆，更加堅信菩薩的指示是正確的。

回家之後，賈老闆直奔後宅，想給夫人一個驚喜，他一直有個習慣，就是出門時會買一件禮物給妻子，多年來雷打不動。剛一踏進房門，他的目光就停在了夫人平日裡使用的一瓶頭油上。

他尋思著：逢油即抹頭，那我豈不是要抹女人用的髮油了？

雖然賈老闆不太情願，但他還是趁夫人不注意，抹了些髮油在頭髮上。

結果，當天晚上，一個黑影竄到了賈老闆的床前，此人就是賈老闆夫人的情夫，賈老闆總是出差，夫人寂寞難耐，就有了外遇，孰料這個情人是個醋罈子，竟想對賈老闆痛下殺手。

情夫見床上有兩個人，屋內又黑漆漆的，分不清是男是女，正在猶豫。

忽然，他聞到了髮油的味道，就以為抹髮油的一定是賈夫人，便惡狠狠地亮出匕首，將沒有抹髮油的「賈老闆」殺害了。

第二天，賈老闆發現夫人死去多時，震驚萬分，他與夫人同處一室，無法為自己洗清嫌疑，縣太爺認定賈老闆是殺人兇手，便大筆一揮，要審結此案。

正當縣令要擬判決書時，門外突然飛來一群青蜂，把縣太爺的筆頭團團圍住，使其無法落下。

縣令覺得此事定有蹊蹺，就重審了此案，賈老闆便將菩薩告誡自己的話對著縣令說了一遍。

縣令心想：斗穀三升米，不是米三，就是糠七，於是問賈老闆：「你們那裡有叫米三或糠七的人嗎？」

賈老闆如實回答：「沒有米三，只有康七。」縣令恍然大悟，趕緊派衙役抓人，果然破了此案。

在觀音的眾多化現中，青頸觀音是最與眾不同的，她全身呈紅白色，頸部卻發青，其正面為菩薩相，側面則為煞相和嗔相，所持的法器有杖、蓮、輪、螺四種。

相傳，她是為了救助眾生而吞下了龍王噴出的毒液，才使得頸部變成了青色。

由於青頸觀音的奉獻精神，所以她也就具備了庇佑眾生的功能，據說唸此觀音名號可以逢凶化吉，脫離一切危難，亦能使冤屈得到重申的機會，所以很受人們的歡迎。

青頸有梵文，讀做「尼拉伽塔」，在《陀羅尼經》中，亦有對青頸觀音的功德介紹：「爾時，如來為此青頸觀自在菩薩說心真言，時彼天子才聞即獲得大悲三摩地，作是願言，如有一切眾生，若有怖畏厄難，聞我名皆得離苦解脫，速證無上正等菩提。」

供養觀音圖

【拈花解意】

青頸觀音的原型

青頸觀音的原型是印度教中的濕婆神，據說當年天神為獲得長生不老的靈藥——蘇摩，就用須彌山攪拌大海，結果捆綁須彌山的大蛇難忍疼痛，噴出可怕的毒汁。濕婆為了避免眾生塗炭，將毒液全部吞進喉嚨，致使咽喉被燒傷，成為青色。

53 替人受刑的觀音像—琉璃觀音

東魏天平年間，定州有一個叫孫敬德的人被朝廷調到北方邊境駐守，孫敬德知道邊境易發生戰亂，隨時會有生命危險，就在上任之前特意打造了一尊純金的觀音小像，每天早晚都虔誠禮拜和禱告。

他在邊境一駐守就是十年，後來任期將滿，加上年事已高，就想返回家鄉養老。

誰知，就在孫敬德回京時，朝廷卻將他當成了投降北魏的叛徒，不由分說就把他打入天牢刑訊逼供。

孫敬德實在受不了酷刑，只得含淚承認自己是叛徒，於是很快就被判了死刑。

在行刑的前一天晚上，孫敬德戴著鐐銬跪倒在地，哽咽地懺悔：「我肯定是前世冤枉了好人，今生才得此報應，願此次償還宿債，來世不再重蹈覆轍。」

說罷，他在地上「砰、砰、砰」地磕了三個響頭。

後來不知怎的，他就睡著了，在睡夢中，他看到有一個周身透明的沙門走過來，教他唸誦觀世音救生經，沙門還說：「此部經上有佛名，只要誦讀千遍，方能保你平安。」

接著，孫敬德就醒轉過來，他抱著一絲僥倖的心理開始頌唸佛經，等到天色發白，雞鳴響起，他已經唸到第九百遍了。

此時牢頭已經過來押人，而孫敬德也記不清自己到底唸了多少遍，他不敢怠慢，即便在押解途中，也依舊不停地唸佛經與佛號，生怕自己來不及唸誦千遍。

待他被押上刑場時，只見臺下圍滿了看熱鬧的百姓，大家都群情激昂地對著他咒罵、吐口水。

孫敬德卻依舊在口中唸誦著經文，不知內情的人見他嘴唇蠕動，還以為他是過於害怕，雙唇哆嗦呢！

當監斬官命令執行死刑時，孫敬德正好誦念完千遍佛經，他老淚縱橫，一邊唸經，一邊等待最後的時刻到來。

「行刑！」一聲殘酷的號令突然響起，劊子手沒有猶豫，揮刀砍向孫敬德的脖子。

正在這個時候，奇蹟發生了！

孫敬德的脖子彷彿變成了鋼鐵似的，劊子手的刀竟然斷了三截！

人們都驚訝地叫起來，劊子手也覺得奇怪，又換了一把刀，結果刀仍舊斷裂，一連試了幾把都不行。

監斬官嚇得面如土色，趕緊將情況彙報給朝廷。

掌握朝廷大權的丞相高歡聽說此事後，知道觀音菩薩不會袒護惡人，就赦免了孫敬德的死罪，同時讓他把經文抄下來，以便傳世。

大難不死的孫敬德對夢中的沙門感激涕零，當他顫顫巍巍地回到家中，第一件事就是去禮拜十年來一直帶在身邊的那尊觀音金像。

待他走到觀音像前時，驚訝地發現金像的脖子上有三條刀痕，頓時明白過來，跪在地上大聲感謝觀音的慈悲。

街坊鄰居知道此事後無不嘖嘖稱奇，琉璃觀音的名號就這麼傳開了。

琉璃觀音，又被稱為高王觀音，她傳授給孫敬德的那部經被後人稱為《高王觀世音經》，據說可以解救一切苦難，而在危急時刻唸誦此經滿一千遍，還可以讓死人復活。

這個故事據說是歷史上的真事，發生在東魏時代，當時朝政大權被高歡一手掌控，所以孫敬德的案子一直都由高歡來審，據說高歡得知觀音的神力後非常震驚，才讓孫敬德寫下經書，而《高王觀世音經》距今已流傳一千五百年。

就在孫敬德回鄉的幾年後，東魏的孝靜帝讓位給高歡之子高洋，西元五五〇年，東魏滅亡，北齊建立，從此高洋將《高王觀世音經》訂為國經，規定黎民百姓皆需誦讀。

觀音菩薩像

【拈花解意】

「高王」是什麼意思？

清朝學者俞樾認為，「高王」的意思就是「地位最高的王」，所以《高王觀世音經》，就是指它是諸經之王，跟丞相高歡的姓氏沒有半點關係。

54 入宮點化唐文宗—蛤蜊觀音

在唐朝末年，朝廷越發腐敗，早已沒了盛唐時期的繁榮景象，而最大的受苦者永遠是平民百姓，所以觀音在雲遊四方時時常憂心忡忡，為民眾的苦難而四處奔波。

有一年，觀音行至寧波上方，發現這座城市的上空聚集著一股極大的怨氣，知道百姓一定生活艱難，便化為出家人，去當地體察民情。

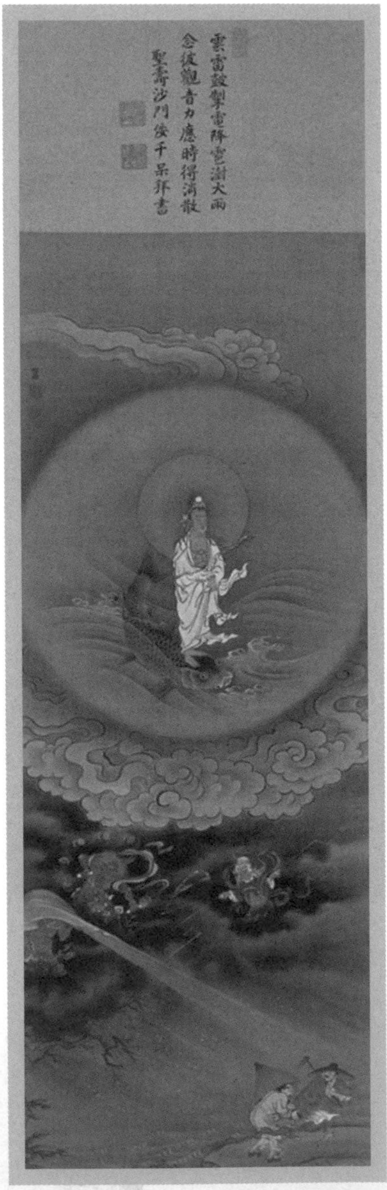

觀音救難圖

她剛走到街上，就看到一個如惡狼般的差役在毒打一個白髮蒼蒼的老漁夫，而周圍的漁民敢怒不敢言，只能用目光無言地譴責差役。

「請問施主，這是怎麼回事？」觀音找了個義憤填膺的漁民，向對方瞭解情況。

漁民告訴觀音，這一切都是因為唐文宗愛吃蛤蜊之故，皇帝天天都要吃蛤蜊，所以漁民們就得不停撈蛤蜊去進貢。

寧波的蛤蜊又肥又香，是貢品的首要產地，所以漁民們一整年都要忙著撈蛤蜊。

其實，這裡的蛤蜊那麼多，讓皇帝吃飽是沒有問題的，可恨的是那些差役層層盤剝，故意說漁民們的蛤蜊不合格，擺明要漁民賄賂。

由於官府有規定，每戶人家得上交一定數量的蛤蜊，達不成任務就要挨打，所以大家整日都膽顫心驚，再加上蛤蜊非常嬌貴，過不了幾日就會腐爛，若被差役找藉口扣住，漁民們的心血就白費了，到時又要重新捕撈，這個抗旨不尊的罪名誰都擔當不起啊！

為了交差，漁民們只好給差役塞錢，可是大家都是窮苦人家，哪有那麼多錢呢？結果，漁民們紛紛被差役害得家徒四壁、妻離子散。

觀音聽了很生氣，決定要改正皇帝的這一陋習，她知道唐文宗篤信佛法，心中就有了主意。

幾日後，宮中的御膳房出現了一個手掌般大小的蛤蜊，這個蛤蜊的貝殼上有很多蓮花花紋，而且五彩繽紛，比普通的蛤蜊要豔麗許多。

御廚們覺得這個大蛤蜊一定有來頭，便奏請唐文宗查看此物。

唐文宗也覺得稀奇，他還從未見過那麼大的蛤蜊，就帶了一幫大臣前去觀看。

御廚奉皇帝的命令，拿刀去撬蛤蜊殼，誰知那蛤蜊竟如頑石一般，怎麼都打不開，反而讓撬蛤蜊的人累出一臉汗。

唐文宗更加好奇，他敲了敲蛤蜊的殼，想一探裡面有何物，沒想到一道金光閃過，蛤蜊殼居然緩緩地開了！

當蛤蜊完全打開後，一座晶瑩剔透的觀音像赫然出現在眾人面前，只見這觀音莊嚴肅穆、流光溢彩，讓人一眼望去便心生敬畏。

唐文宗趕緊找來恆正禪師，詢問菩薩的指示。

禪師平日裡早就聽說官差藉皇帝愛吃蛤蜊的事情來魚肉鄉民，就勸唐文宗不要再強徵蛤蜊入宮，說得唐文宗滿心羞愧，連連點頭答應。

當寧波漁民聽說不要再上交蛤蜊，且官府正在嚴懲貪官時，都驚奇萬分。後來，他們才知道是觀音在幫忙，不由得流下了感動的淚水，從此他們就設立了蛤蜊觀音像，早晚禮拜，不敢怠慢。

唐文宗名叫李昂，是唐朝的第十六位皇帝，他在位時，正逢唐朝由盛轉衰之時，而他之所以能登上帝位，是因被宦官一手扶植之故，所以文宗形同傀儡，沒有自由。

所幸唐文宗還算是個明君，並不甘心被宦官擺佈，所以才能聽從觀音的教誨，改正自己的錯誤。

為了奪回大權，他還設計了一場政變，在西元八三五年，他指使親信上奏稱一棵石榴樹上掛有甘露，然後他故意驚訝萬分，帶著兩位專權的宦官前去查看。

唐文宗事先在沿路設下伏兵，可惜領兵的將領神情緊張，讓計謀敗露，結果刺殺計畫中途失敗，宦官逃回宮廷，參與行動的將領悉數被殺，唐文宗也被軟禁，這便是唐朝有名的甘露之變。

而觀音的三十三法相，大多是唐朝以後民間信奉的觀音形象。

【拈花解意】

佛教為什麼不喜怨氣？

怨氣，在佛教中的代名詞是「嗔」，就是憎恨、憤怒，它會給當事人帶來極大的痛苦。

為何恨別人會傷害自己呢？因為佛法認為，嗔的本質是惡的，所以懷有嗔恨，必然會自傷，而嫉妒憎恨的怒火，對人的灼傷程度堪比地獄之火。

第三章

唯修行方能證佛果

德行卓著的普賢菩薩

普賢菩薩，曾譯遍吉菩薩，音譯為三曼多跋陀羅，漢傳佛教四大菩薩之一。是象徵理德、行德的菩薩，與文殊菩薩的智德、正德相對應，是娑婆世界釋迦牟尼佛的右、左脅侍，被稱為「華嚴三聖」。文殊菩薩是眾佛之母，普賢菩薩就是萬佛之子，佛經有云：諸佛有長子，其號為普賢。

普賢菩薩是幫助世尊弘揚佛道的，而且主要教導信徒該如何修行，所以被稱為「大行普賢菩薩」。

普賢菩薩

第一節　普賢菩薩的得道與流行

55 與祥光一同降臨凡間—普賢的誕生

在四大菩薩中，除了地藏菩薩外，其他三位菩薩在某一世時，其實都是親兄弟，而他們的父親，則是阿彌陀佛轉世的無諍念王。

普賢菩薩是無諍念王的第八個兒子，他與文殊菩薩一樣，具有不可思議之身，在他即將出生前的幾個月，寶藏佛發現自己的住處時常有七彩祥光產生，空氣中也飄出陣陣香氣，實在是祥瑞的好兆頭。

他笑著對信眾說：「祥光應給刪提嵐世界，讓眾生明白，他們的導師將要誕生。」

於是，在無諍念王的第八個孩子出生時，刪提嵐世界忽然天降無數道祥光，珍禽異獸全都走了出來，一齊發出歡呼的聲音，寺廟的鐘聲在無人敲打的情況下，也奇蹟般地奏出洪亮的音符。

信徒們發現，在各個寺廟中，佛像前的香爐裡，竟然全部插著點燃的香，彷彿有人在向世尊許願，請求保護這個剛出世的王子似的。

人們將這些情況告訴了無諍念王，國王大為欣喜，給八王子取名泯圖，整日把這個孩子帶在身邊，當寶貝一樣寵著，恨不得將天上星辰都摘給他。

泯圖一天天長大，由於受到過度保護，除了吃飯和睡覺，他不會做任何事情，因此當寶藏佛前來度化無諍念王和眾王子時，泯圖發的願望竟然是希望自己能獨立完成每件事情。

寶藏佛哭笑不得，就去找泯圖，告訴他：「你的願望不難實現，關鍵是看你願不願意做一件事情。」

泯圖立刻點頭，欣喜地說：「我當然願意！」

佛陀點點頭，說：「這件事其實很簡單，就是你需要走遍全國，去給每座寺廟的每尊佛像行禮，但是你不能帶隨從，只能自己去完成。」

泯圖躍躍欲試，完全沒有考慮能不能實行，就許諾一定能完成。

隨後，他就出了遠門。

他從未一個人出去過，自然一路上吃了很多苦頭，這也讓他明白原來獨立是非常艱難的事情，但他也因此明白了獨立的重要性，並心生歡喜。

當他終於禮拜完最後一尊佛像時，突然內心徹悟，雙掌合十，開始唸佛號。

寶藏佛微笑著現身，說道：「如此，你可知禮敬諸佛的重要性了。」

泯圖慚愧地說：「是的，我這才明白身體力行的道理，我發願眾生注重修行，為自身早日證得佛果。」

佛陀大喜，為他授記曰：八王子泯圖為普賢菩薩，在未來世，將成為知水善淨功德國佛主，號智剛吼自在相王如來。

在佛教中，佛與菩薩是沒有性別之分的。但是在中國，唐朝以前普賢菩薩多為男身女相，而到了宋朝以後，就成了女身女相。其實，按照佛教的說法，佛與菩薩不過是化現而已，真正的佛是看不見、摸不著的，所以依各人理解，覺得佛和菩薩是什麼，就是什麼。

普賢菩薩是農曆二月二十一日出生的，這天是他的誕辰，他與文殊齊名，文殊菩薩曾在發願偈中這樣讚嘆普賢：嚴淨普賢行，滿足文殊願。

日本京都相國寺所藏的普賢菩薩像

【拈花解意】

普賢菩薩的另一種職能

普賢菩薩來到中國，被賦予了另一種職能，那便是司事業與愛情，文殊被稱為吉祥菩薩，普賢則是如意菩薩，合起來便為「吉祥如意」。

56

拋棄榮華入空門的公主—觀音的姐妹妙緣

在中國民間傳說中，普賢菩薩是女兒身，而且她還是個公主，是觀世音菩薩妙善公主的姐姐妙緣。

當二公主捨棄自己的手、眼救父，得世尊垂憐，成為千手觀音後，大公主妙音與二公主妙緣有些後悔，她們發覺自己的自私，為之前不肯救父王而慚愧萬分。

妙莊王雖然身體痊癒了，但健康狀況一直不是很好，也迅速衰老了很多，說起話來都不那麼流利了。

這時，他的兩位駙馬開始動了奪位的心思，是啊，妙莊王不可能把王位傳給自己的女兒，只能給駙馬，可是兩位駙馬中，該選誰呢？

兩位駙馬為了國王的寶座，猛然間貪婪起來，他們偷偷培植自己在朝廷中的親信，又暗中招兵買馬，意圖在武力上佔據優勢。

除此以外，他們還分別派了探子去探聽對方的情況，結果各自的探子一報告，兩人頓時都怒不可遏，這才發覺原來對方早就想跟自己一爭高下了。

妙音和妙緣此時察覺出不對勁，就勸說自己的丈夫不要胡來，可是兩位駙馬哪裡聽得進去！他們想迅速解決掉威脅，就約定展開一場大戰，來分個勝負。

在戰爭中，大駙馬被二駙馬刺了一劍，二駙馬則被大駙馬砍了一刀，誰知他們兩位都在自己的兵器上抹了毒藥，結果兩個人同時一命嗚呼。

妙莊王受此打擊，一病不起，病得更加嚴重了。

妙音和妙緣痛苦萬分，她們親眼所見慾望對人的傷害，心生脫離俗世之念，於是兩個人就去蒼岩山找妹妹，想懇請她為自己指點迷津。

兩位公主來到蒼岩山后，觀音菩薩從雲端現身，對兩位姐姐說：「妳們若想遁入空門，需發菩提心，從此為民行善，不因一己私心來做事，妳們可願意？」

兩個姐姐立刻說願意，這時如來佛也出現了，封妙音為文殊菩薩、妙緣為普賢菩薩，兩位菩薩同侍世尊左右。

從此，文殊菩薩去了五臺山，而普賢菩薩去了峨眉山，觀音菩薩則在普陀山，三姐妹從此頻繁現身人間，為救助眾生而勞心勞力。

華嚴三聖

普賢菩薩，梵文音譯為三曼多跋陀羅，中國高僧曾將其翻譯為尊上、遍吉菩薩摩訶薩。

祂是大乘佛教的四大菩薩之一，象徵理德、行德，簡單來說，就是提倡高尚修行的聖者，祂與文殊菩薩和釋迦牟尼一起被尊稱為「華嚴三聖」，也就是《華嚴經》所指的華藏世界的三位聖者。

「華嚴三聖」當中為毗盧遮那佛，毗盧遮那的意思是遍一切處，可謂煩惱一切處不在，清淨功德一切處可見。該佛是釋迦牟尼佛的法身。文殊菩薩主智門，因而立於毗盧遮那佛左邊，普賢菩薩主理門，立於毗盧遮那佛右邊，如果兩位菩薩的位置反過來，就意味著理性具一切功德，各種行為均為孕育智慧而生，猶如孩子藏在母胎中，故曰「胎藏界」。

【拈花解意】

如來佛是什麼佛？

如，指真理，如來就是指掌握了絕對真理而來世間度眾生的聖者。如來是佛的十種稱號之一，與佛一樣，指代一切佛，並非說明是哪個佛，所以不能將釋迦牟尼佛當成如來佛，因為前者屬於後者。

57 麻瘋病人神奇痊癒—普賢菩薩的信仰東傳

兩千年前，佛教向東傳播，逐漸來到了西域，讓高原和荒漠上的人們第一次認識了普賢菩薩的功德。當時的西域雖然生產力落後，但百姓們對佛教信仰的熱情卻很高，在大月氏國，有位畫師畫了一幅普賢菩薩的畫像，免費贈給當地的寺廟，廟裡的僧人都很高興，還特地做了場法事來迎接這幅畫像的到來。於是，百姓們也紛紛前來觀摩畫像，只見畫中的普賢菩薩雙目秀麗，容貌端莊，表情充滿慈悲之意，看得很多人都跪下來磕頭，懇請普賢菩薩能保佑自己。

有個麻瘋病人病了幾十年，一直都沒有好轉，他吃了不少藥，卻發現自己的皮膚仍在不斷潰爛，無奈之下，他只好認命了，覺得自己也許生來就是這麼倒楣。

後來，當地的人開始拜普賢菩薩，他剛開始不懂，問人們：「普賢菩薩是誰？」別人回答道：「就是很厲害的菩薩，據說向祂拜一拜，能滿足自己的一切願望呢！」

麻瘋病人聽到這裡，心情很激動，他想：死馬就當活馬醫，儘管我不知道普賢菩薩的來歷，但也許祂真的能幫助我呢！於是，他匆匆來到寺廟裡，果然見到了栩栩如生的普賢菩薩畫像。

當麻瘋病人見到普賢菩薩的畫像時，內心頓時被菩薩的莊重之色而震懾住了，他雙眼飽含淚水，懇請菩薩能救救自己。許完願後，他又用右手撫摸畫像中的普賢菩薩，神情極為虔誠。

神奇的是，這個麻瘋病人回到家後，並未感覺有任何不適，第二天，他也沒有像往常那樣發病。這下他睜大了眼睛，驚喜地告訴家人：「難道普賢菩薩真的能滿足我的心願？」

又過了好些天，這個病人的身體一直很健康，沒有任何突發狀況。

痲瘋病人更加肯定是普賢菩薩在助自己一臂之力，他便將自己去寺廟中對著菩薩像叩拜，然後將菩薩幫助的事情告訴了街坊鄰居，大家都對此嘖嘖稱奇。

痲瘋病人直到去世，再也沒有發病，此事越傳越廣，一直傳到了中原地區，讓很多漢人也知道了普賢菩薩的功德。後來，朝廷便建立寺廟，供奉普賢菩薩，又開始興建敦煌石窟、龍門石窟，將普賢菩薩的形象置於窟中，令其受萬民的崇拜。

普賢菩薩像軸

在唐朝，隴西李府君修功德碑中有記載，敦煌石窟中有文殊、普賢兩位菩薩的壁畫各一幅，說明該時期普賢菩薩已在中原享有盛名，而且自唐朝以後，普賢菩薩就已成為人們心目中最重要的菩薩之一。

在佛教裡，普賢菩薩長得像滿月童子，祂頭戴五佛冠，右手持金剛杵或如意，左手持召集金剛鈴，坐於千葉寶華之上，而寶華則由一隻六牙白象馱著，白象又踏在一個大金剛輪上，輪下又有五千隻象，且每隻象都有金剛輪。

【拈花解意】

什麼是金剛輪？

在密教中，金剛輪是五輪之一，指宛若金剛般堅固的法輪。五輪又叫五智輪，依次為地、水、火、風、空輪，對應顏色為黃、白、紅、黑、青，其中地輪就是金剛輪。

58 他讓普賢菩薩享譽中國－印度高僧寶掌

普賢菩薩在兩千多年前就被中國人所知，但祂是如何成為中國人所敬仰的菩薩，並位列四大菩薩之一的呢？

這還得歸功於一位印度高僧——寶掌。

西元前四一四年農曆七月初七，在一個溫暖和煦的中午，中印度一個婆羅門貴族家庭中，迎來了一個新的生命。

這個小嬰兒一出生，每個人都非常震驚，只因他眼大鼻長，雙眉高挑，兩隻耳朵垂到了肩膀，而且他的左手一直握成拳狀，怎麼也打不開。

他的父母知道他肯定不是尋常人，就在他七歲時帶他來到寺廟出家。當師父剛幫他剃落第一根頭髮時，他的左手立刻就打開了，掌心中有一顆明亮的珍珠。

師父驚喜不已，連忙說道：「這孩子是世尊派來的，就叫他寶掌吧！」

於是，寶掌和尚從出生之日起就開始了修行，他走遍五個天竺國，到處參訪聖知識，不知不覺，竟持續了五百年的時間。

此時中國已到東漢末期，寶掌對東土震旦心馳神往，決定去中國繼續修行。

他從釋迦牟尼佛出生的地方開始行走，進入中國的雲南境內，然後到達四川峨眉山，每天早晚禮拜普賢菩薩，二十多天才吃一頓飯，而且每日堅持誦經，十多年間天天都是如此。

漢靈帝聽說峨眉山裡有這樣一位高僧，就派丞相何進去探訪。

結果何進聽到寶掌唸經時，那經文如瀑布般飛瀉而出，不由得驚奇萬分，回去對皇帝說：「高僧的法力如此強大，連鬼神都會被感動！」

漢靈帝也嘖嘖稱奇，封寶掌為「千歲和尚」，對其禮敬有加。

寶掌到了六百二十六歲時，他來到了五臺山，開始朝拜文殊菩薩。此時，他的盛名已經傳遍神州大地，很多信眾開始追隨於他，寶掌每到一處，都教導眾生要修普賢行，而他也身體力行，從未間斷在中國各處聖地的遊歷修禪。每次到達一處修行地，他都只蓋一間簡陋的茅棚草庵，不會添置任何奢華之物。

他在山中住久了，把那些白猿、黑虎、神龜都給感化了，眾獸紛紛給他獻上珍果，還幫他守護家園，後來都隨寶掌一起得道了。

寶掌一千歲零七十二歲時，已是唐高宗時期，他知道自己即將入滅，就來到會稽雲門寺，對眾弟子說：「我入滅後，你們要修塔供養我，到時自然會有人帶著我的遺骨回天竺去的。」

說完，他就停止了呼吸。

弟子們謹遵他的教誨，為他修了一座高塔來庇護他的真身，神奇的是，每到風雨來臨時，這座塔總會放出奇異的亮光，讓陰沉的天空不再那麼可怕。

五年後，寺中突然來了一位印度僧人，這時高塔突然打開，塔內寶掌的寶骨放出耀眼的光芒。僧人將寶骨放入池中仔細漂洗，然後藏入包裹中，向西行去了，天空隱隱傳來美妙的梵音，寶掌的千年普賢行終可圓滿。

寶掌，據說他活了一千多歲，又稱千歲和尚、千歲寶掌，他生前在中國遊歷了十多處地方，比達摩祖師來中國的時間還早三百年。他到達的這些地方每一處都建成了寺廟，其中，黃梅雙峰老祖寺最為壯觀。

老祖寺位於湖北省黃岡市，古名紫雲山寺，位於紫雲山蓮花峰下，風景秀美，是避暑勝地，有「紫雲佛國」的美稱。

寶掌應該算是中國最長壽的人了，壽命僅次於他的，是神話人物彭祖，據說彭祖活了八百八十多歲，而且是廚師的祖師爺、中國最早的性學大師，精通氣功和養生，是中國人心中幸福長壽的象徵。

【拈花解意】

「震旦」的含意

震旦是古代印度人對中國的稱呼，《佛說灌頂經》就有云：閻浮界內有震旦國。後來這個稱謂也逐漸被中國人用在自己身上。另外，古代中國因向西方國家輸出絲綢，又被亞細亞、希臘、羅馬等國稱為「絲國」，中文音譯為「賽里斯」。

59 普賢救禪師—延命菩薩的由來

眾所周知，普賢菩薩是一位行願菩薩，以幫助眾生修行為己任，但中國人又將其稱為「延命菩薩」，說明祂有續命的功德。

可是，這個叫法是怎麼傳開的呢？

相傳，在很久以前，有一位禪師法號淨見，他從小出家，住在四川龍門山上。

禪師每天都堅持頌唸《法華經》，一晃二十多年過去了，他已經誦經一萬三千遍，但是這時候，他的身體也開始不行了，經常腰痠背痛，而且容易困乏，行動變得遲緩。

有一天，禪師正欲開始唸經，忽然聽到門外傳來了幾個小孩子的吵鬧聲，那些孩子肆無忌憚地笑著，全不顧佛門清淨，讓禪師頃刻間煩躁不安。

這時，一位髮鬚皆白的老人前來請教佛法，見禪師不安的樣子，就問是怎麼回事。

禪師無奈地說：「現在身體大不如以前了，更糟糕的是，今日不知從哪裡來了幾個孩子，一直在吵，讓我坐立難安。」

老人笑道：「師父你不用擔心，請到那些孩子嬉鬧的地方靜坐，等孩子們脫去衣服沐浴時，就將他們的衣服收起來，無論他們怎樣求你，都不要聽，到時我自然有辦法教育他們。」

禪師很驚奇，便隨老人來到外面，他等了片刻，果然看到小孩子脫掉了衣服走入水中，禪師就將衣服藏了起來。

小孩洗完澡，發現衣服沒了，就向禪師索討，禪師說：「沒有老人家的同意，我不會給你們的！」

頓時，孩子們大怒，撒野謾罵禪師，竟連禪師的祖宗也無故被牽連。

禪師始終默默地聽著，不為所動。

那個白髮老人不知何時也出現在禪師面前，訓斥孩子道：「你們都進入禪師懷中！」

孩子們一開始不肯，磨磨蹭蹭地動著，但好像又不敢不聽老人的話。

後來，老人加重了語氣，那些孩子只好衝著禪師撲過來。

禪師大驚，剛想迴避，卻見孩子們悉數撲入自己的腹中，然後就消失了。

老人笑瞇瞇地問禪師：「你現在感覺如何？」

禪師活動了一下筋骨，驚喜地說：「我怎麼會突然精力充沛、身心舒坦，感覺從未如此好過！」

老人點點頭，瞬間就隱去了。

禪師覺得蹊蹺，就去拜訪附近山洞中的幾位老禪師，這才知道，原來老人就是普賢菩薩，是祂命山神驅趕藥精變成小孩，然後讓禪師服下，這才祛除了禪師的疾病。

禪師感激萬分，請畫師畫了一幅延命菩薩像，每日精心供奉，從未怠慢。

此事傳到民間，民眾都對普賢菩薩讚頌不已，稱其為「延命菩薩」，認為祂能治百病。

所以，那些病重的人，不妨對著普賢菩薩許下願望，若能修普賢行則更佳，這樣會得到菩薩的庇佑，吉人天相哦！

普賢延命菩薩，又名「大安樂不空三昧耶真實菩薩」和「金剛薩埵」，前一種稱謂是說菩薩具有賦予眾生利益與安樂的功德；後一種則是稱讚普賢菩薩猶如金剛一般，能摧毀諸煩惱和疾病。

根據佛經記載，如果眾生能對普賢菩薩祈求與修持，就可以不墮入畜生、餓鬼、地獄這三惡道，而且能延長壽命，並且能令自己擁有大智慧，達成所願，不受煩惱侵蝕。

若有信徒想讓普賢菩薩保佑自己身體健康長壽，可以唸《佛說一切諸如來心光明加持普賢菩薩延命金剛最勝陀羅尼經》，據說能收到奇效。

【拈花解意】

什麼是陀羅尼？

陀羅尼指的是能使善法不散失、惡法不具影響的作用，形式表現上為長咒語。《佛地經論》中說，陀羅尼是一種記憶法，只要精通了此法，就能總持無量佛法。

普賢延命菩薩像

第二節 普賢菩薩的法器與道場

60 普賢菩薩捨身餵蝨子—如意的出現

普賢菩薩的法器是一柄玉如意，這如意看起來似乎跟撓癢工具差不多，而且中國古代也是將如意當成撓癢工具的。

其實，普賢菩薩手中的如意，原本也是用來撓癢的，難不成菩薩也會癢嗎？這究竟是怎麼回事呢？

原來，在普賢菩薩的前世妙光菩薩未得道前，需經歷四十九劫，他知道是劫躲不過，就尋了一方山林，安心在裡面修行。

山裡難免會有些蟲子，有一天他覺得身上發癢，無法靜心修行，就將手伸入衣內，摸到了一隻蝨子。

普賢菩薩以慈悲心為懷，不忍傷害蝨子，就將蝨子放入一根獸骨中，七天後，獸骨的骨髓被蝨子吸光，蝨子也就死去了，進入了輪迴中，隨後投胎為人。

因曾經沾了普賢菩薩的佛光，便成為了上師，每日努力修持。

上師聽說山林中有菩薩，就前去拜訪，誰知他在來到山裡的第二天，渾身就開始搔癢難耐，這讓他無心唸佛，

手持如意的普賢菩薩

不停地用手在衣服裡撓來撓去。

普賢菩薩知道是怎麼回事，就對上師說：「萬物皆有靈性，希望你能大發慈悲，收養這些小蝨子。」

上師憋得滿臉通紅，困惑道：「可是……確實太癢了！」

普賢菩薩說：「既然如此，那我就幫你吧！」

第二天，上師果然覺得身上的蝨子變少了，似乎跑到了別處，又過了幾天，他的身上徹底不癢了。

上師回憶起普賢菩薩的話，暗想：莫不是菩薩將我身上的蝨子收養了？

於是，他趕緊跑到普賢菩薩面前探望，結果發現蝨子爬滿了普賢菩薩的身體，但普賢菩薩並未皺一下眉頭，也未抱怨一句。

上師很慚愧，他想緩解普賢菩薩的痛楚，就匆忙下山，請來工匠為普賢菩薩打造了一柄玉如意，然後帶上山送給普賢菩薩，愧疚地說：「菩薩，你是為我而受苦，我實在很過意不去，你就用這柄如意撓一撓吧！」

菩薩卻沒有動手，而是交給上師一面鏡子，對他說：「你看一看，或許就會明白了。」

上師好奇地接過鏡子，看到菩薩放生了蝨子，然後蝨子投胎成人，最後出現的，竟是自己的臉！

他頓時明白過來，原來自己如今能有這一切，全都是因為普賢菩薩的功德啊！

他激動地跪倒在普賢菩薩面前，感動地說：「多謝菩薩搭救，讓我得今日之成就！」

普賢菩薩卻搖搖頭，說：「這些蝨子不是你身上的，牠們本就出自我的身體。」

又過了幾日，普賢菩薩身上的蝨子果然不見了，而他從此就一直將如意帶在身邊，讓它成為一件佛教的法器。

如意，在梵文中叫「阿娜律」，最初做抓癢用，後來也被僧人記經文於上面，以便講經時不遺忘。如意有很多種材質，如木竹、銅鐵、玉石，皇室還有金銀如意，象徵富貴榮華。

如意的形狀也頗為講究：有的如同「心」字，表示妙心仁術；有的如同龍爪，據說可以治療口吃。如意的一頭是彎頭，象徵世尊和菩薩希望眾生回頭是岸脫離苦海之意；如意的形狀做得曲折彎曲，象徵人生不會一直都一帆風順，總有順境和逆境。

如意的正面有四隻蝙蝠，意思是要學佛修行、孝敬父母、行善做人、供養布施。中間一個壽字，象徵世尊要求我們不要過分迷戀自己的身體，而因修行品行，讓思想得到永恆不滅的境地。尾部是一個鹿字圖案，代表俸祿、錢財，但錢在尾部，也就是世尊要我們看破貪慾之意，告誡我們要多行善積德，這才是真正的富貴。

福壽祿三星

【拈花解意】

中國的福祿壽星

福祿壽星是中國道教神話人物，福星是「紫微大帝」，其形象頗似文財神趙公明，祂掌管人間福氣的分配；祿星又稱「文昌星」，是讀書人的保護神，能分配人間的功名利祿；壽星又稱「南極老人星」或「南極仙翁」，祂有個碩大的額頭，人們通常認為長壽的彭祖是此神仙。

61 五方佛開創五大佛土—向佛陀致敬的五佛冠

在佛教中，有五大佛土，分別是由五位佛主開創的，人們都親切地尊稱祂們為「五方佛」。

其實，五方佛是同一位佛的化身，那便是大日如來。

在娑婆世界拉開序幕時，大日如來便派普賢菩薩去佛國的東、南、西、北四個地方去巡查。

普賢菩薩便先去了東方，他發現那裡的人們有很多煩惱，整日為生、老、病、死而憂愁著，並且不知道該如何脫離自己的心魔。

普賢菩薩嘆了口氣，又去了北方。

北方的人們煩惱少一點，但他們卻有個很大的毛病，那就是不懂得變通，比如有個人發現在夏天穿涼鞋很舒服，於是大家都穿涼鞋，而且在冬天也繼續這麼穿，因為之前人們說穿涼鞋很舒服啊！

普賢菩薩搖搖頭：如此愚昧，縱然可讓煩惱減少，卻無法脫離惡道。

五方佛

他繼續行走，又去了西方。

西方的人們倒懂得變通了，可是他們仍舊會經常做錯事，這又是為什麼呢？

原來，那裡的眾生不肯動腦子，易被表面現象所迷惑。

比如有小偷偷了一個人的錢，失主將小偷抓住，小偷立刻開始痛哭流涕，說自己沒有偷，還將所有口袋掏了出來，果然空空如也。

於是，失主立刻就信了，放了小偷一條生路，其實那些偷來的錢早就被小偷扔掉了。

普賢菩薩再次嘆息，來到了南方。

那裡的眾生比其他三方的人都要聰明，可惜他們卻因此有了驕傲的毛病，目空一切，總以為其他人比自己笨，因此滋生了嫉妒、譭謗、爭吵、鬥毆等惡習，煩惱反而比其他地方還要多。

普賢菩薩深覺佛國之混亂，為之扼腕，忙著回到大日如來那裡將情況稟明。

大日如來決心來改變世間亂象，祂搖身一變，化為五個法身，中部為毗盧遮那佛，代表法界體性智；東方為阿閦佛，代表大圓鏡智；北方為不空成就佛，代表成所作智；西方為阿彌陀佛，代表妙觀察智；南方為寶生佛，代表平等智。

五位佛主合成為「五方佛」，分別解決五方眾生的具體問題，讓普賢菩薩看了好生敬佩。

只見祂的手掌泛出金光，很快，一頂佛冠就出現在祂手裡，寶冠的中央有五尊佛的法像，代表五智圓滿，所以叫五佛冠。

普賢菩薩將五佛冠戴在頭上，表示對五方佛的尊敬，從此他替大日如來教化世人，從未有任何怨言。

五佛冠因與五智相關，又叫五智冠、五寶天冠、灌頂寶冠，後來，大日如來、虛空藏菩薩等佛陀和菩薩也都戴上了五佛冠。

在人間，佛弟子如曼荼羅道場受灌頂時，也需要戴五佛冠，儀式為：阿闍梨先在弟子的頭頂上、額前、頭頂右、頭頂後、頭頂左灌象徵五智的聖水，然後為弟子戴上五佛冠。

需要說明的是，大日如來和毗如遮那佛都是釋迦牟尼佛的法身，法身就是不受貪、嗔、癡、慢、疑五毒的侵害，自性是清淨無瑕的身子，但這個身子是沒有具體形狀的，不像化身，可以變化出萬般模樣。

【拈花解意】

什麼是阿闍梨？

阿闍梨又被稱為阿舍梨、阿只利、阿遮利耶，有應供養、教授、傳授、智賢的意思，所以可指代導師，而且是行為端正，能夠誨人不倦的楷模之師。

62 金頂見佛現七色聖光—峨眉山道場的由來

峨眉山是普賢菩薩的道場，據說早在東漢年間，普賢菩薩就已經在此居住，只是人們並不知情，直到一位藥師的出現，才讓峨眉山成為佛教名山。

這位藥師名叫蒲公，他住在峨眉山的華嚴頂下，祖祖輩輩都靠採藥治病維生。後來，寶掌和尚來到峨眉山，認識了蒲公，兩人很快成了莫逆之交，經常一起談佛論經，相處得很愉快。

有一天，蒲公到一處名叫雲窩的地方採藥，正當他全神貫注在地面上搜尋時，頭頂上突然傳出一陣悠揚的音樂聲。

蒲公好奇地抬頭張望，發現天上有一群人正騎著天馬，向著峨眉山的金頂方向飛去，不過中央的那個人的坐騎卻是一隻白象，難得的是，大象的速度竟不比馬慢，甚至還要快一些。

蒲公驚訝地咋舌，心想：能在天上飛，不是神仙是什麼？我一定要去看個究竟！

於是，他背起背簍，趕緊往金頂那邊跑去。

當蒲公到達金頂後，一瞬間，山下雲海翻騰，天空掛起萬道彩虹，剛才那個騎象的人現出真身，只見祂頭戴紫金冠、身披黃金袈裟，騎了一隻六牙白象，白象頭頂五彩祥光，腳踏白玉蓮臺，看起來非常莊嚴高貴。

蒲公仔細端詳了那位神仙半天，始終認不出來，只好跑到寶掌那裡，把情況說了一遍。

寶掌和尚聽後立刻拍手叫道：「那是普賢菩薩呀！我一直都想請祂指點迷津，今天怎麼被你撞上了！快走，我們去找祂！」

兩人又一路小跑著，向金頂跑去，當走到洗象池邊時，寶掌指著地上的一片濕濕的蹄印對蒲公說：「快看，普賢菩薩的白象在這裡洗過澡！」

他們非常欣喜，以更快的速度衝向金頂，可惜登頂後，普賢菩薩的身影卻不見了，雲海中只有一團七色寶光，寶掌和尚惋惜不已，向蒲公解釋道：「那寶光就是菩薩的化身，叫佛光。」

那日不知為何，蒲公的運氣特別好，他又看到了普賢菩薩的金身，便趕緊指著頭端讓寶掌和尚去看。

哪知寶掌和尚轉頭一看，那金身竟然成了蒲公自己的樣子。

蒲公驚訝極了，疑惑道：「我怎麼跑到金光中去了？」

寶掌和尚哈哈笑道：「那是因為你平日裡做好事，感動了菩薩，所以能看見菩薩的金身，我不如你，只能看見菩薩的寶光。」

從此，世人就知道了峨眉山是普賢菩薩的道場，而「金頂祥光」也成為峨眉山的十景之一，寓意喜慶吉祥。

峨眉十景是清朝譚鐘嶽取的名，除了金頂祥光外，還有象池夜月、九老仙府、白水秋風、蘿峰晴雲、雙橋清音、靈岩疊翠、洪椿曉雨、聖積晚鐘和大坪霽雪。

後來，人們又陸續發現了其他美景，便概括成如今的十景：金頂金佛、萬佛朝宗、小平情緣、清音平湖、幽谷靈猴、第一山亭、摩崖石刻、秀甲瀑布、迎賓灘、名山起點。

金頂祥光可不是每個人都有幸能看到的，若有人能觀之，且許下願望，則來年願望必定能實現，因此金頂成了很多遊人香客的拜訪之處，可是有人即便長年守候在那裡，也未能見過祥光一次。

就在東漢之後的一百年，《華嚴經》傳入中國，東晉慧持和尚由廬山進入四川，在峨眉山修建普賢寺，供奉普賢菩薩。傳說這時，峨眉山才成為普賢菩薩的真正道場。

【拈花解意】

世界最高的普賢菩薩銅像

這尊銅像就坐落於峨眉山金頂之上，名為「金頂十方普賢像」，由臺灣著名建築師李祖原設計，高四十八公尺，總重六百六十噸，總建築面積達一千兩百五十六平方公尺，外部用花崗石浮雕裝飾，銅像外鎦金。

該銅像有十張臉，一是象徵普賢十願，二象徵佛教中的十個方位，比喻普賢的無邊行願能讓芸芸眾生得到圓滿。

63 石匠夫婦巧手鑿巨石─峨眉山的產生

每座山的名稱都有其特殊的含意，比如五臺山的得名就是因為有五座平臺，峨眉山也不例外。

在很早以前，峨眉山並非現在的模樣，而是一塊巨大的石頭。這塊大石方圓百里連成一片，直沖雲霄，卻寸草不生，讓天地之間只剩下灰濛濛一片。

每當下雨時，雨水會順著山頂直接傾瀉下來，很快就匯聚成了山洪，將山下的農田和房屋淹得七零八落，讓百姓們叫苦不迭。

時間一久，在山下居住的人越來越少，因為峨眉山不長任何植物，也沒有什麼動物，靠山吃不了山，而山洪又讓山下災禍連年，百姓們不知該如何才能繼續生活下去了。

在山下的村子裡，住著一位勤勞聰明的石匠，他想用自己的雙手去改造峨眉山，讓老百姓過著安穩的日子。

他把自己的想法告訴給妻子，他的妻子是一位心靈手巧的繡女，妻子聽說丈夫有了這個奇異的想法，非但沒有驚訝，還拍著手高興地說：「好啊！這塊大石早該改造了，不然村民們哪還有活路啊！」

夫妻兩個一拍即合，立刻拿上各自的工具，往山上走去。

他們的善心感動了普賢菩薩，菩薩就變成一個老翁，專門在路上等著他們。

夫妻二人看見老翁後，就微笑著跟他打招呼，哪知老翁看都不看他們一眼，飛快地往石縫中閃去，立刻就不見了。

這時，石匠突然發現在老翁站立的地方放著一個箱子，他把箱子打開，發現裡面有一支鑿子和一把榔頭，他拿起這兩樣工具，試著敲擊了一下身旁的岩石。

喲！不得了了！那石頭被他輕輕地一敲，竟然粉身碎骨！

「原來是菩薩顯靈啊！」石匠激動地對著妻子說。

妻子也很驚喜，兩人繼續前進。

這時，前面又迎頭來了一位美麗的姑娘，姑娘對著夫妻兩人笑了笑，就走了過去。然而此時，從她身上掉下來幾樣東西，一下子落到了繡女的腳下。

繡女趕緊喊道：「姑娘，妳的東西掉了！」

哪知那姑娘越走越快，竟直接走入雲端，消失不見了！

繡女把東西撿起來一看，原來是一方錦帕和一方羅帕，還有一團彩色的絲線。

「一定是菩薩在助我們！」繡女歡喜地對著丈夫說。

於是，兩人立刻開始行動。

石匠將巨石雕刻成層巒疊起的山峰和峽谷，繡女則在手帕上繡出綠樹鮮花、飛鳥走獸、雲彩溪流，她繡完後，將手帕往空中一扔，天地間立刻綠油油一片，還飄著花香，鳥獸歡叫不停，風景十分美麗。

人們非常感激石匠夫婦，後來有人發現改造過的山就像繡女的眉毛一樣秀美，就給山取名為峨眉山。

《華嚴經》中寫道，善財童子曾站在妙高峰上，看到峨眉山如滿月一般大放光明，就將此山命名為大光明山。

東晉時，峨眉山建有六大佛寺，如今山上保存有八座寺廟，其中伏虎寺是最大的佛寺，原名藥師殿，面積有一萬平方公尺，內有一尊鑄有四千七百多尊佛像的華嚴銅塔。

金頂寺是峨眉山最有名的寺廟，也是山上最高的寺廟，每當午夜時，從金頂上看群峰，有萬千亮光閃爍，宛若一盞盞冉冉升起的明燈，這種奇景被人們稱為「萬盞明燈朝普賢」。

此外，藏傳佛教也與峨眉山有著莫大的淵源，認為峨眉山像一隻挺立的大象，所以把此山稱為「大象之山」。西藏最恢宏的英雄史詩《格薩爾王傳》就描述過「大象山」的故事。

【拈花解意】

《格薩爾王傳》簡介

這是一部讚頌古代藏族領袖格薩爾王的史詩，被譽為「東方的荷馬史詩」，也是世界上唯一的一部活史詩，至今仍有上百位民間藝人在傳唱這部史詩。

格薩爾王據說是印度高僧蓮華生大師的化身，他一生降魔除妖，弘揚佛法，統一了一百五十個部落，是一千年前的大英雄。

64 雲遊和尚三月種花－峨眉山上的杜鵑花

峨眉山是佛教聖地，也是繁花似錦的名山，尤其以杜鵑花最為出名。每年五月，杜鵑花在峨眉山燦爛開放，那宛若紅色的朝霞綿延數里，既壯觀又迷人，令山中的遊人無不為之讚嘆。

也許你會問，峨眉山上為什麼會有如此多的杜鵑花呢？

據說，在很久以前，一位雲遊僧人來到峨眉山修行，可是他的舉動非常奇怪，只見他來到廟裡，也不施禮也不燒香，更別提捐功德錢了，這讓廟裡的和尚議論紛紛。

雲遊僧彷彿沒聽見眾人的言語，一路往山上前行。他每到一個寺廟，就要住上一兩天，走時毫不客氣，彷彿是理所當然似的。

普賢菩薩

有一天，他走到了雷洞坪，不由得讚嘆道：「好地方！妙不可言啊！」

於是，他特意洗了澡，穿上乾淨整齊的僧袍前去廟中住宿。

廟裡的和尚見他手拿銀缽盂，僧袍的材質也很好，卻不肯燒香，也不捐錢，心中大為不滿，埋怨道：「這位大師，我們這裡本是佛門聖地，每年來我們這裡的僧人都會虔誠萬分，不僅要進香，還要捐功德錢，不知大師有何捐助？」

雲遊僧並未慌張，他怡然自得地說：「我看你們這廟裡什麼都不缺，要那麼多東西做什麼？若說真的缺的話，便是佛前少了一束鮮花。」

和尚們面面相覷，都覺得雲遊僧的說法有道理，可是他們又苦著臉說：「我們這裡地勢偏高，天氣寒冷，哪還有什麼花啊！」

誰知雲遊僧卻搖頭道：「不用著急，明天你們就跟我一起去林子裡採花。」

他這麼一說，眾僧就更覺得奇怪，因為當時正是三月份，氣溫依舊沒有回暖，有些高山上甚至還有積雪未融化，怎麼可能有花呢？

第二天，和尚們來找雲遊僧，卻發現僧人不見了，大家都以為僧人昨天說的是謊話，也沒放在心上。

後來，一個和尚要去寺外打水，當他挑著水桶經過杪欏坪時，非常驚訝。

原來，那裡竟一夜間冒出很多棵花樹，樹上開滿了各種顏色的鮮花，如同五彩的雲朵，把山林點綴得美麗極了。

打水的和尚都忘了自己的任務，他從樹上摘下一大把鮮花，興高采烈地回到廟裡，供奉在佛像面前。

這時，眾僧才明白那位雲遊僧是普賢菩薩，紛紛合掌叩拜起來。那些花被稱為桫欏花，也就是如今的杜鵑花。

中國有很多觀賞杜鵑花的景區，而峨眉山因為有著大自然得天獨厚的地形優勢，所以那裡的杜鵑花最為奇異。

在峨眉山的桫欏坪，海拔兩千五百公尺，只有一條小道迂迴向上，那便是著名的八十四盤，在小道旁邊，長滿了杜鵑花，這裡擁有全山近三分之一的杜鵑花品種，且從暮春到仲夏的幾個月間，各種杜鵑花因不同的花期而開放出不同的顏色，令人賞心悅目。

奇怪的是，這些杜鵑花生長於岩石之上，所以造型別致，猶如巨型盆景，所以古往今來，很多文人騷客無不為之傾倒，如明朝文學家曹學佺就說過「八十四盤桫欏樹，花開如繪美如素」。而清朝名士彭元吉更把杜鵑比作佛的化身，不僅在樹下膜拜，還吟詩云：不信佛身常住世？見花如見佛無差。

【拈花解意】

為什麼要給佛獻花？

因為花代表了因，所以給佛獻花，就是香客希望自己能種下善因，得到善果。要注意的是，不能將帶刺的花，如玫瑰供奉佛，也不能用難聞的花放在佛像前，因為這些花代表了惡因，會帶來惡果。

65 峨眉山清風洞—白蛇的修煉之地

白娘子與許仙，這一妖一人的愛情故事，讓杭州西湖聞名遐邇，其實還有個地方，也應該為大家所知道。

那便是白娘子修煉之地——清風洞，它就在峨眉山。

這是一個非常深的山洞，曾有人不小心踢落一顆小石子到洞中，等待了很久之後，還沒能聽到石頭落地的聲音。

後來，清風洞裡便時常發出一道道白光，剛開始只在白天發光，後來晚上也開始有光亮透出來，讓走夜路的人心驚膽顫，還以為山中出現了什麼鬼怪。

在一個薄霧籠罩的清晨，缽盂峰的上空突然升騰起一大股白煙，緊接著，整座山峰都開始震動起來。

原來，清風洞中湧出了一股巨大的噴泉，才有這一令人驚駭的場面。

只見這股泉水順著山勢蜿蜒流下，猶如一條巨龍，快速地奔騰著。

突然之間，缽盂峰附近的大坪山下，有一潭黑水也開始劇烈翻滾，並汩汩地冒著熱氣騰騰的水泡，彷彿有什麼東西即將煮開了一樣。

片刻之間，狂風大作，黑色的山霧迅速籠罩住了山林，混沌的黑水也噴湧而出，沿著洪椿坪、一線天流出，其氣勢就如一條兇神惡煞的黑龍一般，讓人不寒而慄。

最終，黑水與白水在清間閣的牛心石前交匯，狠狠地衝撞在一起，山中立刻爆發出振聾發聵的響聲，驚得鳥獸紛紛四散逃散。

當兩股水流退去後，兩個身影自空中飄落下來，原來是一男一女兩個人。只見女人全身雪白，長得極為美麗，此刻正一臉怒氣，似乎對方做了什麼錯事。男人一身黑衣，容貌極為醜陋，卻嬉皮笑臉，似乎在打什麼鬼主意。

這位女子就是白娘子白素貞，而男子則是黑龍潭裡的黑蛇精，黑蛇覬覦白娘子的美貌，屢次要對方和自己成親，可是白娘子怎會應允呢？如今她修煉成功，自然是要教訓黑蛇一頓了。

兩蛇打了一個賭：如果白娘子輸了，她就乖乖嫁給黑蛇；如果黑蛇輸了，他就要變成白娘子的侍女，從此不能對白娘子動任何歪腦筋。

黑蛇一心求勝，可是牠平時就喜歡偷看白娘子，根本無心修煉，功力比白娘子差遠了，哪裡打得過人家呢？

就這樣，幾個回合下來，黑蛇一敗塗地，牠只好履行諾言，變成了白娘子的侍女小青，從此侍奉白娘子闖蕩人間，譜寫出了一段可歌可泣的愛情故事。

後來，為了紀念白娘子，人們就把她修煉的地方叫白龍洞，洞前的溪流取名為白龍江，把黑蛇修煉的地方叫黑龍潭，潭下的溪流叫黑龍江，這些遺跡至今仍留存在山中，只要經過就能發現。

在很多名山中都有名為缽盂峰的山峰，如地藏菩薩的道場九華山中，缽盂峰中還藏有石佛，而最著名的缽盂峰莫過於黃山，它是黃山三十六大峰之一，由於山峰上有一塊形如倒扣的缽盂，所以得此名稱。

白娘子是中國民間著名的傳說，講述的是白娘子白素貞為了報答許仙一千七百年前的救命之恩，就與侍女小青去西湖邊找到許仙，與對方共結連理。後來，金山寺僧人法海蠱惑許仙，把許仙拐到金山寺，白娘子尋夫不成，反被壓在雷峰塔下。

該故事後來有數個結局，有說白娘子被救出，還為許仙生了個兒子，也有說她一直被關在塔裡，再也沒有出來，但有兩點是可以肯定的：一、大家都很恨法海；二、白娘子是四川人。

【拈花解意】

缽盂有什麼作用？

缽盂是僧人的食器，可以用來化緣，該物是私人用品，不能共用。普通的僧人一般用木缽，而名僧用漆缽，因為比較輕，所以代表了尊貴的身份。在佛教中，高僧圓寂前會將自己的袈裟和缽盂傳給得到自己真傳的弟子，所以才有了「衣缽相傳」這個成語。

《白蛇傳》傳說源遠流長，家喻戶曉，是中國四大漢族民間愛情傳說之一（其餘三個愛情傳說為《梁山伯與祝英台》、《孟姜女》、《牛郎織女》）。

第三節　普賢菩薩的神獸與經卷

66 世尊之母的奇異夢境─六牙白象

每當宮中的晨鐘響起，總會有一個衣著樸素但神情雍容華貴的女人坐在佛堂中默默祈禱。

「佛陀啊，賜我一個孩子吧！」

這個女人就是古印度迦毗羅衛國國王淨飯王的妻子─摩耶夫人，她自從嫁到這個國家以來，就一直沒有生育，轉眼間二十年過去了，她還是沒能為淨飯王生個孩子，內心甚是憂愁。

於是，尊貴的皇后就迷戀上了佛法，每天天一亮就穿戴整齊，然後去佛堂唸佛禱告，她太想要有個孩子了，便堅持誦經，不知不覺過了好多年。

在炎熱的八月，皇后晚間去花園裡散步，想到心願遲遲不能達成，不禁潸然淚下，她坐在亭子裡，由於思慮過於沉重，後來就逐漸睡了過去。

接著，她做了一個非常奇怪的夢。

她夢到一隻六牙白象踏著蓮花向她走過來，那象頭戴紅色寶石，身上披著五彩瓔珞，頭上還散發著祥光，看起來莊嚴極了。

只見白象每走一步，地上就生出一朵白色蓮花，白蓮一朵一朵地長著，很快鋪到了皇后的腳底。

皇后很驚訝，剛想發問，卻見白象低低地鳴叫一聲，然後化為一道白光，「嗖」地鑽入了皇后的左肋裡。

皇后吃了一驚，猛地醒了過來。

很快，她就感覺腹中有點疼痛，好像有什麼東西在裡面似的，還以為自己著了涼，就趕緊回房休息。

後來的日子，皇后的肚子一天天地隆起，她聯想到那個白象的夢，不禁內心歡喜，知道一定是佛陀保佑，為她送來了這個孩子。皇后小心翼翼地養胎，不敢有半點馬虎，到第十個月時，皇后需要按照當時的風俗回娘家待產，於是她就回到了迦毗羅衛國的鄰城天臂城中靜養。

四月初八那一天，她來到藍毗尼園遊歷，忽然覺得腹中有了動靜，她頓時緊張地說不出話來，心裡明白孩子快要出生了。

為了以示鄭重，她立即命侍從在園中的聖池中倒水薰香，然後給自己沐浴，準備用最美好的狀態來迎接自己的孩子。

沐浴完之後，皇后覺得神清氣爽，她坐在籐椅上，正好一根無憂樹的樹枝伸向了她，她便伸出左手來抓住樹枝。

這時，奇蹟發生了，王子從皇后的右肋跳了出來，他便是喬達摩．悉達多，也就是釋迦牟尼佛。

皇后激動得淚流滿面，趕緊帶著王子回到迦毗羅衛國。

後來，王子對佛法產生了興趣，就放棄王位出家修行，終於成佛，而他的化身，那隻六牙白象也因此得了法身，成為普賢菩薩的坐騎，並一直陪伴在菩薩身旁，享受眾生的膜拜。

六牙白象在世間是不可見的，因為凡塵中的象不可能有六根象牙，那六根牙代表了菩薩的無漏六神通，即神足通、天眼通、天耳通、他心通、宿命通、漏盡通。

普賢菩薩用象做為自己的坐騎，也是有用意的，因為象的力氣很大，象徵即使背負了重荷也依舊能保持身心的純潔。

在《普賢經》中，卻對六牙白象的六根牙做出了不同的解釋，該經認為六牙代表六種修行，即布施、持戒、忍辱、精進、禪定、智慧，而象的四足則代表了四種如意：欲如意、念如意、精進如意、慧如意。《宗輪論》中說：一切菩薩入母胎時，做白象形，所以白象也是菩薩的象徵。

洗象圖

【拈花解意】

摩耶夫人簡介

摩耶夫人是善覺王的女兒，她在生產完之後的第七天就逝世了，不過夫人得到了福報，她升入了忉利天，成為天人。後來，在世尊涅槃後，摩耶夫人特意從天上趕來參加兒子的火葬儀式，而佛陀為了孝敬母親，趕緊從金棺中坐起，為母親說法，其孝心感動日月。

67 普賢十大行願之根本—《普賢行願品》

普賢菩薩雖不像文殊菩薩那樣總是為眾生講法，卻與經文結下了不解之緣，其實仔細一想，道理也很簡單，因為普賢願是需要去實踐的修行，而實踐的依據在於善知識，沒有經文打基礎，又怎能修行得好呢？

普賢菩薩用來自律和律人的一部基礎典籍就是《普賢行願品》，這部經書是他言傳身教的結晶，凝聚了他的感悟和智慧。

當年，當普賢還是八王子泯圖的時候，寶藏佛就常常問他：「泯圖啊，你的發願是什麼呢？」泯圖想來想去，卻始終理不出頭緒，他是一個誠實的人，不想欺瞞佛陀，就只好如實回答：「弟子還沒有想好。」

寶藏佛說：「既然如此，你就好好去想吧！」

於是，泯圖就四處遊歷，希望能找出自己想要的答案。

有一天，他來到一座破廟中，見地上倒著大大小小的佛像，而最大的那尊佛像儘管還豎著，上面卻有很多蜘蛛網，看起來非常骯髒。

這時，寺裡忽然來了一個穿著破爛的乞丐，對著那些佛像「撲通」一聲跪了下去，他一邊磕頭，一邊大聲稱頌著如來，態度極為虔誠，彷彿沒有注意到泯圖就在身邊。

跪拜完佛像後，乞丐開始大聲懺悔自己的過錯，原來他今日撿到了別人掉落的錢，卻沒有歸還失主，眼前心生愧疚，懇請如來的原諒。
泯圖王子見此情景，心想：我也曾做錯過事情，可是從未如此懺悔過，真是很不應該啊！
當乞丐悔過之後，他掏出錢袋置於佛像前的供桌上，又從懷中掏出一個饅頭，放在佛像前，這才高興地往外走。
泯圖有些好奇，他連忙追上乞丐，問道：「你連飯都吃不飽，為何對佛法的理解這麼深呢？」乞丐從懷中掏出一本佛經，說道：「我有一次撿到這本經書，就隨手翻了翻，結果越看越喜歡，深覺奧義精妙，後來對佛理也懂了一些，就經常來朝拜如來了。」
泯圖忽然得到了啟示，他看著眼前的這位乞丐，暗稱：你可真是我的導師啊，真該謝謝你！
隨後，他歸納了十大願望，並在寶藏佛面前發願，要在如娑婆世界一樣不清淨的佛國中救助眾生，最終讓這裡成為光明的純潔世界。
同時，他將自己發的十願告訴佛陀，並堅定地表示要用這十願來教導諸菩薩，寶藏佛很高興，便將泯圖十願整理成一部經文，取名為《普賢行願品》。
如今，此經成為欲修普賢行之人的必讀經書，普賢菩薩的宏願也世世代代流傳下來，讓眾生得到受益。
《普賢行願品》其實屬於《華嚴經》中的前四十卷，是普賢菩薩為規範眾生修行而許的十大行願，分別為：禮敬諸佛、稱讚如來、廣修供養、懺悔業障、隨喜功德、請轉法輪、請佛住世、常隨佛學、恆順眾生、普皆迴向。
禮敬諸佛就是對一切佛都一視同仁，都需敬拜，但佛是變化萬千的，所以世間一切都是佛，就要求修行者以善心看待世界。

稱讚如來也很好理解，不過如來也是無相的、變幻的，俗話說：一葉一如來，所以修行者不能隨意口出狂言，以免造成口業。

廣修供養就是要供養一切諸佛。

懺悔業障是要求眾生知錯能改。

隨喜功德則是告誡人們做善事，給自己積德。

請轉法輪則是勸誡眾生要開悟，明白真理的可貴。

請佛住世是說即便到了末法時代，也要讓自己的心中有佛，如此佛法才不會消失。

常隨佛學是說要時常學習佛法，不能鬆懈。

恆順眾生便是講做人要平等對待他人。

普皆迴向則是做人的最高境界：為眾生考慮，實現自己的社會責任。

【拈花解意】

什麼是口業？

口業是惡業的一種，即由話語而帶來的業報，包括謊話、謾罵、誑語、譏諷、挑唆、調戲之語或其他油腔滑調的語言。

68 因自責而欲割舌的弟弟——佛之大乘《華嚴經》

釋迦牟尼佛涅槃成佛後，開始為信眾講經，他講的第一部經便是《大方廣佛華嚴經》，此經越往後講，越顯出神威，天地為之動容，四海為之震動。

不過，這部經是純粹由世尊口頭講述的，沒有紙本記錄，所以當世尊講完，世間也就不存在《華嚴經》了。

好在當時聽佛經的信徒中，有一位龍樹菩薩，他第一次聽世尊講經，內心喜悅，就帶了紙筆，將世尊講的每一句話都記錄下來，隨後整理成冊，時時供養。

龍樹菩薩每日研究此經，越發覺得奧妙深遠，心中無限感慨，想將《華嚴經》傳誦於世，又擔心自己的修為不夠，不能闡釋經書的意義，就研究了兩百年後，才將《華嚴經》帶到人間，讓世人領略此經的精妙之處。

當普賢菩薩成為世尊的侍者後，他決心將《華嚴經》發揚光大，於是來到印度，教育眾人去接受這部奇妙的經書。

當時在印度有一對兄弟，他們都修成正果，成為世親菩薩和無著菩薩，但是前者學習小乘教義，後者則學習大乘教義。無著菩薩是哥哥，總想度弟弟世親菩薩信

龍樹菩薩和其他大成就者

大乘，可是弟弟比哥哥聰明，每次辯論都說得哥哥啞口無言，無著菩薩很苦惱，不知該如何辦才好。

普賢菩薩便告訴無著菩薩：「你且裝病，讓世親讀《華嚴經》，自然可以讓其受教。」

無著菩薩非常欣喜，就照普賢菩薩的話去做，他躺在病榻上，有氣無力地對弟弟說：「弟弟啊，我現在快要死了，你能不能讀一遍《華嚴經》，讓我最後聽一次。」

弟弟心中非常抵觸，但看哥哥的情況，恐怕真的是時日不多，就只好同意了。

剛開始讀經的時候，世親菩薩心中冷笑：都說這部經妙不可言，我看倒也沒有什麼稀奇的地方！

哪知，他越往後讀，越發現此經不同尋常，讀到最後，他竟覺得心中充滿光明，周身溫暖，彷佛凌日當空，萬物均被普照一般。

世親菩薩悔恨不已，深深為以前譭謗大乘教義的行為而羞愧，他拿出寶劍，要把自己的舌頭割下來賠罪，無著菩薩見此，急忙從病榻上跳起，阻止了弟弟。

這時普賢菩薩現身，勸慰世親菩薩道：「你何不用你那舌頭來讚頌大乘教義呢？」

世親覺得有道理，便閉關學習《華嚴經》，學成後去世間教導眾生，普賢菩薩為此深感欣慰，又繼續去其他地方傳頌經文，再次譜寫出許多動人的故事。

《華嚴經》是《大方廣佛華嚴經》的簡稱，又稱《雜華經》，其編集用了近兩百五十年的時間，成經於西元二世紀至四世紀中葉，由南印度傳至印度其他地方，後經尼泊爾傳至中國。

歷史上有數位高僧曾為《華嚴經》做過翻譯，如尼泊爾的翻譯家佛馱跋陀羅將此經譯成了六十卷，有三萬六千偈，被稱為舊譯《華嚴》，又稱為《六十華嚴》。

唐朝武則天時期，新疆的實叉難陀將《華嚴經》翻譯成了八十卷，有四萬五千偈，稱為新譯《華嚴》，又稱為《八十華嚴》，這部譯本最為完備，所以在中國流傳最廣。

相傳，武則天在聽完翻譯過的經文後，佩服萬分，特下詔書讚嘆實叉難陀。

到了唐朝貞元時期，印度的烏荼國將華嚴經簡編成《普賢行願品》，有四十卷，向唐朝進貢，被稱為《四十華嚴》，但《普賢行願品》並非《華嚴經》，只是後者經文中的一品。

【拈花解意】

龍樹菩薩簡介

龍樹菩薩出生於世尊涅槃七百年後的南印度，是著名的大乘佛教的論師，在佛教史上具有相當高的地位，被人認為是繼釋迦牟尼後大乘佛教最重要的導師。因此，韓傳佛教尊他為「八宗祖師」，藏傳佛教也把他奉為傳承上師之一，將他列入八十四大成就者中。

69 靈山會上誓守《法華經》—華嚴三聖的誕生

《法華經》是釋迦牟尼晚年所說的教義，在他涅槃之前，舉行了著名的靈山法會上，要為信眾再次講一遍《法華經》。

法會開始前，世尊率八萬四千人飛往靈鷲山頂，然後盤腿而坐，說：「我不久就要涅槃了，你們大家有什麼想問的，儘管問吧！」

這時，大梵天王手捧一株金色婆羅花，獻給世尊，然後請世尊為眾人說法。

誰知世尊接過花之後，並沒有說話，只是用手拈著花瓣沉默。

信眾等待世尊開口，卻遲遲聽不到世尊的教誨，不由得心中奇怪，大會上已經靜得連一根針掉在地上都能聽見了，眾弟子開始疑惑，不知世尊的舉動有何玄機，紛紛暗自揣度起來。

這時，唯有世尊的大弟子摩訶迦葉微微一笑，世尊見此很欣慰，這才告訴大家：「我的衣缽要傳給迦葉尊者，他將是未來世間的導師。」

隨後，世尊又告訴大梵天，自己入滅後，佛法住世八百年，來到正法時代，然後是一千兩百年的像法時代，最後便是末法時代。

普賢菩薩聽了世尊的話，心中隱隱開始擔憂，他問世尊：「末法時代，經文都很少見了，善男子、善女人該如何獲取《法華經》呢？」

迦葉尊者

下面的信眾聽到普賢的疑問，也擔心起來，他們雖然嘴上不說，但內心卻開始恐懼，就好像一個園丁培育出鮮花後，清楚得知道花瓣在未來的一天會枯萎，於是陷入了沮喪和焦灼的情緒中。

世尊知道大家的想法，他寬慰眾生道：「即便佛法消失，只要世人心中有佛，有救苦救難的心，能規範自己的言行，就能獲得《法華經》的妙義。」

信眾這才露出笑意，紛紛點頭，讚頌世尊的英明。

普賢菩薩卻仍心繫眾生，他說：「佛法常住世，自然是最好的，我應該守護這本經。如果有人受持《法華經》，我會守護他，消除他的隱患，讓他一生安穩；如果有人誦讀這本經，我就騎著六牙白象，守護他住的地方，讓他心靈得到寬慰；如果有人鑽研這本經，我就教導他，讓他能見到我的真身。」

世尊聽著普賢菩薩這番堅定的話，臉上笑意漸濃，這時又聽普賢菩薩說：「如果有修行者讀這部經，我就讓無量菩薩的神力圍繞著他，為他授記，如果誰真正瞭解了《法華經》的妙義，我讓他往生後升入天道，去聽彌勒菩薩講經。」

世尊對普賢菩薩的護法精神十分讚賞，從此便讓其守護著《法華經》教誨眾生，所以修行者若多頌持《法華經》，會有意想不到的效果哦！

《法華經》，全稱為《妙法蓮華經》，在古印度和尼泊爾長期流行，中國目前使用的版本為尼泊爾體系版本。

這部經是釋迦牟尼晚年所說的教義，核心內容為人人皆可成佛，無論貧富貴賤，被譽為「經中之王」。

另一部「經中之王」則是《華嚴經》，是大乘佛法的最重要經典之一，闡述了佛教最完整的世界觀。

據說，這部經是當年世尊在涅槃時，於菩提樹下所講，但一般人是看不到他講經的，只能看到他在靜默打坐。

妙法，意思為一乘法、不二法，蓮華，則是比喻法之精妙，如出淤泥的蓮花，內斂卻又果實豐碩，對修行者來說，若想成佛，需讀《妙法蓮華經》，而不學《華嚴經》，則不知佛家境界的尊貴。

在《華嚴經》中，文殊菩薩以智、普賢菩薩以行輔佐釋迦牟尼佛的法身毗盧遮那佛（密宗言大日如來）。故「釋迦三尊」又被稱為「華嚴三聖」。

【拈花解意】

什麼是一乘法、不二法？

一乘法是大乘佛法，是教導修行者成佛的佛法，若是成菩薩、羅漢這種自度而不度他人的佛法，便不是該法。

不二法即不二法門，原是佛家用語言，指的是平等而無差異的方法，後被大眾指代為獨一無二的辦法。

第四節　普賢菩薩的恩澤與告誡

70 美女考驗高僧德行—常隨佛學

普賢菩薩教導眾生要持續修行，以使自己德行兼備，所以他經常會去試探修行者的品行。

在東晉時，浙江餘杭出了一位高僧，名叫曇翼法師，他為了求得正法，先去廬山出家，然後又去關中向鳩摩羅什學習。

一晃幾年過去了，曇翼回到故鄉，在秦嶺中修行，每日頌唸《法華經》，堅持了十二年。雖長年孤身一人在山中，曇翼也未感到寂寞，完全沉浸於禪修中。

這一天，當夕陽即將落下的時候，曇翼的草庵前竟突然出現了一位花容月貌的少女。該女子背著一個竹籃，籃子裡躺了一隻白色的小豬，奇怪的是小豬非常安靜，並不叫喚，此外還有兩顆大蒜在籃中。

少女看到了法師，便對著他嫣然一笑，霎時，日月失色，雲霞羞愧，人間彷彿綻開了最美麗的花。

少女款款移動蓮步，對著曇翼道了個福，嬌嗲地說：「大師，我進山採野果，沒察覺天色已晚，現在回去的話，只怕路上有豺狼，所以想在你這裡借宿一晚，可以嗎？」

她笑意盈盈地說著，那目光彷彿有魔力一般，一直往曇翼的心底射去。

曇翼左右為難，他看看天，又想了想，拒絕道：「我是佛門弟子，不能近女色，姑娘妳還是快走吧！應該不會太晚下山的。」

誰知他的話剛說完，那少女竟「嚶嚶」地哭起來，還幽怨地說：「世人都說和尚心地善良，怎麼我今天竟然遇到一個這麼壞的和尚！明知道我有危險卻不加愛護，我的命好慘啊！」

她越哭越大聲，曇翼甚感不安，同時很羞愧，覺得自己確實太過分了，竟然讓一個女子陷入危險的境地。

於是，曇翼就答應讓少女住進草庵中，他卻不肯進屋，只在庵外鋪了些乾草，然後席地而睡。

到了後半夜，少女忽然高聲叫起來，哭喊道：「我肚子痛，高僧，你為我按摩一下吧！」

曇翼不肯，可是少女越叫越厲害，聲音也越來越淒厲，曇翼跑到屋裡一看，發現對方痛得頭上全是汗，才知道少女真的病了。

他當下思量：肯定不能與女子有肌膚之親，不如用錫杖代勞吧！

他便用布裹住錫杖的一頭，然後站在遠處為少女按摩，很久以後，少女的呼喊聲漸漸小了，然後昏沉沉睡去，曇翼擦了一把汗，急忙逃出屋去。

第二天，少女走出屋外，向曇翼施了施禮，然後說：「我是普賢菩薩，特來試你，看來你的修為果然了得。」

說完，她現出菩薩相，籃裡的小豬變為六牙白象，大蒜也變成了蓮花寶座，菩薩飛入雲端，瞬間消失了。

曇翼，未出家前姓姚，十六歲那年剃度為僧，晚年時在江陵，也就是湖北荊州修建長沙寺。

據說，他曾經嘆息長沙寺佛像太少，後來有人在荊州城北發現一尊佛像，曇翼立刻說是阿育王像，於是眾僧前去迎接神像，果然發現佛像發出的光芒上映有「阿育王像」的梵文，曇翼的神通隨即廣為流傳。

曇翼在八十二歲時圓寂，寺廟中的阿育王像也從此不再發出佛光。這個故事中，普賢菩薩給予眾生的啟示是常隨佛學。普賢菩薩告訴眾生，《華嚴經》中所講的種種神通，儘管凡夫俗子不能獲得，但是其他一些經律和佛學卻是人人都可學習的，不應心生惰念，以致荒廢。

【拈花解意】

庵是專指尼姑的住所嗎？

庵在古代指的是一種圓頂的草屋，但是一些文人也喜歡將自己的書房稱為庵。在漢朝以後，尼姑居住的地方常被冠以庵的稱謂，後來庵就逐漸成了女子出家修行的專有名稱了。

乘船運送佛像圖

71 周七娘吐蝦—廣修供養

有首詩很有意思，曰：「世人笑我太瘋癲，我笑世人看不穿。」很多大智慧，往往因為意味深長，而無法明說，同樣，擁有高深智慧的智者，也因其獨特的言行，而不能為世人所理解。

在北宋時期，浙江省臨海市紫岩街出了一件奇事：一個姓周的官宦人家生了個女兒，名叫周七娘，照說周員外曾經做過兩浙轉運使，家財萬貫，學識有過人之處，可是這個周七娘卻從小就瘋瘋癲癲，長大後也不肯結婚生子，每天跑到市集上去乞討，有家也不回，成了當地的一個笑話。

周七娘的爹娘為這個女兒大動肝火，屢次想將周七娘鎖在家裡，可是周七娘卻在逃跑這件事上很有辦法，每次都能奇蹟般地跑出去，然後光著腳在街上行走。

街坊鄰居們一見周七娘過來，就打趣道：「七娘，妳又逃出來了吧？」

周七娘嘻嘻一笑，活蹦亂跳地走了，讓後面的人搖頭嘆息：「可惜一個如花似玉的姑娘，竟然是個瘋婆子！」

七娘晚上也不回家，喜歡睡在善濟橋下，時間一久，她爹娘也不管她了，就當她從未出生過。

後來有一天，七娘的身邊突然多了一個和尚，可惜同樣是瘋瘋癲癲的，兩人於是更加胡鬧，讓很多人指指點點。

某一日，七娘與和尚在街上放聲高歌，當他們來到一座橋的橋頭時，發現有人在賣蝦，七娘頓時高興起來，說要買蝦。

蝦販自認倒楣，就對周七娘說：「妳隨便吃幾隻吧！」

七娘立刻抓起裝蝦的木桶，憑空一舉，片刻之間就將整桶蝦倒進口中。

蝦販還是第一次見到這種吃法，不由得嚇呆了，還未等他回過神來，和尚也抓起另一個桶子，也用了極短的時間把蝦吃完，然後抹一抹嘴巴，心滿意足地打了個飽嗝。

蝦販震驚過後，追著和尚要錢，哪知和尚將身上所有的口袋都翻了出來，笑嘻嘻地說：「我沒錢啊！」

蝦販氣不過，跳起來叫道：「你吃了我的蝦，不能不給錢，不然你還我的蝦！」

眾人見狀，都圍過來看熱鬧，大家七嘴八舌地議論說：「蝦都吃光了，還拿什麼還啊！」

這時，周七娘和和尚忽然哈哈大笑，兩人對著地面張嘴一吐，頃刻間，活蹦亂跳的小蝦傾瀉下來，沿著水溝四下游去，鮮活得跟沒被吃過似的。

大家全都目瞪口呆，只見七娘和和尚攜手往外走去，邊走邊唱：「戒師文殊，周婆普賢，廣修供養，萬世流傳。」

人們這才知道是菩薩現身，無不誠惶誠恐，

普賢菩薩與象奴

後來周七娘就失去了下落，再也未出現。

周七娘的故事發生於北宋崇寧元年，在臨海當地廣為流傳。

至於和周七娘一起的和尚，歷史上也確實有其人，姓婁，法號戒闍黎，六歲時自稱六合大師，也是臺州臨海人，先是在臨海兜率寺修行，後雲遊四海，廣播善種，晚年時又回到兜率寺坐化。

據說，他的身邊有鬼神守護，食量極大，實則都將食物給了鬼神，但一般人卻無法看破這一神通。

在周七娘與戒闍黎的傳說興起後，臨海人建了一座普賢寺來供養兩位菩薩，且普賢寺的寺碑上也講述了七娘的故事，告誡世人要廣修供養，不能對任何人有輕慢之心。

【拈花解意】

戒闍黎是什麼意思？

戒，就是戒門，也就是佛門的意思，而闍黎，等同於梵文中的「阿闍黎」，就是指有品德的導師，所以戒闍黎就是指已經出家的可做導師的智者。

72 普賢菩薩施法建寺廟—隨喜功德

在很早以前的河南，有一座寺廟名為道中寺，寺中住著一位叫生義的和尚，這個和尚是個雲遊僧，來道中寺修持數年，每日精進佛法，從不敢懈怠。

寺內有一座普賢菩薩殿，生義每日都要去禮拜普賢菩薩的佛像，以堅定自己修行的信念。

這一年暮春，道中寺不知何故，竟然在晚間起了大火，火勢兇猛，將廟宇悉數捲入火海中，眾僧焦急萬分，不停地打水救火，直到後半夜才將火情壓了下去。

可是損失已經無法避免，道中寺幾乎毀於一旦，但奇怪的是，普賢殿竟然一點事都沒有，還好好地佇立著。

生義合掌唸了聲佛號，認為一定是普賢菩薩顯靈，才讓普賢殿得以保全，他銘記著普賢十願，發誓要隨喜功德，就想募集資金重建寺院。

可是道中寺那麼大，沒有很多的錢，是建不起來的呀！為此，生義很著急。

後來，他的誠心感動了天主帝釋天，在農曆五月十五日，帝釋天變成了一個王爺，來到道中寺小住。他住在經樓裡十天，然後告辭離去，既沒有行禮，也沒有施捨一點錢財。

誰知，就在他前腳跟剛走，整棟經樓就散發出一陣陣奇妙的香味，隨後連經樓附近的花草樹木都飄出香氣，讓人心曠神怡。

這時，五彩祥雲籠罩住經樓，雲中發出神聖的金光，看起來非常威嚴莊重。

這種奇妙的現象讓很多百姓趨之若鶩，大家紛紛來到寺裡求佛禱告，並捐了很多錢，很快，建寺的經費夠了，道中寺終於重現了新貌。

生義很感激王爺，就畫了一幅王爺的畫像，掛在寺裡供奉，帝釋天得知後，託夢給他，說：「你不要掛我，普賢菩薩的願力比我大多了，你該每日敬奉祂的佛像，不得輕慢。」

生義深受教誨，連忙按照帝釋天的吩咐去做。

寺廟雖然修好了，但僧人們的糧食和生活用品均被燒毀，卻無錢置辦，這可怎麼辦呢？

生義整日擔心不已，眼看大家生活艱難，他想勸眾僧集體去化緣。

這一天，正當他拿起缽盂往外走時，寺院門口突然來了兩個商人，還牽了兩匹馱著很多生活用品的馬，說有僧人向他們化緣，所以要進行佈施。

生義好生驚奇，就帶著商人進了門，當他們來到普賢殿時，兩位商人看著普賢菩薩的佛像，驚訝地說：「這不是向我們化緣的師父嗎？」

生義等僧一聽，頓時又驚又喜，這才知道普賢菩薩憐憫眾僧的辛苦，特意前來救助，這可真是隨喜功德，必有回報啊！

化緣，在佛教中的本來意義是佛陀和菩薩現身，點化眾生的一種緣分。世尊入滅時，曾說：「應可度者，若天上人間，皆悉已度，其未度者，皆亦已做得度因緣。」世尊在涅槃之時，依舊想著去度化他人，而尚未圓滿的緣分，則交由後世弟子來完成，這便是化緣，是極為莊重的一個詞彙。

後來，化緣逐漸演化成出家人募化乞食的一種行為。

為什麼要把祈求佈施說成是化緣呢？這是因為僧人與世人進行交互，也是一種緣分，而且能讓世人隨喜功德，增加福報，所以是一樁極大的好事，所以就被稱為化緣。

【拈花解意】

寺廟一定是和尚住的地方嗎？

其實，寺才是和尚的住地，古代寺院最初為官方所建，西漢時訂立「寺」這個稱呼，後來「寺」就逐漸稱為佛教建築的代名詞。廟在古代本是供奉和祭祀祖先的地方，如帝王的太廟、官宦之間的家廟，所以「跑得了和尚跑不了廟」的說法並不準確。

73 法師探祕西方聖境ー讚嘆如來

在唐朝，有位法號叫大行的禪師，他本是齊州人，為了提高自身修為，特意選擇苦修的方法，入泰山修行。在山中，他一個人獨自進修，每日除了唸經和修持，就是去山中採摘野果來充飢，後來他的衣服破了，他便用枯草結成草衣，過著與世隔絕的艱苦生活。

大行禪師每日頌唸《法華經》，希望能得到普賢菩薩的教誨，幾年之後，他的修行遇到了瓶頸，總發覺自己的境界無法再得到提升，而且這時有一個問題開始困擾他：人終究要死的，當這副肉身壞掉之時，我又將到哪裡去呢？

時間久了，他不禁長吁短嘆，整日焦慮，再也無心修行。

有天晚上，當禪師入夢後，忽然看到普賢菩薩站立在自己面前，他心頭一喜，趕緊行禮。

菩薩卻嘆息道：「大行，你可知修持之法以濟人為己任，你只出世不入世，如何能修得更高層次呢？」

禪師一聽，深感慚愧，連忙懺悔自己貪圖方便，反而讓修行止步不前。

忽然之間，禪師想起自己的困惑，便求菩薩為自己解答。

普賢菩薩沒有直接作答，而是從衣袖中掏出一本讚頌阿彌陀佛淨土的經文，讓大行整日唸誦。

禪師一接過經文，立刻就醒了，他發現床頭多出一本經典，便拿來一看，竟然是夢中普賢菩薩交給他的那部經。

大行禪師忙跑到普賢菩薩的畫像面前叩拜，感謝菩薩對自己的教導。

從此，他日夜讚頌阿彌陀佛，早晚稱唸佛陀的名號，一連堅持了二十一天。

在這期間，他逐漸感到心頭的疑雲慢慢散去，而心底的喜悅不由自主地湧現出來，彷彿已有人為他許下承諾，將在他往生之日帶他奔向神聖淨土，所以諸多煩惱，均煙消雲散。

第二十一天的晚上，正當禪師頌持稱讚佛陀的經文時，忽然發現眼前一片光明，且能看見十方佛國及諸佛和諸菩薩，他激動萬分，連忙朝拜諸佛。

此時，普賢菩薩現出法身，告訴他要繼續靜修，稱讚如來，方能獲得無上微妙法，禪師謹記於心。

後來，大行禪師名氣越發響亮，連皇帝都知道了，就把禪師請進宮，封他為「常精進菩薩」。

禪師在宮中待了一個月後，因患急病，側臥圓寂。他的肉身在死後數日依舊栩栩如生，並且散發出芳香，讓前來膜拜的信眾驚奇不已，從而堅定了眾生修佛的決心。

涅槃圖

所謂修持，就是佛教徒根據佛法來修正自己的各種錯誤的行為，透過修持，可以去除妄念、止惡揚善。但是，修持不僅是自修，還需要普渡眾生，所以得入世修行，才能證得佛果。

佛陀之所以成佛，就是在人間經過多世的修持所成，修持需做到以下八點，才能建立功德：一、開啟智慧；二、堅定真理和信仰；三、做善行；四、不為慾望所腐蝕；五、客觀公正地看待事物；六、心態平和；七、戒定慧；八、讓身體強健，不得病。

當佛陀入滅時，多數盤腿端坐著涅槃，但也有臥著涅槃的，比如釋迦牟尼就是以臥佛姿態圓寂的。臥佛的姿勢只有一種，就是右側臥，是佛家要求初學弟子睡覺時的姿勢，又稱為「吉祥臥」，表示一切行動歸於靜止，如同睡眠一般，這才是生命的永恆狀態。

【拈花解意】

什麼是「戒定慧」？

這是一種有步驟的修行方法，為修戒、修定和修慧，需要循序漸進，先完善自己的品德，再讓自己的心態平和，如此便能形成自己的見解和想法，最後便能提升智慧。

74 普賢現身鎮惡浪—恆順眾願

在唐朝交州，也就是如今的兩廣地區，有一位法號叫虛沖的法師，他自小鑽研佛法，到二十歲那年已經小有所成，但他仍不滿足，渴望去佛教的發源地印度繼續深造。

那時從兩廣去印度，最佳的走法是坐船渡過南海到達印度洋，很多人都勸虛沖法師不要冒險，擔憂道：「聽說南海礁石很多，天氣也不好，會有危險的，何必冒這麼大風險！」

可是法師不為所動，下定決心要去印度修佛法。

他認真準備了一年，臨行前前去參拜普賢菩薩的佛像，向菩薩誠心祈禱：「普賢大士啊！您的十大願中有恆順眾生願，既然如此，您怎會捨得讓我西行求法之路遭遇危險啊！」

當晚，他入睡後，夢到普賢菩薩騎著白象對他合掌說：「你的誠心讓我很感動，你就放心吧！我一定會保護你安全到達印度！」

法師醒來後，不禁歡呼雀躍，他立刻收拾妥當，坐船南下。

哪知，船隻剛駛進南海，就遇到了惡劣的天氣。

當時正是盛夏，海面上忽然颳起一陣怪風，接著波濤洶湧，巨浪向虛沖法師的船撲過來，嚇得船上的人驚聲尖叫。

此時，虛沖法師站在甲板上，他沒有後退，也沒有驚慌，而是閉上眼睛，專心致志唸起了普賢菩薩的聖號。

瞬間，無數道金光穿透天空密布的陰雲，灑落在無邊的海面上，只見在風雨交加中，一尊巨大的普賢菩薩佛像立於惡浪之上，將浪花狠狠地壓了下去，接著，海上的風浪果然小了很多。

船上的人都驚訝地望著菩薩像，簡直不敢相信自己的眼睛，有些人從未信佛，這時也不得不讚嘆道：「菩薩保佑啊！」

半天之後，風雨停歇，佛像才消失無蹤，而船得以繼續行進。

待船來到印度洋，向西行駛時，虛沖法師再度遇險，這一次的危險不是天氣，而是一隻如山丘般大小的摩羯魚。

虛沖法師胸有成竹，他再度立於甲板上，專心唸起普賢菩薩的聖號，片刻之後，果然見菩薩的銅像壓住了大魚，惡魚悻悻地捨棄了船隻。

羅漢相普賢菩薩

由於得到菩薩的保佑，法師在經歷了漫長的旅程後終於到達印度。這時，普賢菩薩再度託夢給他，說：「我已依聖力滿足你所願，希望你從此獲六根清淨，當生淨土。」

法師醒來後對著普賢像再三朝拜，後來他在印度如願得到諸多法要，終於成為遠近聞名的大師。

南海，在佛教中指的是如今普陀山所在的東海海域和如今的南海海域。在佛經典籍中，南海各省其實指的是江蘇、浙江、福建、廣東這幾個沿海省份，因觀音菩薩常駐南海，所以這些省也因此比其他地方富庶。

在中國，第一個到達印度的中國和尚叫法顯，他是山西人，也是中國第一位海外取經的旅行家和翻譯家。

自法顯之後，唐朝又有數位高僧前去印度求佛，其中最著名的就屬玄奘了，而玄奘當年西行竟屬於「大逆不道」，原來政府不允許他西行，他卻執意要走，結果在印度取得了輝煌的成就，回來後反而受到了皇帝熱情的接待。

自宋朝以後，去海外求經的僧人就不勝枚舉，不過因影響不大，所以並未被後人重視。

【拈花解意】

「六根」是哪六根？

六根指六種感覺器官，或六種辨識能力，分別為：眼根、耳根、鼻根、舌根、身根（觸覺）和意根（思維器官和能力）。

75 貪便宜生悔意—懺悔業障

在唐朝武則天時期，荊州有位懷讓禪師在玉泉寺出家，後來他來到曹溪面見六祖慧能，被六祖的禪修所折服，服侍了對方十五年之久。

當六祖圓寂後，懷讓禪師大哭一場，隨後來到南嶽，修建了「觀音寺」，從此廣收門徒，弘揚祖師慧能的禪宗。

後來，有一位叫僧照的禪師來觀音寺修行，僧照已經修習多年，獲得了很高的境界，他的苦行、禪定在眾僧中均為第一，所以很受到大家的尊敬。

這觀音寺環境優美僻靜，且殿宇宏大，是個理想的修禪之地，但唯有一樣不好，就是寺裡的齋食太清淡了。

原來，懷讓法師在創寺之時就立下規矩：佛門之地應六根清淨，所以吃飯時不應味道過重，應以清淡為宜。

結果僧照第一天吃飯就很不習慣，他覺得自己平時口味稍重，不也照樣能修得一定的成果嗎？

於是，他趁著四下無人之際，偷偷用筷子取了一撮鹽放入自己的飯菜中，對此，他並不在意，心想：只是一點鹽而已，有什麼大礙呢？

六祖斫竹圖

僧照在觀音寺一住就是三年，一天晚上，當他開始禪定時，腦海中突然出現了令他驚恐的景象。

只見他三年中偷偷竊取的鹽竟然達到了十斛，而且那些鹽就一直在他的心頭盤旋，怎麼趕都趕不走。

僧照大驚，他原本以為自己平日所取的鹽很少，沒想到積少成多，以致於犯下大錯！

禪師的心中立刻被悔恨佔據了，他坐立難安，一宿都沒睡好。

第二天，他立刻下山去一個市鎮當掉自己的衣物，然後買了很多鹽來還給寺裡，眾僧見僧照滿臉羞愧的樣子，並沒有怪他，反而還對他大加稱讚。

當天晚上，當僧照再次禪定時，忽見普賢菩薩出現在他面前，菩薩笑道：「懺悔業障，方能清修，以後切記時時自省，方成正果。」

僧照羞愧，點頭應允。

此後，他一直在觀音寺修持，當懷讓大師圓寂後，僧照又率領眾僧修行，讓寺裡的香火持續繁盛。

摩至慧能六代祖師圖

懷讓禪師，又稱南嶽禪師，因為他在西元七一三年來到南嶽衡山，集資修繕般若寺，並將寺廟改名為觀音寺，從此廣收法徒，弘揚慧能法師的禪宗。

懷讓是一位慈祥的導師，他善於用通俗易懂的方法來教化弟子，比如有弟子躲在偏僻的地方修禪，不與人交往，懷讓就拿出磚來打磨，告訴弟子，一塊磚不能磨成鏡子，同樣，光坐禪並不能成佛，如今觀音寺裡還有「磨鏡臺」，是後人紀念懷讓法師的地方。

至於懷讓的師父慧能，更是位德高望重的大師，人稱六祖慧能，即禪宗第六祖。慧能在生命的最後四十年住於廣東曹溪，至今曹溪仍保留有他的寶林道場，他建立了南宗，弘揚「直指人心，見性成佛」的頓悟法門，深受皇室的尊重，被唐中宗追諡為大鑒禪師，他的肉身舍利現供奉於廣東韶關南華寺的靈照塔中。

【拈花解意】

什麼是「見性成佛」？

這是禪宗的一種思想，就是說，眾生只要認識到自己的心性，認清自己是什麼樣的人，就能成佛了。雖然這句話看起來武斷，但人若被慾望所迷惑，就會變得沒有智慧，也就很容易喪失心性，更別提修佛了。

第四章

大孝大願的地藏菩薩

地獄未空誓不為佛

地藏菩薩或稱地藏王菩薩，曾音譯為「乞叉底蘗婆」，因其「安忍不動如大地，靜慮深密如祕藏」，故名地藏。為佛教四大菩薩之一，與觀音、文殊、普賢一起，深受世人敬仰。以其「久遠劫來屢發宏願」，即在於「地獄不空、誓不成佛」，故被尊稱為大願地藏王菩薩。

地藏菩薩

第一節　地藏菩薩的前世今生

76 婆羅門孝女散財求鬼王—地藏菩薩第一世

在四大菩薩中，觀音、文殊、普賢三位菩薩均曾是阿彌陀佛的兒子，唯有地藏菩薩不是，他的成佛經歷很坎坷，而且都跟他的母親有關。

地藏菩薩在第一世時，是個女兒身，她出生於一個富裕的婆羅門家族，從小就宅心仁厚，而且對佛法非常感興趣，是個極有佛緣的人。

相較之下，婆羅門女的母親就沒有悟性，還每天都殺生，並且逼著修行者吃肉，平日裡奢靡成風，一點都不注意節儉。

婆羅門女長大後，對母親的這種行為很痛心，她嘗試過對母親講佛經，還苦口婆心地勸母親要回頭是岸，誰知母親不僅不改，還勃然大怒，直斥女兒不肖。

就在婆羅門女十四歲的時候，她的母親一夜之間突然得了疾病，第二天就去世了。

婆羅門女知道母親之所以突然離世，一定是與她在世時不信因果，滋生出的各種惡趣有關，她擔心母親死後在地獄裡受苦，就變賣家產，每日都去佛塔寺以香花和香燭供養諸佛，祈求讓自己的母親得以平安。

有天晚上，她剛唸完佛經，忽見腳下湧出海水，很快，四面八方一片蒼茫，竟來到了不知名的海邊。

婆羅門女看見遠處有許多鬼被鐵鍊綁著，慢慢走入海中，頃刻間就被海裡的龐大怪獸給吞噬了。

她吃了一驚，趕緊跑過去查看，卻被一個鬼王攔住了。

鬼王向婆羅門女行了一個禮，然後問道：「善哉，菩薩來這裡做什麼？」

婆羅門女見對方直呼自己為「菩薩」，心中好生奇怪，她連忙問：「這是哪裡？」

鬼王告訴她：「是大鐵圍山西邊的第一重海。」

婆羅門女又是一驚，再問：「我聽說海裡就是地獄，是這樣嗎？」

鬼王點點頭，婆羅門女痛苦地說：「不知我的母親是不是也在裡面？」

鬼王便問：「妳母親叫什麼名字呢？」

婆羅門孝女如實相告：「我母親叫悅帝利，我父親叫尸羅善現。」

鬼王想了想，點頭說：「妳母親原先確實在我們這裡，不過三個月前，妳去供養如來佛塔，每日為妳母親唸佛超度，三日前，她已經洗清罪業，升到天上去了。」

孝女人感寬慰，心情愉悅，此時天空中現出如來法身，如來歷數婆羅門女優點，並授記她在幾世之後將成佛，變成地藏菩薩。

後來，婆羅門孝女在有生之年堅持做善事，得善終，在來世輪迴為人，繼續修行之路。

地藏菩薩為何要叫「地藏」呢？

這是因為，地藏菩薩的性情如沉穩寬厚的大地，而他的思慮猶如隱祕的寶藏，所以有了這個名字。

《地藏十輪經》中就有如是記載：「安忍不動，猶如大地，靜慮深密，猶如祕藏。」

在《地藏菩薩本願經》中，有對地藏菩薩前世的詳細記載，地藏菩薩在過去無量劫前，曾是婆羅門女，其母因不信三寶而墮入地獄，婆羅門女便一心唸佛，來到地獄救母。

婆羅門是古代印度的四大種族之一，在社會中屬於地位最高的階層，職業為僧侶和學者，他們壟斷了古代印度的所有知識，所以神聖不可侵犯，其他三種族為剎帝利、吠舍和首陀羅。剎帝利是帝王階層，吠舍是經商、農業、畜牧業、手工業階層，首陀羅則是最卑賤的奴隸階層。

地藏菩薩十王圖

【拈花解意】

《地藏菩薩本願經》簡介

該經又名《地藏本願經》、《地藏本行經》、《地藏本誓力經》，是地藏三經的第一部經，此經記載了世尊在忉利天為母親摩耶夫人說法，介紹了地藏菩薩的得道經歷，讚揚菩薩「地獄不空誓不成佛」慈悲心腸。

77 光目女發大願救母—地藏菩薩第二世

地藏菩薩的第二世名叫光目，也是個婆羅門女子。

佛教認為，女人受的苦比男人多，所以若有人前世修的福報不夠，轉世就會成為女兒身。地藏菩薩的第一世雖然修福積德，對佛法非常虔誠，但她的功德全部給了母親，所以來世只能又投胎為女子了。

母親在光目很小的時候就去世了，光目到十六歲時，開始廣做善事，設齋供養了一名羅漢。

那羅漢從遙遠的地方而來，據說有神通，光目就請他幫忙看一下自己的母親現在身在何處。

羅漢便入定了，醒來時告訴光目：「妳母親正在地獄裡受苦呢！」

光目一聽，驚訝萬分，難以置信地詢問：「為何她會去那種地方？」

羅漢反問：「妳母親生前喜歡做什麼事？」

光目想了一下，說：「她愛吃，特別是愛吃魚卵。」

羅漢點頭道：「這便是了，妳母親殺生太多，還吃魚卵，等

地藏王前身光目女

羅漢洞中入定

於吃了成千上萬的生命，如此重大的罪行，當然會墮入地獄啊！」

光目一聽，趕緊跪下，哀求道：「求大師救救我母親，她不知道自己會鑄成如此大錯啊！」

羅漢知道光目是個孝女，便扶她起身，並告訴她如果想把母親從地獄裡救出來，可以多唸誦清淨蓮華目如來的佛號，並且為如來塑造畫像和佛像，就可以讓其母超度了。

光目不忍讓母親在地獄裡受一分一秒的痛苦，就趕緊照做，將畫像和佛像供養在佛堂裡，每天晚上都要去禱告一番，當念及母親的苦難時，更是泣不成聲，其誠心連天地都為之動容。

有天晚上，光目做了一個神奇的夢，夢到清淨蓮華目如來渾身發著金光，對自己說道：「妳母親不久會回到妳身邊，而且很快就能跟妳說話。」

光目醒來後，有點不知所措，命僕人多加留意，看有沒有人來登門造訪。

十日後，沒有外人來訪，倒是家中一個女僕生了一個女嬰，那女嬰三天不到竟開口哭道：「我和妳分別後，就入了地獄，幸虧妳為我吃齋唸佛，讓我來到人世，可惜我十三歲又要死了，又要進地獄了，光目，我的好女兒，快來救救我啊！」

光目得悉此事後，心痛如絞，她將孩子抱來，哭著問：「妳知道自己犯了什麼罪，這世要遭此報應呢？」

女嬰也滿臉是淚，哽咽道：「我前世殺生，還打罵家僕，生性刻薄，才遭此果報。」

光目為了救母，便對著如來發願：「我願意度化三惡道中所有罪惡之眾生，等他們全部成佛，我才肯成佛！」

如來很感動，現出金身，答應了光目的請求。

後來，光目的母親果然在十三歲那年死去，不過她轉世後得以投胎做人，並活了百歲，往生後則升入天道，後來成佛，這一切都是因為光目的孝順所致。

地藏菩薩的願望是宏大的，也因此具備驚人的作用，據說唸地藏經，能在短時間內實現自己的願望，可見地藏菩薩的功德無量。

《大方廣十輪經》就說：地藏菩薩以不可思議功德成就眾生，於一食頃就能成就無量億等。《地藏十輪經》也說：此善男子，俱足成就無量無數不可思議殊勝功德，於一日夜，或一食頃，能使無量百千俱胝那由祂數諸有情類，皆得解脫種種憂苦，及令一切為法所求意願滿足。

這些經書都讚頌了地藏菩薩的無上法力，所以地藏也能幫助實現眾生心願，不妨多參拜供奉祂。

【拈花解意】

什麼叫「一食頃」？

這是個時間計量單位，比喻相當短促的時間，從字面解釋可知，是吃一頓飯的工夫，所以拜地藏菩薩，立刻就能如願。

78 大長者子苦思救民之法—地藏菩薩第三世

地藏菩薩的第三世終於成了男子，但他依舊沒有脫離人道，仍然需要經歷輪迴之苦。

他的父親是一個富有的老翁，可惜家財萬貫，卻無人繼承，老翁活到六十歲都沒能生育，不禁整日長吁短嘆，希望上天能賜給自己一個孩子。

他的妻子只好去佛寺祭拜，並詢問寺裡的高僧：「是不是我們做了什麼壞事，才一直都沒有孩子？」

哪知高僧看了看她，笑道：「施主妳不用擔心，妳的孩子不同尋常，所以來得晚些，但馬上就來了。」

老婦很驚奇，就回家把高僧的話說給老翁聽，夫妻二人趕緊去佛像前朝拜，希望佛陀早點將孩子送過來。

沒多久，老婦果然懷孕了，十個月後她生下了一個健康活潑的小男孩，取名為得子。

就在得子出生的同時，文殊菩薩正在天上問世尊：「世尊，地藏的功德已經很大了，為什麼他總是不能成佛，反而要一而再、再而三地輪迴到人道呢？」

世尊答惑道：「因為地藏的願心實在是發得太大了呀！不僅他的願望不可能在短期內實現，而且他也

畫中的地藏菩薩，左手托火焰寶珠，右手持錫杖，頭戴帔巾，結跏趺坐於蓮花上。身後有圓形頭光和圓形背光，最外層有一大圓輪，與同期的觀音菩薩月輪十分相似，反映了五代時期觀音信仰和地藏信仰的一致，以及圖像的類似。

要因此承受諸多苦難，直到福德圓滿，才能成佛啊！」

文殊菩薩聽後，非常佩服，就請求世尊：「那就請世尊下凡給地藏菩薩指點迷津吧！」世尊點頭應允。

得子在六歲時，老翁讓僕人們帶著他去附近的山谷踏青，以便哄子開心。幾個身強力壯的僕人護著得子，一齊往山谷中走去。

這一天，晴空萬里，鳥語花香，溫暖的春天吹送出陣陣暖意，燦爛的陽光曬得人們頓生睏意，懶洋洋地想小憩。

忽然間，天地間降下濃重的白霧，人們四下裡竟然連自己的手指都看不見，不由得心生恐懼，大聲叫嚷。奇怪的是，他們發不出聲音，也不知自己身在何處。

這些人中，只有得子覺得一切與平常無異，他發現僕人不見了，就四處尋找，不知不覺走到了一個山洞，他膽子很大，沒有猶豫就闖了進去。山洞其實不大，洞中正有一位佛陀在打坐。

得子施了施禮，恭敬地問：「請問大師貴姓？」

佛陀睜開眼，頓時，簡陋的山洞蓬蓽生輝，周圍的一切都鍍上了一層金色的光芒，讓得子看呆了。

「我乃獅子奮迅俱足萬行如來，你又是何人？」佛陀反問道。

得子見此異象，不敢怠慢，連忙說出自己的名字，又心生羨慕，問佛陀：「敢問佛陀，我該怎樣做，才能如你一樣成佛？」

佛陀就告訴得子，要普渡一切苦惱的眾生，才能讓自身莊嚴，證得佛果。

得子畢恭畢敬地聽完，立刻發願，要在今日到未來劫期間，度化眾生脫離苦海，然後方能成佛。

從此，他靜修佛法，果然創造了一番極大的成就。

大長者子，就是老翁的兒子的意思。

中國民間所信仰的陰間主宰，主要有四位，即東嶽大帝、地藏王、閻羅王和酆都大帝。東嶽大帝源於自然崇拜，地藏王和閻羅王來自佛教，酆都大帝出身於道教。

在中國民間信仰中，受《地藏菩薩本願經》的影響甚深，很多人視地藏菩薩為地獄之最高主宰，稱之為幽冥教主，其下管轄十殿閻王。

中國自隋唐以後，民間崇拜地藏菩薩的信仰極為興盛，宋朝常謹撰有《地藏菩薩靈驗記》一書，書中收錄了梁朝至宋朝有關地藏菩薩的三十二種靈驗事蹟，隨著這些事蹟的廣泛傳播，使地藏菩薩成為佛教中最重要而影響深遠的菩薩之一。

【拈花解意】

佛家裡的「劫」有多長？

劫，分為大劫、中劫和小劫。

大劫有三：莊嚴劫、賢劫和星宿劫，我們如今就處於賢劫中。

每一個小劫是一千六百六十萬年，人們在小劫中，壽命開始為十歲，後每百年加一歲，直到八萬四千歲，然後又遞減，最終回到十歲。

中劫由二十個小劫組成，所以中劫為三億三千三十萬年。

79 目犍連創盂蘭盆節超度亡人—地藏菩薩第四世

據說，釋迦牟尼的弟子目犍連尊者是地藏菩薩的第四世，而尊者因前世福報甚多，所以出身富貴，但他一點都不貪圖富貴，反而節儉自律，非常可貴。

然而，目犍連的母親青提夫人卻十分吝嗇貪婪，經常殺生。

目犍連為了母親的福德，常勸母親放生行善，青提夫人當著兒子的面有所收斂，可是一旦兒子外出，就又故技重施，犯下惡行。

有一次，青提夫人找來兩個化緣的僧人，假意說要給他們佈施，並送給他們兩個包子，實則包子餡裡混雜著剁碎的豬肉。

當僧人把包子吃完後，夫人哈哈大笑，道出實情，令僧人羞愧滿面，一個勁地唸佛懺悔。

由於青提夫人做出諸多惡事，當她死後，被打入了餓鬼道，吃盡苦頭，她生前最愛美食，如今卻連一口飯都吃不到，令她痛苦萬分。

目犍連則由於修行圓滿，成為了世尊的弟子，他的神通在眾尊者中是第一的，這時，他想看看自己的母親身在何處，就開了天眼，往下一看。

這一看不打緊，急得他淚流滿面，他看到母親餓得皮包骨頭，連說話的力氣都沒有了。

目犍連很著急，想幫助母親，他心裡明白母親生前罪孽深重，是走不出餓鬼道的，如今唯有給母親送點吃的，先救一下急尚可。

可是餓鬼是不被允許吃飯的，目犍連想了一個主意。

他將荸薺、花生、紅棗、桂圓、紅糖碾碎，與糯米混在一起煮成甜粥，又在粥上撒了一把黑芝麻，然後端著粥去看母親。

獄卒立刻將他攔下，看了看粥，問：「這是什麼？」

目犍連笑道：「這是撒了灰塵的粥。」

獄卒見那碗粥黑黑的，信以為真，以為青提夫人不會吃，就放目犍連通過了。

目犍連欣喜萬分，見到母親後告知真相，青提夫人頓時兩眼放光，伸出瘦骨嶙峋的手去端碗，欲將粥一口飲盡。

哪知，她的喉嚨裡突然噴出火焰，將粥燒為灰燼。

目犍連無可奈何，只好哀傷地跑去求世尊想辦法。

世尊想了想，說：「在七月十五日，你舉行一個盂蘭盆會，讓餓鬼道的眾生在那一天都能吃飽，屆時我藉十方僧眾之力護持你。」

目犍連一聽，喜不自勝，趕緊去辦，就這樣，青提夫人終於能吃飽，然後有力氣重新輪迴了。

不過夫人輪迴後變成了一隻狗，目犍連又趕緊連唸七天的佛經，終於使他母親脫離了狗身，升入天道。

施捨餓鬼

目犍連救母

目犍連是世尊十大弟子之一，是古印度摩揭陀國首都王舍城附近的拘律陀村人，他容貌端莊，與世尊的另一弟子舍利弗有著深厚的友誼。

目犍連的神通是佛陀的弟子中最強的，最早時期，在釋迦牟尼佛的身邊站著的侍者並非摩訶迦葉和阿難陀，而是目犍連和舍利弗，不過後來兩位尊者去了別的地方弘揚佛法，所以世尊身邊也就換了尊者。

盂蘭盆節是佛教的說法，在道教中稱為「中元節」，俗稱「鬼節」。在這一天，無論窮人還是富人，都要燒紙錢祭奠亡人，在中國的南方，人們對該節日尤其看重。

【拈花解意】

餓鬼是鬼嗎？

在佛教裡，是沒有「鬼」這個說法的，人們愛將死去的亡靈認為是鬼，其實那叫中陰身，是人死後還未輪迴到六道之前的模樣。

所謂餓鬼，是輪迴到餓鬼道的眾生，它們的肚子很大，而脖子很細，所以吃不進東西，就算勉強吞下食物，喉嚨裡也會噴出火焰，將食物化為灰燼。

80 菩薩懇求世尊復活五百民眾—「地藏」的由來

地藏菩薩在第五世時，雖然還是投胎做人，但已經擁有了奇妙的緣分。

他在很小的時候聽說俱特羅山上住著一位仙人，擅長使用仙術，修為非常了得。

於是，地藏菩薩就萌生出要拜仙人為師的念頭，他在成年之後立即前往俱特羅山，找到傳說中的仙人，請求他教自己仙術。

仙人見地藏菩薩生得端莊清秀，十分喜歡，當即就收下了這個弟子，然後用了三天的時間來教地藏佛理，以便消除地藏在俗世的罪惡。

地藏學得很快，三日之後，他便脫胎換骨，悟性和修為都有了很大提升。

這時仙人才將自己的仙術傳給地藏，原來他能看到三惡道的所有眾生，還能召集餓鬼，所擁有的仙術非常奇異。

儘管地藏不知自己學這種仙術有什麼作用，但他還是努力地跟著師父修煉。

幾年後，地藏學有所成，仙人忽然現出法身，原來他是燒光王佛。

佛陀對地藏說：「你已盡得我衣缽，如今我將入滅，望你在世間施行救濟之法，降妖除魔。現今授記你為地藏，今後六道眾生，皆由你教化。」

說完，燒光王佛便涅槃了。

地藏雖已成佛，卻銘記尊師教誨，常去人間度化眾生。

某一天，當他經過毗富羅山下的一個村莊時，察覺出了空氣中的一絲詭異氣氛。

他知道應是餓鬼遺留下來的氣息，就趕緊入村查看。

果不其然，他剛入村子，就大大地驚駭住了。

只見村中老小五百口人，全部倒在血泊之中，而且模樣甚是悽慘，無不臉色發青、皮包骨頭，像是被吸了精氣。

地藏運用神通，看到在幾個時辰前，村中湧入了大量餓鬼，村民們因此遭遇戕害，沒有一個人能夠生還。

「罪過！罪過！」地藏嘆息。

為了救這五百人，他飛入靈鷲山請世尊復活亡人。

羅漢相地藏菩薩

世尊知道地藏慈悲為懷，答應施法救人，但地藏卻心有內疚，說：「在五濁世中，人天地獄，有太多眾生需要度化，我當化身說法，讓眾生脫離苦難，請世尊讓我以菩薩相度化，地獄不空，我誓不成佛。」

世尊感動於地藏的決心，立刻將五百人復活，同時讓地藏再度輪迴，到了下一世，便有了地藏菩薩。菩薩能到一切佛國，但地藏菩薩是一心要去污穢的地方，而且是越污穢邪惡，他越是要前往，因為他要度一切罪業深重的眾生。

地藏菩薩會去沒有佛法的地方，因為那裡的眾生沒有智慧，苦難是最多的，所以末法時代至彌勒佛降世前的那段時期，就是地藏菩薩最勞心勞力的時代。

《地藏菩薩本願經》中說，地藏菩薩曾向釋迦牟尼學習，要在五濁世度眾生，這與世尊在五濁世成佛的想法不謀而合，於是世尊囑咐地藏，要他在自己入滅到彌勒佛下凡之前，六道眾生都由他渡化，所以這漫長的時期，地藏菩薩為了眾生而不能成佛。

【拈花解意】

什麼是「度化」？

其實度化很簡單，就是佛陀或者菩薩將佛家的思想告訴眾生，讓眾生不再被世間瑣事所困擾，於是性格變好，也不再有煩惱。不過，度化說簡單也不簡單，因為度人者首先要自度，否則還怎麼去讓他人脫離苦海呢？

81 王子苦修成正果—「地藏王」的流行

在盛唐時期，佛教盛行，國外有很多高僧都來到中國求法，其中就包括一位新羅國的王子，他叫金喬覺。

金喬覺的法號就叫地藏，他本來可以繼承王位統治全國的，卻為了佛法而甘願在年輕時就出家，可見對佛法確實虔誠。

很多異國僧人都留在了都城長安，唯有金喬覺放著舒服的日子不過，偏偏要到九華山苦修。

當時的九華山是荒無人煙的地方，到處都是荊棘和奇石，金喬覺卻不在乎艱苦的環境，他每天都會爬到一塊巨石上打坐唸經，時間一久，那塊石頭竟被他的腿磨得既光滑又平坦，如同桌面一般。

到了至德初年，九華山山下的鄉紳為慶祝重陽節，就相約一起登高望遠，當眾人行至東崖石室時，赫然發現一位鬍鬚花白的老僧正在石室裡打坐，而他面前的一個鼎斷了一隻足，裡面裝有一點煮熟的觀音土和米粒。

這位僧人就是金喬覺，而今距離他剛來九華山時，已是整整三十六年！

鄉紳們見金喬覺如此苦修，不禁都跪倒在地，大哭起來：「是我們供養不周，才讓大師這麼辛苦啊！」

眾人哭完，擦乾眼淚籌備建寺事宜，他們立刻去籌措資金，而附近的村民聽說了此事，也紛紛前來資助，有的出建築材料，有的出人力，很快，一座化城寺便拔地而起。

有了新寺院，九華山的名氣也響亮起來，很多修行者都跑過來拜金喬覺為師，金喬覺便收了很多弟子，帶著大家一起修行。

不過，就算有了寺廟，由於身處荒山，食物短缺，僧人們還是不能解決溫飽問題。為了節約糧食，寺裡的齋飯每天都需要摻雜觀音土，結果眾僧都餓得面黃肌瘦，看起來形容枯槁，於是被人們稱為「枯槁眾」。

即便如此，惡劣的生活環境也沒能嚇退眾僧，僧人們依舊跟著金喬覺修行，從未言苦。新羅國為了尋找王子，也來到了九華山，當新羅的官員們看到王子在過著異常艱苦的生活時，不禁大大地震驚了，他們回國後趕緊向國王稟報了情況。

國王聽後很心疼，就撥出大量物資供應給化城寺，這樣眾僧的條件才稍微改善了一些。

金喬覺到九十九歲時，知道自己大限將至，就向弟子們告別，然後坐化了。他的肉身在密封的陶缸中放置三年，依舊不腐爛，而被眾僧抬動時，肉身的各處骨節都發出了清脆的響聲，宛如金鎖被搖動一般。

眾僧認定金喬覺就是地藏菩薩，便建了一座石塔，將金喬覺的肉身供奉於塔內，並尊其為「金地藏」，九華山從此名揚四海。

由於金喬覺本可以做新羅國的國王，所以後人也稱他為地藏王，於是地藏菩薩就有了另一個稱號——地藏王菩薩。

古代新羅國，位於朝鮮半島東南部，西元七一九年，新羅王子金喬覺二十四歲出家，也就是在那一年，他渡海來到中國，開始為期七十五年的苦修。

由於修行刻苦，且也發下了「地獄未空，誓不成佛」的宏願，金喬覺就被佛教徒視為地藏菩薩的化身之一，他的事蹟在中韓兩國廣為流傳。

除了佛學外，金喬覺在漢詩方面頗有造詣，他的詩作還被收入《全唐詩》，可見中國人對他的重視程度。

不過，在佛教的發源地印度，地藏菩薩在人們心中的份量並不重。印度的四大菩薩是觀音、彌勒、文殊和普賢，直到印度佛教被印度教取而代之，地藏菩薩也沒能位列四大菩薩之一。

但由於金喬覺，中國人對地藏菩薩推崇備至，可以說這位菩薩能在中國流行，都是因為金喬覺這位韓國高僧的功勞。

西元十四世紀韓國高麗時代佛畫《地藏王菩薩》

【拈花解意】

九華山的肉身菩薩

九華山曾有十四尊肉身菩薩，至今保留五尊。肉身菩薩就是指高僧圓寂後，身體歷久不爛的那些僧人，也叫「全身舍利」。那些高僧的肉身之所以不會腐爛，據說是因為修行嚴謹、記憶體清靜的緣故，而高僧之所以要保留自己涅槃後的肉身，是為了勸誡眾生誠心信仰佛教，才許下如此願望。

第二節　地藏菩薩的神獸、法器和道場

82 忠心護主的白犬—諦聽

地藏菩薩到中國後，度過了艱苦卓絕的歲月，難道他真的是孤身一人嗎？

當然，但地藏菩薩卻不會感到孤單，這是因為他還有一位忠誠的朋友，那就是他的白犬。

這隻白犬原本無名，是地藏菩薩從野外撿回來的，沒過多久，地藏要從新羅國前往中國求法，白犬一路跟隨地藏到水邊，見主人上了船，白犬忽然縱身一跳，也跳到了船上。

地藏菩薩感動於白犬的忠心，就將牠帶在身邊，從此再也沒有分開。

後來，地藏菩薩來九華山修行，白犬也依舊陪伴在他身邊，地藏菩薩所住的山洞最初有很多老鼠，白犬就四處捕鼠，後來老鼠就再也看不到了。

白犬幫了地藏菩薩很多忙，當他坐禪時，白犬就去外面給主人找野果和山泉，省去了地藏菩薩很多精力。

不過，白犬一開始並不知道主人吃素，還銜來很多野味，如兔子、小鳥等放在主人面前，滿心歡喜，以為主人會誇獎牠。

地藏菩薩一見，嘆了口氣，唸了聲「阿彌陀佛」，然後開始對白犬講道理，讓牠不要再殺生。

白犬彷彿聽懂了一半，耷拉著腦袋，乖乖地伏在地上，不敢言語。

白犬一諦聽

後來，白犬果真沒再帶著小動物回來給菩薩吃。

白犬生性活潑，看到蝴蝶、小鳥就會撲上去戲弄，地藏菩薩見狀，又叫住白犬，以佛法對牠進行告誡。

白犬再次知錯，變得沉穩了很多。

後來，地藏菩薩經常對白犬講法唸經，白犬始終都安靜地聆聽著，彷彿能將主人的話熟記於心似的。

地藏菩薩見白犬如此有靈性，非常高興，就給愛犬取了個名字，叫諦聽。

天長地久，諦聽開了悟性，也擁有了法力，就在地藏菩薩得道時，牠也成為神獸，能騰雲駕霧，並且生出對眾生萬物的慈悲心。

有一年夏天，由於天氣炎熱乾燥，九華山發生了山火，很多鳥獸驚慌失措，在火中垂死掙扎。

諦聽在山頂看見冒煙的山峰，忽然低低地嘶吼一聲，然後往雲中一跳，很快就飛到發生火災的上空，牠張開嘴，將雲朵悉數吸入腹中，然後張嘴一吐，頓時天降暴雨，將火焰全部澆滅。

幾年後，山下村民發現了地藏菩薩，並幫忙蓋了化城寺，地藏菩薩就帶著諦聽進入寺中修行。

眾人見諦聽從不叫喚，都好奇地問地藏菩薩：「為什麼這隻犬不叫呢？」

地藏菩薩說：「牠喜歡傾聽，哪有時間去叫呢？」

三十多年後，地藏菩薩坐化，諦聽也隨之停止了呼吸，不過菩薩只是肉身消失，當他以後降臨人間時，依舊會帶著諦聽來為人們排憂解難，滿足眾生的一切願望。

諦，諧音為地，即心地，所以諦聽的意思就是指用心去聆聽。在佛理中，諦又指真俗二諦，表示入世間、出世間的佛法，所以「諦聽」有用心聽佛法的意味。

諦聽又名「善聽」，相傳，牠能辨別一切事物的聲音，而且洞悉人心，能知善惡、賢愚，被視為吉祥的象徵，被譽為鎮宅之寶、廟堂之尊。

後人為了紀念諦聽，將牠形象改造了一番，讓牠變成擁有獨角、虎頭、龍身、犬耳、獅尾和麒麟足的祥瑞之獸。

獨角象徵能接受宇宙一切資訊；虎頭象徵勇猛；龍身象徵吉祥；獅尾象徵耐心和雄心；犬耳表示能明辨是非；麒麟足表示穩定與和諧。

地藏菩薩和座前的諦聽

在九華山文物館，供有一尊清朝諦聽銅像，長八十四．五公分，高七十二．五公分，重一百二十五公斤，屬於九華山傳世文物、鎮山之寶。九華山下的人們因崇拜諦聽，至今仍保留養狗的喜好。

【拈花解意】

九氣。

中國人認為諦聽沾有九氣，即靈氣、神氣、福氣、財氣、銳氣、運氣、朝氣、力氣和骨氣，所以具有非常大的避邪消災作用。

83 龍王招女婿的鎮海之寶—摩尼珠

地藏菩薩的法器比較少，但是非常珍貴，其中的一樣便是東海龍宮裡的寶貝，叫摩尼珠。

關於這顆珠子，還有一個美麗的傳說呢！

當年東海龍王的二女兒十八歲時，已經出落成一個如花似玉的大姑娘了，而龍王也開始為女兒的婚事著急起來，就四處為她挑選對象。

龍女卻非常有主見，她對父親說：「我不愛財，也不要權力地位，我只要找個誠實、勇敢的人就夠了！」

龍王一聽，笑了：這樣的人還不好找嗎？

他連忙吩咐下去，要文武百官找到符合龍女標準的男人。

誰知，下屬們找了好多天，卻一無所獲，最後還是蟹將軍過來稟報，說海邊的一個漁村裡，有一個叫阿二的人，他就是龍女要找的人。

龍王並不滿意，牠猶豫道：「那可是人類，怎麼跟我們水族通婚？」

哪知龍女耍起小性子，要與阿二見面，龍王只好託夢給阿二，說：「阿二，快去沙灘，有一個姑娘在等著你，快去向她求婚吧！」

阿二醒來後，覺得很神奇，就告訴了自己的哥哥阿大。

阿大很嫉妒，就故意說：「哪裡會有這樣的好事，快睡吧！」

等阿二重新躺下後，阿大卻偷偷起床，溜了出去。

其實，阿二並沒有睡著，他見阿大不見了，就又想到了自己的夢，心想：也許我該去沙灘，或許那個夢是真的呢！

於是，阿大和阿二一前一後來到了沙灘上，他們果然發現一個漂亮女子在河灘上梳理著自己長長的頭髮，她的臉蛋是如此秀麗，連天上的月亮都自慚形穢。

阿大和阿二都向姑娘求婚，姑娘卻淡淡地一笑：「誰是最誠實、最勇敢的人，我就嫁給誰。」

兩兄弟立刻拍胸脯保證自己就是姑娘想要的人，姑娘笑道：「既然如此，你們就幫我去向東海龍王要一顆摩尼珠，這是分水簪，你們可憑此簪自由出入海底。」

阿二和阿大接過了簪子，為了與心愛的姑娘結婚，就決心早點下海，把摩尼珠從龍王那裡要過來。

阿大向別人借了一匹馬，沿大路向東飛奔去了，阿二則背了一串草鞋，順著小路向東走去。

阿大走了好多天，來到了一個村莊，發現村裡受到了很嚴重的洪災，很多房屋都被洪水淹沒了。

村民們很著急，說唯有去龍王那裡借來金瓢，才能把水舀乾。

阿大意氣風發地嚷道：「我正要去龍宮，我幫你們借！」

村民們大喜，湊了很多乾糧給阿大，還做了一艘木船送阿大過河。

沒幾天，阿二也來了，他也說要幫村民借金瓢，村民很感激他，要送他過河，阿二卻拒絕了村民的好意，自己游泳過去了。

阿大先到東海，他不敢下海，刻意等到阿二來，才跟在弟弟屁股後面進了龍宮。

哪知龍王說：「你們只能選一樣寶貝，不能多拿！」

阿大毫不猶豫，找了一顆最大最亮的珍珠，認為那就是摩尼珠，阿二則想著受災的村民，就拿了金瓢告辭了。

阿大與高采烈地騎馬回家，在路過村莊時，他撒謊稱金瓢沒借到，然後揚長而去。

正當村民失望之際，阿二卻拿著金瓢奔了過來，幫助大家退了洪水。

當窪地裡的水退去之後，忽然露出一隻大河蚌，蚌已經死去，蚌殼裡有一顆烏黑如墨的大珠子。

村民們把珠子送給了阿二，阿二雖然沒有拿到摩尼珠，但覺得自己做了一件好事，仍舊感到很開心。

轉眼間，與龍女會面的日子到了，阿大得意洋洋地將珠子交給龍女，誰知對方卻把珠子摔在地上，頓時，珠子碎了，一股臭味飄了出來，讓阿大羞愧萬分。

阿二則抱歉地說：「對不起，我沒有拿到摩尼珠。」

龍女卻笑盈盈地對他說：「你包包裡的是什麼，拿出來看看。」

阿二便伸手將黑珠子取出，那珠子剛一被拿出來，就發出奪目的光芒，竟然是顆寶珠！

龍女害羞地說：「這就是摩尼珠，你就是我要找的夫君。」

於是，阿二與龍女成了婚，阿大嫉妒得發瘋，沒多久就病死了。

摩尼珠，又名如意寶珠，據佛經記載，它確實是從龍宮裡出來的寶貝，能夠發散出強烈的光芒，將四周照得一片光明。

據《雜寶藏經》說，摩尼珠出自摩羯魚的腦袋，亦有經文說，摩尼珠是從龍王腦袋裡出來的，另有說法，阿彌陀佛的前世轉輪王的髮髻中就藏有一顆摩尼珠，該珠比太陽還亮，能生出無盡的財富供人使用。

摩尼珠是戒定慧所成之寶，所以能澄澈透亮、光輝普照，火燒不爛、毒攻不破。

那它為何會跑到地藏菩薩的手裡呢？

這是因為，地藏菩薩在救母時，需要用摩尼珠來照亮陰沉的地獄，有句詩這樣形容當時的情景：明珠照破天羅網，錫杖振開地獄門，可見地藏菩薩的英勇神威。

【拈花解意】

什麼是「摩羯魚」？

這是佛教所說的一種神魚，有龍的頭，魚的身子，被認為是河神。該魚的傳說來自印度，原型是鱷魚，其造型在西元前一〇〇年就已存在，後傳入中國時，一度演化成「長鼻龍」，最終被龍的形象所取代。

84 孝子救高僧獲神器—錫杖

地藏菩薩的另一個法器是錫杖，這也是僧人修行時常用的法器，所以錫杖的故事，必然與寺院有關。

相傳，在很早以前，有一位喜愛佛法的公子，他的名字叫木蓮，非常善良，也很孝順，時常為他的母親而苦惱。因為他母親性情乖張，以作弄別人為樂，日積月累，早已犯下了許多罪孽。

木蓮想讓母親修佛法，可是母親根本沒有這個耐心，每當木蓮對母親講佛經時，他母親就開始哭鬧起來，說自己頭痛，弄得木蓮無可奈何。有一天，木蓮的母親突發奇想，要去捉弄附近寺廟裡的和尚。

她命令僕人做了三百六十個狗肉饅頭，卻聲稱這些都是素饅頭，然後去寺裡布施。

木蓮得知此事後大驚，勸母親別做傻事，可是母親置若罔聞，一定要這麼做。

木蓮見攔不住母親，只好派人通知了方丈，方丈便準備了三百六十個素饅頭，發給每個僧人。

當木蓮的母親來施齋時，發現和尚們正準備開飯，她立刻眉開眼笑，拿出狗肉饅頭，假意好心地說：「我給你們帶來了饅頭，快吃吧！」

和尚們沒有拆穿她，就接過饅頭，將狗肉饅頭與自己袖子裡的素饅頭對調，然後吃了起來。

木蓮之母看好戲似的看著眾僧將饅頭吃完，然後哈哈大笑，拍著手說：「都說和尚不吃葷，我看

一手持錫杖，一手握摩尼珠的地藏菩薩。

都是假的！和尚們吃狗肉饅頭啦！」

這時，方丈依舊沒有讓她為難，而是合掌唸道：「阿彌陀佛，罪過罪過！」

說完，方丈讓大家把三百六十個狗肉饅頭埋進了後院。

此事被帝釋天得悉，他震怒異常，決心要給木蓮的母親一個教訓。

於是，他讓木蓮之母進了地獄，每日忍受火烤與鞭打之刑。

木蓮見母親突然暴病身亡，知道必有隱情，他日夜修行，廣施善行，後來修成正果，有了能看到六道眾生的神通。他趕緊去看自己的母親身在何處，結果發現母親正在地獄裡受苦，不由得心急如焚，想去地獄救母。可是地獄的大門十分堅固，而且獄卒還不讓木蓮進去，木蓮好生哀求，卻始終未能如願。

他沮喪萬分，只好重返人間，想另尋他法。

這時，忽然一陣痛苦的叫聲傳來：「快救救我，我被蛇咬了！」

木蓮循聲望去，發現一個僧人倒在地上，他的手背發烏，看起來真的是中毒了。

木蓮大為不忍，便跑過去為僧人吸出毒液，僧人漸漸停止了呻吟聲，他笑道：「你這麼有善心，我就把我的錫杖送給你吧！它的作用很大，能敲開地獄的門。」

說完，僧人就不見了，只留下一根樸素的錫杖。

木蓮半信半疑，拿著錫杖再度來到地獄，請求獄卒開門。獄卒說什麼也不讓他進去。

這時，木蓮聽到母親正在痛苦地哀嚎，就再也忍不住了，拿著錫杖奮力一敲，將地獄的門敲開了！

結果，木蓮大鬧地獄，把母親放了出來，卻也誤將很多惡鬼放出，結果那些地獄眾生還未改過自新就投胎為人，跑到人間胡作非為。

帝釋天很生氣，讓木蓮到人間投胎，去制伏那些惡人，而他所持的錫杖，則回到了地藏菩薩手裡。

原來是菩薩憐憫木蓮的孝心，就將自己的錫杖贈予了他。

據說，木蓮的轉世就是唐末的黃巢，史書記載，此人「殺人八百萬」，爭議性頗大，這便是木蓮複雜性格的展現了。

很多僧人在外出雲遊時，都會手持錫杖，如《西遊記》中，觀音就送了唐僧一根九環錫杖。僧人的錫杖並非用作武器，那它的用途是什麼呢？

原來，僧人去化緣時，為了不貿然闖入別人家裡，讓戶主受驚，就會讓錫杖發出響聲，這樣別人就知道有僧人來了。錫杖由三部分組成，最上頭是杖頭，用錫或鐵等金屬支撐，中間似寶塔，周邊圍繞有數個大環，大環的下端則穿有數個小環，當錫杖被搖動時，小環就會發出清脆的響聲。錫杖中間由木頭構成，下部則是金屬，或用象牙、犀牛角所製。

此外，錫杖又被稱為智杖，能夠彰顯所持者的智慧，其不同的造型也具有不同的意義，如擁有十二個小環的錫杖，就代表了十二因緣。

【拈花解意】

寺廟裡的住持爲何叫「方丈」？

方丈的本義是長一丈的四方形居室，指代寺院中住持的住所，後來就被指代住持了。住持的意思是安住、然後維持，原本指傳承佛法的人，後稱為寺院的主持或者長老，在一般情況下，寺院裡都會有住持。

85 比丘袈裟包山——九華山道場的誕生

地藏菩薩的道場是九華山，在唐朝以前，九華山是一座荒山，方圓百里沒有人居住，直到唐朝時來了一位高僧，才改變了這種情況。

這位僧人就是新羅國的太子金喬覺，他來到中國後，見長安車水馬龍，一派繁榮景象，但也感慨人情世故太多，易讓人心迷亂。

他被皇帝安置在長安的西明寺，同時住在寺中的還有很多異國來的僧侶，金喬覺認為在長安修行無法釋放心靈，於是便脫離繁華之地，甘願跑到安徽來苦修。

他在九華山找了個山洞，然後就開始禪定，他吃得很少，也不計較身外之物，在幾十年的時間裡，他從未見過其他人，但他還是很淡然，早晨頭頂朝陽，夜晚身披星辰，始終守護著內心的安寧。

最終，他修得正果，成為地藏菩薩。

在他得道的那一天晚上，九華山上忽然放射出萬丈金光，然後又變成流星，紛紛灑落下來，宛若天上開出了絕美的煙花，燦爛到令人驚嘆。

在山下有一個小鎮，鎮裡的居民看到了山上的奇異景象，都議論紛紛。

鎮上的幾個鄉紳在第二天聚在一起說起此事，覺得一定是山上出現了什麼奇妙之物，他們好奇心頓起，便帶上家僕，決意去九華山一探究竟。

一行人翻過了幾座山頭，累得氣喘吁吁後，有個叫諸葛節的員外忽然指著前方驚呼：「快看！前面有個和尚！」

眾人趕緊向前方張望，果然看見地藏菩薩盤腿坐在一塊大石頭上。人群中另一個叫閔公的員外地產豐厚，連這座九華山都是他的，他嘆息道：「讓一個高僧在露天修行，是我們的過失啊！」

於是，大家就來到地藏菩薩面前。

地藏菩薩緩緩睜開眼，見到眾人後，唸了一聲「阿彌陀佛。」

閔公虔誠地說：「高僧，我願意捐出一塊地，為你蓋一座寺廟。」

地藏菩薩感謝了閔公的好意，就提出一個要求：只要自己身上披的袈裟那麼大的地方就夠了。

閔公一看，那袈裟都破了，哪裡還蓋得住多大的地啊！

他以為菩薩在開玩笑，就好意勸道：「高僧，還是讓我們來為你規劃地方吧？」

地藏菩薩搖搖頭，堅持說用袈裟就行。

其他人覺得好笑，以為地藏菩薩是個瘋和尚，就想看看他接下來會做出怎樣不可思議的舉動。

只見地藏菩薩將袈裟脫下，然後往空中拋去。

天啊！那袈裟竟然見風就長，一下子將整座山峰都蓋住了！

眾人看得目瞪口呆，這才知道自己遇到了菩薩，連忙跪下來參拜。

隨後，眾人將地藏菩薩指定的山峰開闢為寺院，便有了九華山道場，而閔公和自己的兒子道明也都皈依了地藏菩薩，成為菩薩的侍者。

如今，在九華山的地藏菩薩像旁邊，有兩位侍者的法像，一位就是閔公，另一位就是道明尊者。

地藏菩薩和侍者五道將軍、道明和尚

九華山是安徽三大名山之一，面積一百二十平方公里，是自古以來修仙學道的聖地，因山中供奉著地藏菩薩，所以成為了國際性的佛教道場。

九華山因何得名呢？

原來，它有九座山峰，形似蓮花，所以就是「九蓮華」，故名九華，雖然九華山的最高峰十王峰不過一千三百四十二公尺，但是在方圓百里內，竟有九十九座山峰，因此被乾隆皇帝譽為「東南第一山」。

在金喬覺入九華山之前，道教已在九華山紮根，據《福地考》記載，該山位列道教七十二福地的第三十九位，許多著名的道人，如西漢中期的竇伯玉、「八仙」之一的張果老、唐朝的趙知微等，都曾在此修行，因此九華山也擁有了「仙城佛國」的美名。

【拈花解意】

袈裟是什麼？

袈裟是僧人最重要的服裝，指纏縛在僧人身上的法衣，形狀看起來像一塊長方形的布，實則是先把布裁成小片，然後縫合在一起，像一塊一塊的田地，所以又名福田衣、割截衣，為的是衣服不像衣服，寓意為衣物乃身外之物，也避免被人劫盜。

86 地藏王度母升天—娘娘井與娘娘塔

金喬覺修行成為地藏菩薩後，人們都尊敬地稱他為「金地藏」，每日都有無數的香客前來九華山參拜，讓山中香火旺盛。

金地藏的事蹟傳入新羅國後，整個國家都為之轟動，皇后得知自己的兒子在九華山修行，再也坐不住了，她想要去中國看望兒子。

在幾個兒子中，皇后最喜歡的就是太子金喬覺，當初兒子要出家，皇后不同意，結果母子二人都快鬧僵了，皇后才做了讓步，結果兒子一走，把做母親的心都給帶走了，皇后日思夜想，就盼著兒子能回國呢！

皇后怕兒子再也不回來了，就坐上船，不遠千里來到九華山，決心說服兒子回國繼承王位。

金地藏見母親前來，自然是非常高興，可是面對母親一再說服，他卻只是微笑，對母親的要求不置可否。

皇后見勸不了兒子，把心一橫，賭咒道：「我兒子要是不回去，那我也不回去了！他什麼時候走，我就什麼時候離開！」

哪知金地藏還是不為所動，他每天都來陪母親，還給母親唸誦一些經文，時間一久，皇后漸漸有了悟性，想法也開始改變了。

一天傍晚，皇后見兒子沒有來找自己，便出去尋找，結果在一座井邊發現了正在誦經的金地藏。

皇后見金地藏雙目緊閉，神情十分認真，就沒有去打擾兒子，而是坐在一旁耐心等候。

後來，皇后閒得無聊，就往井底看去，這一看不打緊，把她嚇了一跳！

原來，她竟看到兒子在井底唸經。

可是當她抬起頭來觀望時，金地藏仍舊好好地坐在井邊呀！

皇后再次往井底望去，又看到了兒子，她急忙揉揉眼睛，再抬頭一看，兒子還是在井邊呢！

然而，皇后還是很擔心，甚至於產生了錯覺，覺得井邊的並不是自己的兒子，井底的那個才是。

由於護子心切，皇后奮不顧身地縱身一躍，跳下井去。

寺裡的僧人見狀，連忙去救人，可是大家在井裡撈了半天，也看不到一個人影。

金地藏卻不著急，只唸了一句「阿彌陀佛」就離開了，此時在天邊的紅雲中，依稀出現了皇后的身影，原來是金地藏運用自己的法力，將母親超度上了西天。

後人為了紀念皇后，就在井上建了一座七層鐵塔，名叫娘娘塔，不過到清朝時，娘娘塔被毀，早已不見蹤跡。而塔底的水井重見天日，被命名為娘娘井，至今仍在訴說著當年那段神奇的故事。

娘娘塔和娘娘井位於九華山化城寺前的廣場上，該寺是九華山的開山主寺，歷史最為悠久，也是地藏王的道場，而在東晉時代，這裡曾是僧人杯渡的庵室。

化城寺之所以有這個名字，是出自《法華經》中的典故，經中說，釋迦牟尼與一個弟子去鄉下佈道，可是道路坎坷，年輕的弟子很快就累得不想動彈。釋迦牟尼便用手指前方，說：「前面有一座城市，快去化緣吧！」弟子聞之精神一振，趕緊小跑起來，其實那座城是世尊變來的幻相而已。

化城寺最初建於唐朝七五七年，可惜在歷史的洗禮中，古寺已經不在，如今寺裡的山門和藏經樓為十六世紀所建，而大雄寶殿和後廳為十九世紀的建築，藏經樓內有明朝藏經六千七百七十七卷，十分珍貴。

【拈花解意】

超度是什麼意思？

超度一般用於佛教術語，有「脫離苦難、功德圓滿、到達彼岸」的意思，狹義的理解是高僧唸經使亡靈脫離苦難；廣義的理解還包括：一、思想上的超度：使現實中的執迷不悟者開悟；二、現實生活中的超度：自我修行而證悟，涅槃後能脫離六道，不再輪迴。

87 贖罪湧甘泉—九華山美女泉

當初金喬覺在九華山修行時，他選在東崖的一個洞穴裡久住。每天天一亮，他就走出洞外，然後爬到大石頭上打坐，餓了挖點葛根、黃精，或採點野果來吃。

山中修行格外艱苦，而最困難的，就是飲水的問題。

東崖沒有水源，金喬覺想喝水，就只能在清晨吸食樹葉上的露水，若碰上下雨天，就用鼎積聚一些雨水，可以緩解幾天的燃眉之急。

不過就算遇到重重苦難，也動搖不了金喬覺的修行決心，他硬是一個人堅持了幾十年。

有一年夏天，天氣特別炎熱，即便在山洞裡坐著，金喬覺也能感到熱風裹挾著熱氣向他臉上撲來，更別提在室外活動了。

可是金喬覺依舊袈裟不離身，安然坐於岩石上修禪，全然不顧周身已被汗水所溼透。

忽然間，他感覺到一股寒氣逼近，那股氣流就如同一支凌厲的箭，嗖嗖地向他射來。

金喬覺睜開眼睛，發現前方有一條五步蛇在向自己靠近。

這五步蛇如黃土一般顏色，不仔細看是看不出來的，而且劇毒無比，相傳只要被此蛇咬上一口，不出五步，人就會一命嗚呼。

雖然明知這條蛇的目標是自己，金喬覺卻沒有慌張，他安然地坐著，直到蛇爬到他腳邊，迅速地咬了他一口，他也依然沒有動彈。

後來，蛇似乎聽到了什麼響動，快速地溜走了。

這時，一個美麗的婦人卻出現了，向金喬覺作揖道：「小兒無知，請高僧多加包容。」

原來，這個婦人是龍女，她嫁給了九華山的山神，生下了一個調皮的兒子。

龍女的兒子一天天長大，見山中空無一人，十分煩悶，便四處遊走，終於發現了金喬覺，感到很高興，忽而化作風，忽而變成鳥，想逗引對方。

哪知金喬覺只顧修禪，根本不去在意那些外在的事物，令龍子非常生氣，於是今日便化作毒蛇，咬了金喬覺一口。

金喬覺得知一切後，並沒有責怪龍女，反而虛弱地笑道：「沒有關係，不知者無罪。」

龍女見金喬覺傷勢嚴重，慚愧地說：「大師仁厚，我願以山泉補過。」

話音未落，岩縫中忽然冒出一泓清泉，龍女以泉水為金喬覺沖洗傷口，過了一會兒，金喬覺驚訝地發現自己身上的毒竟然沒了。

從此，金喬覺再也不用為喝水而煩憂了，這股清泉直到現在仍保留著，名字就叫龍女泉。

由於金喬覺在東崖坐禪，此處便成人們膜拜的聖地。

明朝正德年間，有僧人在東崖蓋了茅屋，取名「晏坐堂」，以紀念金喬覺。到萬曆年間，茅屋改名為「東崖精舍」。

明末時，此地擴建為寺廟，至民國初年，東崖寺正式成為九華山四大叢林之一。

在東崖寺的東面，有一個深數公尺、寬三公尺的古老洞穴，取名「堆雲洞」，那便是金喬覺住宿的地方，而他坐禪用的巨石如今也有了名字，叫「晏坐石」。

在東崖寺的西北側，則有一處更為神奇的地方，那便是「幽冥鐘亭」，亭內有清朝同治年間所鑄萬斤重的幽冥鐘一座，每日有兩名僧人日夜輪流敲鐘，長年不息。

據說，聽聞鐘聲，能帶來好運，保佑事業興隆、身體安康。

【拈花解意】

叢林是什麼意思？

在佛語裡，叢林指的是僧人聚居的地方。佛家認為，僧人聚集，就如同樹木聚在一起成林一樣，這是個比喻。

金簪插地騙外甥回國－九華山二聖殿

當九華山成為地藏菩薩的道場後，其威名遠揚，讓新羅國的王室又驚又喜。

新羅國國王認為，地藏菩薩本就是新羅國人，憑什麼要在中國設道場呢？倒不如讓他回到本國擔任國師，也好長一長新羅國的威風！

於是，國王就派地藏菩薩的兩位舅舅前去大唐迎接地藏回國。

地藏的兩位舅舅可不是簡單的人物，兩人是新羅國最聰明、口才最好的大臣，此次兩人也是下了決心，提前商議了很多辦法，發誓要把外甥弄回國。

沒想到天公不作美，就在兩位國舅出海後不久，海上就來了一場暴風雨，將船上一切物資悉數捲入海中，唯有召地藏回國的御書藏在國舅的身上，沒有被海浪打掉。

兩位國舅只好忍飢挨餓，漂流了五天後抵達中國。

可是他們沒有食物，手上也沒有錢，只好沿路乞討，歷盡千辛萬苦才來到九華山。

二人邊走邊看，發現九華山香客眾多，香火旺盛，擔心外甥不肯輕易就跟他們回去。

於是，兩人靈機一動，想出了一個鬼點子：新羅國有個習俗，只要把簪子插在地上，就表示這塊地屬於自己。如果地藏菩薩是在「新羅」的土地上修行，那還不得乖乖地回國聽候國王的指令？

兩位國舅都覺得這個主意好，他們趕緊跑到地藏菩薩最先修行的晏坐臺，將頭上的金簪拿下，插在臺上，然後自以為神不知鬼不覺地去找外甥了。

當地藏菩薩見到自己的兩位舅舅時，非常激動，連忙招呼舅舅們進寺歇息，還準備了齋飯來為舅舅們洗塵。

兩個國舅對著外甥大倒苦水，說他們一路吃了多少苦頭，然後把御書遞給外甥，請求外甥回國，最後又淚眼汪汪地說：「你母親非常思念你，整天一個人流淚，眼睛都快哭瞎了，要不是你的夫人精心照顧，恐怕你母親早就殯天了！我們這次無論如何也要請你回去一趟，跟家人見一見。」

地藏菩薩聽得眼眶濕潤，久久未能言語。

半晌，他唸了聲「阿彌陀佛」，堅定地告訴舅舅，自己為了眾生，不能回去，請舅舅們原諒。

國舅們見外甥軟的不吃，就來硬的，應說晏坐臺是新羅的領地，是國王早就買下來的地盤，且有金簪插地為證。

地藏菩薩並未驚訝，反而笑道：「如果真有此事，我願意隨舅舅馬上回國，只是如果此事為假，就請舅舅們留在九華山看守山門，不知你們意下如何？」

兩位國舅以為他們的計畫馬上就要成功了，立刻舉雙手贊成。

於是，三人來到晏坐臺，果然發現臺上有一根金簪。

國舅們哈哈大笑，可是地藏菩薩卻小心翼翼地剝開金簪旁邊的泥土，笑著說：「看來還是我先到的，你們的金簪正好插進了我的銅錢眼裡。」

這是怎麼回事呢？

原來，地藏菩薩早知舅舅們會出此計策，就將計就計，將一枚新羅銅錢放到金簪的下面，這樣舅舅們就不會再逼他回國了。

兩位舅舅只好自認倒楣，從此留在山中，待他們去世後，百姓們為了紀念他們，還修建了一座宮殿，那就是如今的「二聖殿」。

二聖殿也是九華山的重點寺院，建築面積有一百一十七平方公尺，是為供奉地藏菩薩的兩位舅舅——昭佑和昭普而建的，始建於唐朝，後在明朝重建。

二聖殿位於九華山上山古道的最前端，是很多善男信女朝拜地藏菩薩的起點，有很多人以為「二聖」是周公、孔子，或是「和合二聖」，其實並非如此。

寺裡原先的二聖像已經不復存在，如今的聖像為西元一九八九年所建，「二聖」頭戴烏紗、身穿官服、腰束玉帶，足蹬粉底朝靴，容貌相似，均為方圓臉、目光明亮有神，黑色的鬍鬚齊胸，身材高大，一看便知是「朝廷官員」。

【拈花解意】

和合二聖是誰？

和合二聖是中國民間的愛神，專司姻緣，二聖均是童子模樣，手持荷花和食盒，諧音百年好合，寓意頗為吉祥，所以在古代其形象常見於各種藝術作品中。另有傳說稱，二聖是寒山和拾得，也就是文殊菩薩和普賢菩薩的化身。

89 讓占卜師驚詫的奇蹟—保佑健康長壽

在北宋時，河南開封有個著名的寺院，叫開寶寺，寺內有位德高望重的長老，名叫釋惠溫，他的名氣很大，所以很多想要出家的人都會拜他為師。

有一天，一個男童被家人送到寺裡，要當釋惠溫的座下弟子。

那孩子十四歲，長得虎頭虎腦的，一雙眼睛圓圓的，看起來十分聰明可愛。

釋惠溫看了歡喜，當即同意讓男孩出家，並準備立刻為他剃度。

這時，寺裡來了一位叫健真的香客來上香，健真最近正在學習占卜看相，他看了看男孩的面相，大吃一驚，說道：「這個孩子活不久，最多也只能活一個月！」

釋惠溫聽到此話，頓時瞪大了眼睛，問健真有沒有說謊。

健真搖著頭說：「我沒有說謊，確實如此！」

釋惠溫立刻對男孩產生了深切的同情，他覺得與其讓這孩子在寺院裡了無生趣地度過最後一個月，倒還不如讓他回家，跟家人在一起共用天倫之樂呢！

於是，長老就對男孩說：「你快回家吧！別讓你父母等急了。」

男孩點點頭，想往家裡跑，但天公不作美，偏偏在這時下起大雨來。

長老擔心男孩家裡遠，回去不方便，就讓這孩子先住在廟裡，恰巧有一間房是給廟裡的畫師住的，畫師那天沒有來，於是男童就在那屋裡休息了。

那男孩剛一進屋，就發現牆上掛著一幅地藏菩薩的畫像，他心中好奇，就學著畫像，用指尖在牆壁上刻劃起來。

第二天，雨停了，男童就告別了釋惠溫，往家裡走去。

轉眼過了一個月，釋惠溫快把男孩的事情給忘了，誰知男孩的家人卻突然來寺裡拜訪，並再次提出要給男孩剃度。

長老很驚奇，覺得之前健真說的話根本就不可靠，於是他把健真找來，讓他再與男孩見面。

健真聽說那男孩還活著，也是難以置信，他一路小跑著去了寺廟，當他看到男孩時，竟驚愕地叫起來：「你的壽命怎麼延長了五十年？」

男孩見大家都看著他，就不好意思地說：「一個月前的那天晚上，我用指甲在牆上刻了地藏菩薩的像，誰知睡著後，就夢見了菩薩，菩薩對著我說：『汝五十。』祂說了三聲，然後就不見了。」

大家聽完男孩的話，都感嘆不可思議。

後來，男孩順利出家，法號惠藏法師，果真過了五十年方才圓寂。

開寶寺是北宋四大皇家寺院之一，位於開封城內東北方向的夷山上，如今只存一座塔。

該塔是存世較早的大型琉璃塔，是開寶寺為了供奉阿育王佛舍利而建的，在宋太宗時期，佛舍利來到開封，被皇帝埋於地下，由大建築師喻皓建築木塔，據說有避邪消災的作用。該塔有八十三層，高一百二十九公尺，原名福勝塔，在清朝時，開寶寺被毀，僅留此塔。

根據《須彌藏經》所說，地藏菩薩具有增長眾生精氣、增進健康、祛除疾病的功德，如果能夠見到菩薩法身，則任何疾病和煩惱都能消失掉。在延長壽命、保佑健康的角度講，地藏菩薩的這種功德與藥師佛相類似。

【拈花解意】

藥師佛有什麼來歷？

藥師佛就是東方淨琉璃世界的教主，又名阿閦佛，也就是不動如來，祂的佛國是個清淨無瑕的世界。據說，重病之人如果能唸誦藥師如來本願功德經四十九遍，再點燃四十九盞燈，掛四十九天五色彩幡，便能延長自己的壽命。

90

還救命錢得好報—贈予無上財富

在一百多年前，臺灣嘉義曾發生了一件奇事，讓很多人津津樂道。

當年，距嘉義十幾里外的鄉間，住著一位姓林的先生，他不幸遭人誣告，結果鋃鐺入獄。

林太太急得像熱鍋上的螞蟻，她把家中的全部存款拿了出來前去打點，卻被官府一口回絕。

原來，官府要求一定要有四十兩銀子才可贖罪。

林太太的眼淚在眼眶裡打轉，她把所有值錢的東西都賣了，可是還是不夠四十兩啊！

為了救丈夫，林太太咬咬牙，將自己唯一的兒子賣了，湊足了四十兩銀子。結果，牙婆還趁機索取了三兩介紹費。

林太太心裡也沒有底，不知這些錢到底夠不夠贖回丈夫，就膽顫心驚地往衙門裡走去。

當她來到街上時，想著那些獄卒平時都索取好處，就想買些檳榔來討好他們，孰料一不留神，將三十七兩白銀弄丟了。

結果可想而知，林太太無錢為丈夫贖身，又想起被賣掉的兒子，不由得哭了個昏天暗地，她不甘心，就沿原路返回，希望能把銀子找到。

她的運氣真好，因為有個叫徐良泗的叫花子幫她撿起了那些銀子。

徐良泗借宿在嘉義城的土地公廟裡，他天生殘疾，腰部以下都癱瘓了，平日裡乞討只能在街上爬行。

說來也巧，就在徐良泗行乞的時候，他看到一個荷包從林太太的身上掉了下來，他想喊，但對方走得太快，他又怕自己行動不便，荷包被別人撿走了，只好慢慢爬到荷包掉落的地方，將銀子撿了起來。

他打開荷包一看，不由得倒吸一口氣：天啊，居然有這麼多銀子！

徐良泗雖然窮，卻是個善良的人，他覺得失主肯定很著急，說不定還會輕生呢！

於是，他就守在銀子丟失的地方，足足等了大半天時間，才見一個女人慌裡慌張地跑過來。

他料定對方就是失主，便去拽林太太的衣袖，可是對方卻以為他要乞討，跳著躲開了，嘴裡還說：「我沒錢，我的錢全丟了！」

徐良泗誠懇地說：「太太，我撿到妳的錢了，妳看是不是這個？」

說著，他把林太太的荷包拿了出來。

林太太驚喜萬分，不停感謝徐良泗，很多路人也都得知了這件事。

徐良泗的善行也感動了官府裡的老爺，縣令沒有收錢，將林先生放了出去。

再說徐良泗，因為等林太太回來拿錢，耽誤了時間，他看看已經漆黑的天色，知道來不及趕回土地公廟了，就去了一個地藏菩薩廟留宿。

深夜時分，廟裡的住持聽見徐良泗發出殺豬般的叫聲，差點被嚇死，不由得暗怪自己引來了一個「瘋子」。

到第二天，住持前去喚醒徐良泗，哪知徐良泗叫了一聲，竟然活蹦亂跳地跑地去給地藏菩薩上香了。

原來，他昨天在休息時，忽然來

地藏菩薩

了一個全身發出金光的和尚，和尚手持錫杖，讓身邊兩個小鬼去拉徐良泗的腿，徐良泗才會恢復健康。徐良泗知道是地藏菩薩顯靈，就對著地藏菩薩的佛像再三朝拜。而當他回到土地公廟時，發現地上有一個錢袋子，裡面裝滿了黃金！

這便是地藏菩薩對善良的徐良泗的獎賞了。

後來，徐良泗用金子做生意，賺了很多錢，成了富甲一方的大富翁。

除了保佑健康外，地藏菩薩還能賜予眾生很多財富，但這只是祂的功德之一。據說，地藏菩薩能滿足眾生的所有願望，是一位功德無量的菩薩。

《地藏十輪經》中說，在一百劫中，如果在吃一碗飯的時間裡皈依地藏菩薩，唸地藏菩薩的名號，並虔誠地禮拜和供養菩薩的殊勝功德，則個人願望的實現會快很多。

此外，佛經還有云，地藏菩薩和觀世音菩薩一樣，在十方世界有著種種化身，且同樣以渡化眾生為己任，能夠滿足眾生的一切心願。

【拈花解意】

什麼是「十方世界」？

十方，就是東、南、西、北、東南、西南、東北、西北、上、下這十個方位。佛經中說，這每一個方位都有一個無量無邊的廣闊佛國，因此十方世界就成了一切世界的代名詞。

91 尚書亡妻了結前世孽債－了卻信徒煩惱

在古代，有一位叫伯悅的尚書，他一直都是虔誠的佛教徒，每日唸經拜佛，經常布施供養，是遠近聞名的大善人。

伯悅家境殷實，還有一位如花似玉的嬌妻，仕途也很順利，看起來生活幸福美滿，真是令人非常羨慕。

誰知，上天偏要給伯悅製造災難，他的妻子年方二十歲，懷孕十月，待生產的時候突然血崩，最後因失血過多而離開人世。

伯悅與妻子感情深厚，遭此變故，大受打擊，長時間不能從悲痛中解脫過來。

一個月後，為了給亡妻祈福，伯悅在自家佛堂裡請了一尊地藏菩薩像，然後又請來和尚為亡妻唸經超度，並大設素齋三天，免費向全城百姓佈施。

伯悅每天都對著地藏菩薩像禱告，常唸經至深夜。

有一晚，他唸著唸著，不知怎麼了，就睡著了，在夢中，他竟然與妻子見面了。

只見妻子衣著光鮮，神采飛揚，看起來過得不錯，伯悅既激動又欣慰，連忙問妻子如今身在何方。

他的妻子笑道：「多虧你為我追修福報，我現在已經升入三十三忉利天，今後就不再是女兒身了！」

伯悅大為驚奇，也笑道：「我不過是對著地藏菩薩朝拜而已，怎會有如此奇妙的效果？」

妻子便告訴他，自己之所以能升入天道，全是因為將前世的孽債還清的結果。

原來，伯悅的妻子在幾世以前就已與伯悅結為夫妻，雖然伯悅對妻子很好，但妻子因一直未能生育而遭到公婆的冷待。

伯悅的前世是個孝子，為了不讓爹娘失望，他只好納了偏房。沒過多久，那小妾就懷孕了。

這下伯悅的父母可高興了，整天對著小妾嘘寒問暖，連伯悅的態度也有所轉變，對小妾熱情了很多，反倒是對妻子疏遠了。

妻子非常嫉恨，假意去探望小妾，並送了糕點給對方，說是讓小妾補身子，實則在糕點裡摻進了毒藥。

小妾正逢春風得意時，絲毫沒有懷疑，將糕點全部吃進肚裡，結果當天晚上，小妾就七竅流血而亡。伯悅之妻因做出如此惡毒的事情，而被墮入地獄，在經過了六劫之後，才得以重回人間。但是她的業報仍沒有消失，她必須生生世世做伯悅的妻子，而且必須在生產時喪命，永世承受這苦難。

可是如今伯悅為她超度後，她發現自己居然來到了一片光明而美麗的世界，面前出現了一座金光璀璨的殿宇。

她好奇地步入殿中，發現在一棵巨大的無憂樹下坐著一位渾身散發著金光的僧人，她仔細一看，頓時恭敬萬分，原來那僧人是地藏菩薩。

菩薩告訴她，是伯悅造了自己的像，他才會施展法力，將她解救的，伯悅之妻聽後感激萬分，如今特地入夢來感謝丈夫。

伯悅聽完妻子的故事，內心感慨萬千，從此虔誠禮拜地藏菩薩，死後果然也升入天道。

善法堂，位於須彌山山頂中央，善見城的城外西南角，是天眾舉行集會的地方，用來討論人、天的善惡，當年天人與阿修羅大戰，也是在此研究出作戰方案的。

據說，此堂長寬各有五百由旬，有七重柵欄、七重鈴網，這些障礙物都是由七寶組成的，而堂內的亭臺樓閣，也都是七寶，善法堂的地面是青琉璃寶，如絲綢般柔軟，走起來能蕩起漣漪。在堂內中央位置，有一根長二十由旬的寶柱，柱下是帝釋天的寶座，寶座的左右又各放著十六小天王的寶座。

至於無憂樹，是原產於印度、中國南部的一種小型喬木，高五～十公尺，葉片很長，橢圓形，由於葉柄非常柔軟，所以葉片都垂著生長，整棵樹宛若一件紫色袈裟。每年春季開花時，金色花朵覆蓋了整個樹冠，又讓此樹彷彿成了一座金色的寶塔，所以佛教對此樹十分推崇。

【拈花解意】

什麼是業？

業的歷史悠久，是最早的宗教用語，其意思相當於漢語中的「行為」，但又有延續性，當行為產生後，會擁有巨大的慣性力量，而且針對這些行為的記憶會自動產生，於是就會產生「業力」，從而對人的命運產生作用，便是「業報」。

92 貧苦老太婆與員外的賭約—福庇風調雨順

早些年，在河南一帶流傳著一個地藏菩薩打賭的故事，讓民間的百姓頗為津津樂道。

那是在明朝的時候，有一年發生了特大的旱災，土地龜裂，農作物顆粒無收，農民欲哭無淚。

有一個村子受災特別嚴重，百姓們過不下去了，都準備收拾行李，去外面乞討。

村裡有個劉員外，曾是朝廷命官，後告老還鄉，建起了一座大宅子，還運回了數不盡的珠寶和糧食。所以在村子裡，只有劉員外一家能不受天災影響，照樣過舒心日子。

其實，只要劉員外撥出一點糧食賑災，村民們就能度過災荒了，可惜這個員外是個吝嗇鬼，他說什麼也不肯幫助大家，百姓們對他議論紛紛。

這一天，一位瘦骨嶙峋的老婆婆來敲劉員外家的門，說想討點米回去做飯。

劉員外的僕從將老婆婆攔住，不讓她進去，老婆婆就大聲哭鬧，說快要餓死了，請員外大發善心救救她。

劉員外正在喝茶呢！聽到外面有很大動靜，就走過去查看是怎麼回事，當他發現是個無理取鬧的老太婆時，鼻子裡不由得發出一聲輕蔑的冷笑：「妳這個老太婆怎麼如此無賴呢？我今天就算給了妳一點米，妳吃完了明天不還得挨餓嗎？我能救妳一時，能救妳一世嗎？妳還是自己想辦法吧！」

老婆婆一聽，老淚縱橫，說：「只要你今天給我一點米，明天就會下雨了，到時就不用你再施捨了。」

劉員外不禁哈哈大笑，說：「妳看看天，多大的太陽，會下雨嗎？一連幾個月都沒下雨，妳說下就下啊？」

僕從們也討好地跟著笑。

老婆婆一跺腳，說：「明天肯定會下的！」

劉員外忍住笑，嘲諷道：「好，如果明天下雨，我就發放五千斤米給全體村民，如果不下，你們就別做夢了，今天我是不會給妳米的！」

老婆婆點點頭，說：「希望你不要忘了你的承諾。」

說罷，這個婆婆就蹣跚著身子走了。

劉員外也沒當回事，繼續喝茶聽曲。

有好事者把這個賭約散播了出去，不到一刻工夫，大家都知道了劉員外要見雨佈施的消息，紛紛祈求老天千萬要在明天降下雨來。

第二天中午，劉員外來到屋外，見天上仍是一輪紅日當空照，不由得笑道：「哪裡有雨啊！真是妄想！」

誰知，片刻間，烏雲蔽日，狂風大作，一個手持錫杖的菩薩立於雲頭，唸了聲「阿彌陀佛」，瓢潑般的大雨頓時傾瀉下來。

百姓們激動地喊道：「那不是地藏菩薩嗎？我們的莊稼有救了！」於是跪倒在地，感謝菩薩相助。

劉員外這才知道是地藏菩薩顯靈，不由得羞愧萬分，立刻兌現了自己的諾言，並在太室山修建地藏菩薩廟，以歌頌菩薩庇護風調雨順的功德。

太室山是河南嵩山的東峰，海拔一千四百四十公尺，據說該山是三皇五帝中大禹的妻子塗山氏出生的地方，至今山下仍有紀念塗山氏的啟母廟。由於「室」有妻子的意思，所以名曰太室。

太室山最高峰為峻極峰，乾隆皇帝曾在此賦詩立碑，所以該峰又稱「御碑峰」。太室山是中國八大名山之一，司馬遷在《史記》中稱漢族人所在的中華大地上，名山就佔了五座，分別是：華山、首山、太室、泰山、蓬萊。

嵩山，在中國名山中號稱「中嶽」，由太室山和少室山組成，以少林河為界，兩座山各佔三十六峰，著名的少林寺就在嵩山。

古往今來，無數文人騷客都在嵩山遊歷過，並創作出無數佳作，如山水田園詩人王維的《歸嵩山作》就寫道為回到嵩山而喜悅的心情：「荒城臨古渡，落日滿秋山。迢遞嵩高下，歸來且閉關。」

【拈花解意】

為何出家人都唸「阿彌陀佛」？

因為阿彌陀佛是最慈悲的佛，誰若想去祂的佛國，只需滿足心善行正就行，據說只要經常唸「阿彌陀佛」，往生後就能去極樂世界這一莊嚴淨土。當然，出家人唸「阿彌陀佛」，並非為了去極樂世界，而是因為這個佛號有不可思議的功德，唸誦它便是在修佛，於是要時時稱頌。

93 天降奇風退洪水—保護旅者安危

在臺灣，至今仍有不少高山族原住民，雖然他們在深山老林與外界的交流不那麼順暢，但是絲毫沒有減弱佛教在當地的影響。

在臺中縣和平鄉，有一個叫自由村的山村，村子附近的山上有一座地藏菩薩廟。想當年，村裡流行起一種怪病，幾乎讓全體村民陷入絕境，好在大家籌款鑄了一尊九公尺多高的地藏菩薩像，瘟疫才得到遏制。後來，村民的生活逐漸好轉，村子再度繁榮起來。

幾十年後，大家都開始富足，可是地藏廟卻搖搖欲墜了，村民們感激地藏菩薩曾為村子做過的功德，便出資整修舊廟，讓這座破敗的建築煥然一新。

為了慶祝新廟落成，村民代表還特意請了鄰村樹泉寺修佛的居士們前來舉行法會，辦得風風光光、熱熱鬧鬧，每個村民的臉上都洋溢著幸福的笑容。

法會辦了一天，居士們原定第二天要回去，誰知當天晚上就颱風大作，暴雨傾盆，嚇得所有人都不敢出門。

第二天，大家出門一看，不由得驚訝極了，只見地上一片汪洋，加上山體滑坡，爛泥和碎石塊到處都是，如果洪水不退的話，根本就走不了。

這時，唯有地藏廟在一片狼藉中安然無恙，居士們只好先在廟裡歇息，想等水退後再動身。

誰知等了一天，洪水沒有一點消退的跡象，居士們愁眉不展，又不甘心枯坐空等，就齊齊對著地藏菩薩的佛像祈求保佑，然後小心翼翼地踏上了艱苦的返程。

可惜大家還沒走多遠，就發現村外的一座木橋也被洪水沖毀，而兩岸相距十幾公尺，沒有橋是萬萬不行的。

護送居士們回去的村民見狀，急忙勸眾人不要驚慌，然後想砍一些竹子來臨時搭設橋，但這個辦法也不見得一定管用。

有一個居士突然嘆息一聲，說：「地藏菩薩在庇佑我們，我們為何不向祂求助呢？」

居士們一聽，連忙點頭稱是，然後紛紛坐下來默唸地藏菩薩的聖號。

過了片刻，村民驚訝地發現河流的水位在不斷下落，二十分鐘後，剛才還深不見底的河水，竟成為淺淺的灘塗。

「太不可思議了！」村民們驚訝地讚嘆道。

位於日本青森縣恐山的地藏菩薩石像

居士們這才不再打坐，相互攙扶著過了河，就在最後一個人到達對岸時，河水開始「嘩嘩」地上漲，速度之快，令所有人瞠目結舌。

幾分鐘後，河流又恢復了原先的樣子，此時，大家無不虔誠地感謝道：「都是地藏菩薩的功勞，讓我們出行得以平安啊！」

地藏菩薩有諸多殊勝功德，除了保佑健康、滿足心願外，他還有個不為人知的功德，就是保護旅者的安全。

據說，在日本，人們特別崇拜地藏菩薩，大概是因為該國災情頗多，而地藏菩薩沉穩如土，能夠庇佑安全，所以特別受該國人民的歡迎。

說到地藏菩薩的聖號，應該為「南無大願大慈大悲地藏王菩薩」，但也有很多人簡稱為「南無大願地藏王菩薩」。南無，是皈依、禮拜的意思，大願，則是地藏王菩薩的功德，說明祂是能滿足人們宏大願望的菩薩，所以祂對修行者的幫助是極為巨大，據說常唸誦此聖號，能獲得菩薩加持，可令一切不如意消散。

【拈花解意】

摩訶薩是什麼意思？

地藏菩薩有時會被尊稱為「地藏菩薩摩訶薩」，摩訶薩也稱「摩訶薩陀」或「摩訶薩埵」，意思是有情有義的眾生，所以有佛之大心，也就是大菩薩。

第四節　地藏菩薩的無量化現

94 還魂記—地藏化身之閻羅王

南京有座著名的山，叫鍾山，在唐朝的時候，山上有座開善寺，寺裡供著一尊三尺高的地藏菩薩像。這尊佛像加上基座，有四尺五寸長，周身佈滿了灰塵，顯得特別陳舊，沒有人知道它是什麼時候造的，似乎在大家第一次來寺廟時，佛像就已經存在了。

有一年，揚州都督鄧宗來開善寺拜佛，夜間感染了一點風寒，沒過幾天竟然駕鶴西去，享年六十一歲。

鄧老的子女悲痛欲絕，想將老父安葬，但鄧老的身子卻尚有餘溫，過了很久都沒有冷下去，而且皮膚有彈性，一點都不像離世的人，倒像睡著了一樣。

子女覺得奇怪，就將棺槨先放置在屋內，沒有立刻安葬。

過了一天後，鄧宗忽然醒轉過來，扶著棺材大哭不止。

子女們都非常驚訝，連忙去問老父發生了什麼事情。

鄧宗便將前一日的奇事悉數告之。

原來，當他死去後，靈魂便被押到了一座高大的城門前。他進了城門後，見到了一位帝王般模樣的男子，那人面黑如炭，兩眼如炬，神情看起來極為恐怖。

隨後，鄧宗就聽到小鬼喊那人為「大王」，才知是閻羅王。

還好閻王的態度很溫和，祂對鄧宗說：「你命不該絕，還是速速返回人間吧！不過你既然來了，想看看地獄是什麼樣子嗎？」

鄧宗當即表示願意前往，於是，閻王就帶著他出城，來到東北方的一座城市裡。

此城的四面八方全用鐵做成，即便如此，也阻擋不住城內火焰的射出。

鄧宗遠在城門外，就聽見裡面傳來痛苦的哀嚎聲，不由得心中膽怯，不敢靠近。

這時閻王來到城門前，對著裡面的人大聲教誨，火焰一下子小了很多，鄧宗這才得以進入城中。

城內的中心便是十八層地獄，閻王帶鄧宗一層一層地看著，每一層的慘狀都讓鄧宗怵目驚心。

當看完地獄後，閻王問鄧宗：「你知道我是誰嗎？」

鄧宗搖頭，說不知。

閻王便告訴他：「我就是開善寺的地藏菩薩。當年，智藏法師的弟子智滿法師為救三惡道眾生，刻了我的雕像，我為滿足他的願望，便每天花一個時辰的時間來到地獄，普渡眾生。人間若有善根微強者，我也能讓他們免除地獄之苦，返還人間。」

說罷，閻王立刻恢復了菩薩的法身，然後消失不見了。

鄧宗醒來後將自己的遭遇講給了開善寺的僧眾聽，大家都驚訝至極，連忙清潔地藏菩薩像，並每日供奉，不敢再有怠慢。

閻王，在中國又名「閻摩羅王」、「閻魔王」，別看在道教裡也有閻王，其實閻王的祖籍在印度，他原本是佛教裡的神仙。

在梵文中，閻王的意思是「擒拿、捆綁」，所以祂是審判罪人的神，祂統領著陰間，根據人生前的行為給予相應的判決，或讓人輪迴入天道、阿修羅道和人道，或讓人進入三惡道。

有意思的是，閻王在印度佛教裡有兩個人，且是兄妹關係，哥哥管轄男鬼，妹妹管轄女鬼，但佛教傳入中國後，因女人在佛教中的地位低微，如「前世作惡今世投胎為女兒身」之說，使得閻王從兄妹變成了一人獨大。

地藏菩薩有無量化身，其中之一便是閻王，且祂不僅要統治地獄，還要為眾生說法，讓大家減輕罪惡。中國民間也將地藏菩薩視為地獄的最高主宰，稱祂為「幽冥教主」，管轄十殿閻王。

此畫描繪的是地藏菩薩統領地獄十王的場景。地藏菩薩頭戴風帽，身披袈裟，右手持錫杖，左手外伸，似在說法狀，端坐在蓮花寶座上。兩側站立有記錄善惡，懷抱卷宗的童子，地藏菩薩坐下有地獄十王分坐在兩側，中間有道明和尚和金毛獅子。

【拈花解意】

什麼是十殿閻王？

原本閻王只有一人，但中國的佛教認為陰間事務眾多，閻王管不過來，就讓天帝冊封閻羅王，讓祂管轄五個監獄的衛兵，同時又把地獄分成十殿，十個小王分別掌管十殿，所以稱為十殿閻王。

95 朽木變和尚驅走猛虎—地藏化身之沙門人

在唐朝，陝西有一座叫慧日寺的寺廟，廟裡有一個叫釋法的和尚，他本是官宦子弟，生活一向安逸，卻毅然在三十七歲那年出家，這是怎麼回事呢？

釋法在未出家時，很喜歡打獵，經常背著弓箭在樹林裡穿梭，見到獵物就射。

有一天，正當他在尋找獵物時，忽然發現草叢裡有什麼東西在閃閃發光。他忍不住好奇，連忙撥開草叢一看，卻失望地發現原來是一截爛木頭。

奇怪的是，當木頭暴露在空氣中後，就不發光了，釋法還以為剛才是自己眼花了呢！於是他就騎馬回家了。

過了幾天，釋法再次去樹林裡打獵，當他經過放那截木頭的草叢時，再度看到有光芒從一尺高的草堆裡放射出來。

釋法連忙揉揉眼，發現自己不是眼花了，就撥開草叢，對著木頭仔細查看。

「也沒什麼稀奇的呀？」他一邊看，一邊自言自語。

這一次，他把木頭拿了出來，放在了一根樹樁上，然後才策馬而去。

這天他運氣特別好，滿載而歸，就在他準備回家時，林間忽然颳來一陣陰風，緊接著，驚天動地的咆哮聲直衝他而來，只見一隻如母牛般大小的猛虎躥出來，直往釋法的身上撲來。

釋法驚得冷汗都出來了，趕緊掉轉馬頭，拼命奔跑，可是猛虎速度很快，窮追不捨，眼看就要逼過來了。

情急之下，釋法搭弓向老虎射了一箭，利箭離弦之際，弓弦應聲斷裂，而釋法再一摸箭袋，才發現箭矢已無，自己只能做老虎的口中餐了。

就在他急得六神無主的時候，憑空裡蹦出來個和尚，拿了根棍子對著老虎猛敲了一下，老虎立刻乖乖地縮著尾巴溜走了。

釋法大為驚奇，連忙問和尚：「你是誰？」

和尚向釋法行了個禮，說：「我是地藏菩薩，你見到的朽木就是我的化身。當年你曾祖父在此地建立寺廟，為我造像，如今寺廟被破壞，我的佛像也只剩下一截朽木。幸好你今天發現了我，所以我才現身幫你驅趕猛虎。」

釋法深覺不可思議，待他想向和尚道謝時，卻發現對方已經沒了蹤影。

幾天後，釋法又回到發現發光木頭的草叢旁，在那裡蓋了一座寺廟，並在木頭上包裹黏土，製成地藏菩薩像，供奉在寺裡。

從此，釋法就成為住持，而他的寺廟就取名為「慧日精舍」，釋法還將地藏菩薩搭救自己的事蹟告訴了眾僧，大家都對菩薩心懷崇拜，每日早晚虔誠朝拜，歌頌菩薩的功德。

在大乘佛經中，觀音、文殊、普賢等諸菩薩都是在家相，或是天人相，唯獨地藏菩薩是出家相，這其中有什麼緣由呢？

原來，大乘法認為，在淨土法門中，是沒有小乘佛法的，也沒有出家的眾生，因為那裡的眾生心態積極，都很善良，能夠立地成佛，哪裡還需要出家修行呢？

唯有在穢惡世界中，才需要出家人，因為這個世界充滿了貪、嗔、癡，業力很深，光靠內心的修行，想要圓滿是很艱難的，而出家修行則更容易一點，所以出家眾有存在的必要。

於是，佛法認為，五濁世的佛法重心應靠出家人來繼承和弘揚，這便和物質基礎決定上層建築的論證差不多，所以地藏菩薩和釋迦牟尼佛經常在娑婆世界中以和尚的身份出現，是有特殊含意的。

往生極樂九品蓮圖

【拈花解意】

什麼是在家相？

意思就是在家相佛的狀態，如觀音菩薩，可以留髮髻，穿白衣、披瓔珞，身上還掛有珠寶，這並非是說心中有貪念，而是說明不為物質所迷惑，只要心有善念，能行菩薩道即可。

96 掛畫像懲治惡鬼—地藏化身之菩薩

在盛唐時期，武則天大力弘揚佛法，中國的百姓便有很多成為了虔誠的佛教徒。

在雲南瀘水，有一位叫李信思的秀才，是個在家居士，家裡有一座特別大的佛堂，每天只要一有時間，他就會去佛堂裡拜佛唸經，非常虔誠。

儘管如此，厄運還是找上了門。

有一天，李信思的老婆張氏在睡午覺時，忽然從夢中醒來，緊接著就開始張牙舞爪、聲嘶力竭地吼叫起來。

李信思和兒子女兒被嚇了一跳，趕緊過來查看，他們發現張氏兩眼發直，頭上、身上全是汗，衣服上也滿是灰塵，見東西就摔，彷彿瘋了似的。

李信思被嚇了一跳，趕緊將張氏綁在椅子上，手忙腳亂地翻開經書，唸誦了幾遍，才讓張氏的情緒漸漸平復下來。

誰知，過了幾天後，張氏故態復萌，再度大鬧，弄得家裡雞飛狗跳，不得安寧。

李信思無可奈何，只得請當地寺廟裡的和尚過來舉行法事，才讓張氏恢復正常。

隨後幾天，李信思都密切關注老婆的一舉一動，生怕張氏再有任何異常舉動。

令他欣慰的是，張氏的行為舉止已和往常無異，平日裡說話做事都很有分寸，這才讓李信思鬆了一口氣。

可惜，災難再度降臨，這一次倒楣的是李信思的女兒。

有一日，李信思之女在繡房做女紅時，忽覺胸口憋悶，緊接著彷彿有人在她背上重重地敲了一下，痛得她肝膽欲裂。

這位小姐忍不住張開嘴，「哇」地一聲吐出一大口鮮血。

自此以後，小姐吐血不止，日漸消瘦，原本豐潤的臉頰也癟了下去，似病入膏肓的模樣。

李信思心如刀絞，馬不停蹄地到處找名醫給女兒治病，孰料兒子緊接著也病倒了，並且出現了同樣的症狀，每天都要吐很多血。

再往後，李家三十多口人全部得了這種怪病，有的人吐血還好一點，有些人血悶在嗓子眼裡，堵住了氣管，一口氣沒呼出來，便氣絕身亡。

眼看著家裡一片病懨懨的景象，李信思欲哭無淚，同時也覺得奇怪：為何自己沒有事呢？

這一天，李家正好來了一個雲遊僧人，李信思向他提及家裡的怪事，忍不住長吁短嘆。

僧人仔細看了看，嚴肅地說：「你家裡有惡鬼搗亂，才會遭遇橫禍。你平時茹素唸佛，所以鬼不敢侵犯你的身子。要想驅逐惡鬼，可以掛一幅地藏菩薩像在家裡，當年地藏菩薩驅散了惡鬼，並解救了五百人的性命，你若能求菩薩相助，惡鬼一定不敢再來。」

李信思大喜，急忙請畫師畫了一幅地藏菩薩像，然後供在佛堂裡。

他每天對著畫像祈禱，並唸誦《地藏本願經》，結果在三日後的晚上，正當他要去佛堂唸經時，忽然看到佛堂裡透出光亮來。

他一驚，忙躡手躡腳靠上前去，從門縫中向內窺視，結果看到地藏菩薩正端坐於屋內，訓斥著一個紅頭髮的惡鬼，而那惡鬼正是幾年前因竊盜財物而被他逐出家門的僕人王二！

李信思不敢驚擾菩薩，便走了回去，第二天，他發現所有家人的病竟全都好了，而且每個人都神清氣爽的，彷佛從未生病一樣。

李信思感激地藏菩薩大恩大德，將此事告訴全城百姓，於是大家一起稱頌地藏菩薩聖號，祈求菩薩賜予安寧。

雖然地藏菩薩在很多時候是以沙門人的形象出現的，但祂有時也會以菩薩的形象示人，在《大日經》中，地藏菩薩就是在家菩薩相，祂戴有五佛冠，且身披瓔珞，看起來十分雍容華貴。

在密教中，地藏菩薩又是胎藏界曼荼羅地藏院的主尊，密號為悲願金剛、與願金剛，也是菩薩相，祂左手持蓮花，花上有如意寶幢，右手持摩尼寶珠，端坐於蓮花寶座上。

此外，地藏菩薩的化身之一為南方寶生如來四親近之一的金剛幢菩薩，該菩薩手持幡幢，也就是用竹竿等挑起來垂直掛置的長條形旗子，據說祂能生出無盡財富。

地藏菩薩在家菩薩像

【拈花解意】

何爲曼荼羅？

即曼陀羅，在密教中，是修持能量的中心，佛教中有一種吉祥花叫曼陀羅花，相傳世尊在傳播佛法時，手拈曼陀羅花，天空就會撒落漫天的花雨，帶給世人吉祥安寧。

97 刺史為何而哭—地藏化身之大梵王

五代時期，政局動盪不安，為了鞏固統治地位，很多皇帝都禁止佛教傳播，因為佛教揚善抑惡，與暴政截然相反。

後漢有個名叫郭徐安的益州刺史，他也跟風，不僅不信三寶，還總是詆毀菩薩，有些信佛的人好心勸他，他卻暴跳如雷，結果到後來沒人再對他苦口婆心了。

乾祐三年的五月，天氣逐漸炎熱，郭徐安某天中午在露天睡覺時，大概是感染了熱傷風，從此纏綿於病榻，他的妻子倒是個虔誠的佛教徒，就去拜歡喜天。

後來，歡喜天託夢給郭徐安的妻子，說需要趕緊造一尊地藏菩薩像，郭徐安的病方可免除，不能拖延，否則郭徐安的性命危在旦夕。

妻子醒來後，將此事告訴丈夫，可惜郭徐安卻嘲笑道：「要真有此事，還需要醫生做什麼？」就這樣，造菩薩像的事就拖了下來。

幾天後，郭妻去給丈夫送藥，卻見丈夫怎麼都叫不醒，不由得大驚，便去試丈夫的鼻息，頓時五雷轟頂，原來郭徐安早已氣絕身亡。

郭妻悲痛地嚎啕大哭，久久未能平息，家人都過來勸慰，共同商量後事，卻沒想到郭徐安居然悠悠地醒轉過來。

郭徐安一醒，立刻扇了自己幾個耳光，然後哭著要找匕首，說要把自己的舌頭給割下來。

眾人連忙攔住他，詢問緣由。

郭徐安告訴大家，他剛才進了地獄，被七、八個人追趕，那些人手持寶劍、弓箭和棍棒，都騎著駿馬，將他趕往東北方。

他被嚇得狂奔一氣，然後便到了一座大鐵門前，此時他聽到門內有無數哀嚎的聲音，不由得恐懼萬分。

正當那些兇神惡煞的人要把他趕進鐵門時，忽然有神靈大梵天擋在了他的面前，厲聲喝道：「休得無禮！」

那些追趕的人下馬來，怒氣沖天地吼道：「我們懲治罪人，與你何干！」

說完，便又要來抓郭徐安。

郭徐安嚇得直往後退，大梵天立刻拿起鐵杖，往那些追趕的人身上打去，打得對方渾身是血、大叫而逃。

這時，大梵天才對郭徐安說：「我是地藏菩薩，因為你夫人許願，特來救你，你趕緊回人間吧！」

郭徐安這才相信菩薩的功德，不由得悔恨不已，想割舌懺悔，卻被他妻子含淚勸阻：「與其割舌，還不如每日唸經懺悔，稱頌菩薩聖號。」

郭徐安頓悟，方從地上爬起，趕緊請來地藏菩薩像，誠心供奉，不敢再出言不遜。

大梵天，本是印度教的創造神，據說祂創造了世界上的十位生主，大梵天的老婆是掌管智慧的辯才女神，所以祂也被印度教認為是智慧之神。

後來，佛教吸收了這位神靈，將其做為佛法的護法神之一，後傳入華人地區，又被稱為四面佛，根據其名，可想而知，大梵天擁有四顆頭、四張臉和四隻手臂，祂的坐騎是一隻孔雀，代表祂能分辨善惡是非。

印度很少單獨供奉大梵天，而是大多將其和毗濕奴、濕婆放在一起供奉，合成為「三主神」。不過在東南亞，四面佛是一位財神，據說祂能保佑人間富貴吉祥，所以頗受大家歡迎。

佛教護法神大梵天立像

【拈花解意】

什麼叫「生主」？

生主，就是造物主的意思，根據印度史詩《羅摩衍那》所說，世界上最早有六位生主，梵天是其中之一，後來，梵天又生出十位生主，這些生主便是人類的祖先，但關於生主的數量眾說紛紜，有說七個，也有說二十一個。

98

具有不可思議威力的聖光—佛像裡的地藏菩薩

在後唐時期，有一位叫健渴的將軍，他長年在沙場上馳騁，稍有不慎便會喪命，於是很擔心自己的安全，找了個僧人詢問保命之法。

僧人告訴他，不妨在家供一尊佛像，可以得到佛陀或菩薩的護持。

健渴欣喜不已，連忙問：「我該掛哪個菩薩的像？」

僧人說：「你供觀音，能增長勇氣；供藥師佛，能達成所願；供彌勒佛，能尋到老師；供地藏菩薩，能獲得護持。」

健渴馬上說：「那我供地藏菩薩，請菩薩保佑我平安！」

於是，他趕緊用栴檀木造了一尊地藏菩薩的佛像，然後藏在自己的髮髻中，每天有空就稱唸菩薩名號，期望得到護持。

西元九二三年五月，唐莊宗的義兄弟李嗣源造反，洛陽宮廷大亂，健渴被造反的士兵團團圍住，眼看就要朝不保夕。

就在命懸一線的關頭，健渴的髮髻上忽然發出明亮的光芒，頃刻間，他宛如換了一個人似的，恐懼之色一掃而光，只見他大喝一聲，縱馬揮刀向敵人砍去，將敵眾砍倒一大片，然後怒喝：「你們知道我的是誰嗎？我是地藏菩薩！」

說罷，健渴領軍突圍，敵軍早已嚇得屁滾尿流。

待健渴清醒過來時，他已經不記得自己說過的話了，他的隨從將他剛才的英勇表現告訴他，令他驚訝萬分。

後來，健渴因戰功顯赫而得到升遷機會，他上任時，仇家憤恨不平，埋伏在他必經之地，企圖加害他。

誰知那一天，仇家等了很久，才看見一個沙門人走過，並沒有看到健渴的身影。

其實，健渴早就路過了此地，當天晚上，他來到一個小山村，借宿在一戶農夫家裡。

農夫家窮，沒錢點蠟燭，可是健渴的髮髻中竟放射出如日月般耀眼的光芒，照得屋舍雪亮。

健渴知道是地藏菩薩在保護自己，不由得虔誠地稱唸菩薩聖號，感激菩薩的功德。

正當他在唸經之時，耳邊忽然傳來一句：「早點離去！」

健渴一驚，心頭升騰起不祥的預感，便趕緊告辭，去了另一家農戶借宿。

等到第二天，他才發現晚上發了洪水，自己借宿的第一戶人家因為地勢低窪，已經被洪水淹沒。

健渴對地藏菩薩心悅誠服，慶幸自己皈依在菩薩的座下，後來，他髮髻中的地藏像再也沒有發光，一直到他七十八歲那年，金光才再度閃現，而此時健渴已經雙手合十，悄然升天了。

後唐屬於五代時期，此時佛教沿襲唐朝傳統，相當繁榮，這得歸功於南北朝的北魏，當年孝文帝遷都洛陽，令洛陽成了著名的佛教聖地，在北魏末年該城有寺廟一千三百六十七所。

後唐時期，洛陽依舊是都城，唐莊宗李存勖雖然是個昏君，卻極其熱衷佛教，不斷修繕寺廟，並多次入寺祭拜，非常虔誠。

所以，後唐的很多官員也篤信佛法，而在上述故事中，將佛像頂在頭上的修行是希望能受到世尊和菩薩護持的一種方式，很多菩薩和佛的頭上也會有佛，用來象徵佛法無邊，佛義深遠。

【拈花解意】

什麼是沙門人？

沙門人是佛教用語，原本意思是出家人，但沙門的意思是勤息，是一種更為勤修的方法，所以沙門人又與一般和尚不一樣。修持沙門的要求特別嚴格，需要剪除長髮、指甲，還要衣服整潔、身體乾淨，並去除慾、嗔、自誇等三十二項缺點，同時遵守尊師重法、勤於思考等八項基本原則。

99 刀刃下流淌的金色血液—金地藏

從前，在撫州有一位姓祖的刺史，他非常相信佛法，總想讓父母跟著一起信佛。可是就算祖刺史說到口乾舌燥，他的雙親也依舊沒有對佛法產生半點興趣。祖刺史沒有辦法，就為父母造了一尊長三尺的金色地藏像，他將佛像供奉在佛堂裡，早晚都要禮拜一番，祈求菩薩能保佑父母的安康。

有一天，祖家男人都出去了，就留下祖刺史的老母獨自在家。到晚上的時候，家裡來了一個盜賊，那盜賊怕被人發現，就手持一把明晃晃的匕首在手上，惡狠狠地想：如果被人發現，我就一刀捅死他！

他進屋想偷一些衣服，一抬頭，卻猛然發現一個和尚坐在暗處，正面對著自己，似乎已經將他的一舉一動盡收眼底。

盜賊嚇了一跳，不由得惡向膽邊生，他抓起匕首，欲逼近那和尚。突然間，和尚的周身散發出燦爛的金光，將屋子裡照得一片雪亮，盜賊慌不擇路，趕緊逃之夭夭。

第二天，那盜賊左思右想，仍舊不明白：好好的一個刺史府，怎麼會有個和尚呢？於是，他就去拜訪祖家，發現家中只有一位老太太，並沒有和尚，暗自驚奇。後來，他無意間走到佛堂處，發現佛像與昨夜見到的和尚長得一模一樣，頓時驚訝極了，並趕緊磕頭賠罪，從此再也不敢做壞事了。

過了一段時間，祖刺史的父親從外地出差回來，不知路上早已埋伏好自己的仇人，結果敵人拿著刀就往祖刺史父親的頭上砍。

就在仇家快要得手之際，一位渾身發著金光的和尚如同箭一般的飛身上前，替年老的父親擋了一刀。

仇家大怒，又狠狠砍了那僧人兩刀，便趕緊逃走。

在經歷這一劫難後，祖刺史的父親被嚇得不輕，一回家就到佛堂裡跪下，祈求菩薩保佑。

當他抬頭時，發現地藏菩薩像的頭部有三道刀痕，竟似被刀砍傷一樣，而傷口處流出金色的血液，滴落在地上時，竟化為紅色。

他趕緊叫兒子過來觀看，父子二人一齊對著菩薩像叩拜。

此後，祖刺史的父母就皈依佛門了。

地藏菩薩

金地藏便是地藏王、新羅王子金喬覺，後來金喬覺修成正果，成為地藏菩薩，所以便被稱為金地藏。

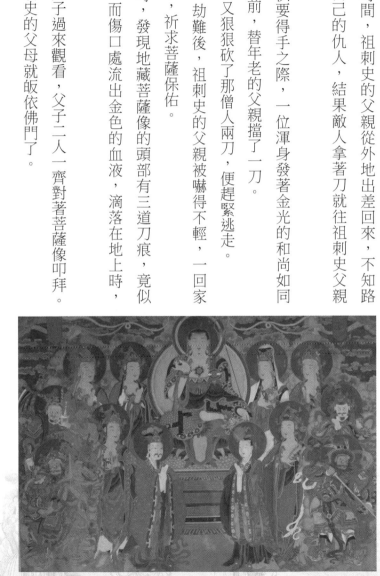

相傳，金喬覺坐化後，他的肉身不爛，而成肉身舍利，最後也會變成金色，這是為什麼呢？

原來，這涉及到中國傳統的造像法——夾苧法。高僧在坐化前，不吃不喝，讓體內的營養和水分流失，然後遺體入密閉的壇中使水分流失，最後取出肉身，漆上層層金粉，所以九華山現存的五尊肉身舍利均為金身。

不過，佛法中有些現象依舊不能為科學所解釋，如泰國兩位高僧——龍波術大師和龍普托大師，圓寂後均與生前一模一樣，其中後者已經離世三百三十年，肉身卻毫無腐爛跡象，著實令人驚嘆。

【拈花解意】

什麼是坐化？

坐化其實就是圓寂的意思，只不過坐化展現出高僧離世時的具體形態，即是坐著涅槃的，這也是最常見的涅槃相，表示要入禪定，思考普渡眾生的辦法，表現出佛法的動中歸靜之意。

100 窮苦老人家的雪日心願——日本的斗笠地藏

很久以前，在日本的一個小山村裡，住著一對貧窮的老夫妻，他們相依為命，經常吃不飽也穿不暖，卻依舊非常樂觀。

有一年除夕，老婆婆發現家裡什麼食材都沒有，這意味著他們不能做年糕了，她不禁嘆氣道：「沒有年糕的除夕，不像過年啊！」

老公公環顧四周，發現角落裡堆積著夏天割回來的菅茅，他不由得高興地說：「不如我把菅茅做成斗笠，然後拿去城裡賣，換回來的錢可以買很多年糕呢！」

老婆婆聽後，也興奮地說：「還有蘿蔔、牛蒡呢！」

於是，老公公就做了五頂斗笠，然後興沖沖地去城裡叫賣了。

那天，城裡可熱鬧了，滿大街都是人，大家都在搶著辦年貨，老公公怕大家看不到他，就大聲吆喝：「賣斗笠啦！誰要買斗笠呀？」

可是，天氣很好，誰都沒有買斗笠的想法，老公公站了一天，看到天色逐漸暗淡下來，只好帶著斗笠失望地回家了。

他離開了城市，來到了靠近村子的原野。

這時天空倒陰沉起來，先是大風呼呼地吹，然後鵝毛般的大雪就飄落下來。

老公公裹緊了衣服，加快了腳步，正當他急著趕路時，突然看到路邊立著六尊地藏菩薩的石像。

此時積雪已經覆蓋到菩薩像的腳踝了，石像的臉都是冷冰冰的，還有一個石像的鼻子上還掛了個冰柱。

老公公憐惜地撫摸著石像的肩膀，心想：反正斗笠也賣不掉，還是給菩薩們戴上吧！

於是，他就拿出斗笠，一一給地藏菩薩戴上，最後一個菩薩沒有分到斗笠，老公公就拿下自己的圍巾，繫在菩薩的頭上，並好心地說：「雖然沒有斗笠那麼大，但至少祢不會冷了。」

做完這些，老公公才離開。

他回到家中，把一天的見聞都告訴了老婆婆。

老婆婆並沒有怪老伴，反而讓老公公趕緊坐到炕上來取暖，她說：「我們就裝作在做年糕的樣子吧！」

老公公笑了，於是夫妻二人就裝成在搗米的樣子，哈哈大笑，然後喝了稀湯，準備休息。

沒想到半夜時分，屋外忽然傳來拉雪橇的聲音，接著，似乎有什麼重物放在了老公公家的門口，老公公趕緊開門，發現有五個戴斗笠的地藏菩薩和一個繫著圍巾的地藏菩薩絕塵而去。

老公公低頭一看，一個巨大的包裹映入眼簾，他和老婆婆打開包裹，頓時樂得合不攏嘴，原來包裹裡都是豆漿、牛蒡、蘿蔔等年貨，他們終於可以過一個舒心的新年了。

從此，日本的地藏菩薩就戴上了斗笠，俗稱斗笠地藏。

日本人對地藏菩薩是相當推崇的，在住宅區，幾乎每一個丁目都至少擁有一個地藏菩薩居住的別墅，叫做「地藏」，「地藏」就跟中國的寺廟一樣，裡面供奉著地藏菩薩。

地藏菩薩象徵著宏大的願力、大地和寶藏，在日本的鄉村，每戶居民的家裡也有一個「地藏」，人們希望地藏菩薩能幫助自己守護土地、庇護家園。

日本的地藏菩薩像一般用石像雕成，他們的雕像跟中國的雕像不一樣，線條簡單古樸，展現出日本的清淡風格，有意思的是，很多人都喜歡在地藏菩薩的頭部和肩膀裹上紅布，要不就是給菩薩戴上斗笠，覺得這樣能讓菩薩看起來更加威嚴。

【拈花解意】

地藏菩薩的七義

地，就是土地的意思，佛經中說地能生出七大義：一、能生義，即生一切善法；二、能攝義，即能攝取一切善法；三、能載義；四、能藏義；五、能持義，就是能讓善法增長；六、能依義，指菩薩能被眾生依靠；七、堅牢不動義，指菩薩的菩提心如金剛，堅不可摧。

國家圖書館出版品預行編目 (CIP) 資料

放下，放不下：發菩提心，讀菩薩故事 / 彭友智著 .
-- 第一版 . -- 臺北市 : 樂果文化出版 : 紅螞蟻圖書發行，
2016.10
面； 公分 . -- (樂信仰 ; 13)
ISBN 978-986-93384-2-4(平裝)

1. 佛教修持 2. 生活指導

225.87 105016547

樂信仰 13

放下，放不下：發菩提心，讀菩薩故事

作　　者 ／ 彭友智
總 編 輯 ／ 何南輝
責任編輯 ／ 韓顯赫
行銷企劃 ／ 黃文秀
封面設計 ／ 張一心
內頁設計 ／ 沙海潛行

出　　版 ／ 樂果文化事業有限公司
讀者服務專線 ／ （02）2795-3656
劃撥帳號 ／ 50118837 號　樂果文化事業有限公司
印 刷 廠 ／ 卡樂彩色製版印刷有限公司
總 經 銷 ／ 紅螞蟻圖書有限公司
地　　址 ／ 台北市內湖區舊宗路二段 121 巷 19 號（紅螞蟻資訊大樓）
電話：（02）2795-3656
傳真：（02）2795-4100

2016 年 10 月第一版　定價／ 300 元　ISBN 978-986-93384-2-4
※ 本書如有缺頁、破損、裝訂錯誤，請寄回本公司調換。